JADIS ET NAGUÈRE

Paru dans Le Livre de Poche :

FÊTES GALANTES, LA BONNE CHANSON
précédé de LES AMIES

POÈMES SATURNIENS

ROMANCES SANS PAROLES *suivi de* CELLULAIREMENT

SAGESSE

Collection dirigée par Michel Zink et Michel Jarrety

PAUL VERLAINE

Jadis et naguère

ÉDITION CRITIQUE ÉTABLIE, ANNOTÉE ET PRÉSENTÉE
PAR OLIVIER BIVORT

LE LIVRE DE POCHE
Classiques

Professeur à l'Université de la Vallée d'Aoste, Olivier Bivort a consacré de nombreux travaux à Verlaine, dont il a par ailleurs édité, pour Le Livre de Poche, plusieurs recueils de poèmes.

ISBN : 978-2-253-08254-5 – 1re publication LGF

INTRODUCTION

Dans la préface de *Sagesse*, datée du 30 juillet 1880, Verlaine souhaitait que son lecteur ne trouvât rien dans ses vers « de contraire à cette charité que l'auteur, désormais chrétien, doit aux pécheurs dont il a jadis et presque naguère pratiqué les haïssables mœurs[1] ». Il associait deux mots, « jadis » et « naguère », pour désavouer son mode de vie avant sa conversion. Il est probablement abusif de voir dans ces lignes un présage du futur recueil, même si *Jadis et naguère* reflète en grande partie l'expérience de Verlaine avant *Sagesse*. « Jadis » est aussi le premier mot d'*Une saison en enfer* : Rimbaud y dresse le bilan de sa vie passée, de son « enfer », après l'épisode malheureux de Bruxelles (le 10 juillet 1873, Verlaine a tiré sur lui deux coups de revolver)[2] et il présente aussi, à sa façon, une sélection de ses anciens poèmes. Au-delà des analogies, le recueil de Verlaine est l'aboutissement d'une saison tourmentée avant le retour définitif du poète à Paris, en 1885, et la reprise de son activité littéraire. Mais s'il conclut une époque, il en ouvre aussi une autre : celle du symbolisme.

Il est singulier que, dans un moment de telle effervescence littéraire et après une longue période en coulisses, l'ancien poète parnassien revienne sur le devant

1. *Sagesse*, Le Livre de Poche, coll. « Classiques », 2006, p. 65.
2. « Or, tout dernièrement m'étant trouvé sur le point de faire le dernier *couac !* j'ai songé à rechercher la clef du festin ancien, où je reprendrais peut-être appétit » (prologue d'*Une saison en enfer*).

de la scène avec un recueil dont le titre renvoie au passé et dont la composition semble des plus hétéroclites : poèmes publiés en revue dans les années 1860, extraits de recueils abandonnés ou jamais réalisés, rares textes contemporains et jusqu'à une pièce de théâtre, tout cela forme une sorte de patchwork d'où ne se détachent, à première vue, que de rares morceaux de choix. Mais le classement des poèmes, à l'apparence très structurée, ne répond guère aux attentes du titre : les textes de *Naguère* ne sont pas moins anciens que ceux de « À la manière de plusieurs », les « Vers jeunes » ne sont pas plus « jeunes » que tels poèmes des « Sonnets et autres vers » et les pièces ne se succèdent pas dans l'ordre chronologique. Le petit nombre de poèmes écrits après 1880, inégalement répartis dans la première partie du recueil, n'expliquent pas non plus la division entre *Jadis* et *Naguère*, quoiqu'ils aient pu un moment la justifier[1]. Est-ce à dire que *Jadis et naguère* est un livre fait de bric et de broc, constitué à la hâte, « gonflé à l'excès », le premier d'une longue série qui annonce l'inexorable déclin de Verlaine, comme l'écrit Jacques Robichez[2] ?

En qualifiant ses poèmes de « rêves d'un malade » dans le « Prologue » de *Jadis*, le poète excusait ses écarts tout en justifiant le caractère composite de son livre[3]. Mais son recueil n'est pas un acte de faiblesse. Le conflit incessant qui a marqué sa vie et sa poésie après 1874, celle-ci balancée entre le rêve et le réel, celle-là tiraillée entre la faute et la rédemption, n'était supportable qu'à la condition d'être accepté et assumé. Les symptômes de cette maladie de l'âme et du corps qu'il avait tenté

1. Voir l'histoire du recueil, p. 32-33. 2. Paul Verlaine, *Œuvres poétiques*, Classiques Garnier, éd. revue, 1995, p. 248. 3. Voir p. 54, n. 9. Dans le chapitre des *Poètes maudits* qu'il consacre à lui-même en 1886, Verlaine parle d'un recueil « un peu mélangé » (*Œuvres en prose complètes*, éd. J. Borel, Gallimard, coll. « Bibliothèque de la Pléiade », 1972, p. 688).

de soigner par la foi n'avaient pas disparu après *Sagesse* et il allait devoir s'en accommoder jusqu'à la fin. Verlaine a eu beau imaginer un « système basé sur le fameux *homo duplex*[1] » se traduisant par une alternance entre œuvres profanes et religieuses et tenter d'expliquer ainsi ses déviances, *Jadis et naguère* n'est pas plus un antidote à *Sagesse* que *Parallèlement* ne le sera à *Amour*, mais un recueil autonome, venant à son heure. Et il importe peut-être de prendre Verlaine comme il est, personnage ingouvernable, poète libre de tout éprouver et de tout dire, entièrement lui-même en dehors du droit chemin.

Jadis et naguère est une anthologie originale qui embrasse près de vingt ans d'activité poétique, complément nécessaire de l'œuvre publiée de Verlaine jusqu'en 1884. Quelles qu'aient été les circonstances qui ont présidé à la composition des textes et, pour certains d'entre eux, à leur première publication dans des périodiques (ils sont tous « inédits » en volume)[2], il convient d'aborder le recueil dans la perspective d'un florilège insolite. Ce ne sont pas des rebuts : à bien des égards, les poèmes de *Jadis et naguère* éclairent, complètent et dépassent ceux des recueils précédents. Ils révèlent un Verlaine en marge, souvent imprévu, limité dans le passé par ses sujets et par ses tabous, aux sentiments parfois réprimés, aux instincts réfrénés. Les quatorze pièces de *Cellulairement* qui ont trouvé place dans *Jadis et naguère* ne sont pas la seule manifestation de cette marginalité, bien qu'elle soit la plus évidente : des thèmes, des genres et des formes, réservés jusque-là, appellent une reconnaissance ; la sincérité et la franchise s'imposent ; la langue se libère. Le Verlaine de *Jadis et naguère* n'est pas un passéiste.

---

1. « Paul Verlaine », *Les Hommes d'aujourd'hui* [1885], *ibid.*, p. 767. Le principe de la duplicité de l'homme intérieur, « *homo duplex* », a été exposé par Buffon (*Histoire naturelle*, t. IV, 1753). 2. Voir le détail des avant-textes p. 43-44.

*

Dans les *Poèmes saturniens*, Verlaine avait consacré aux bohémiens un poème important : « Grotesques ». Il exaltait le sens de la liberté chez ces parias qu'une destinée solitaire laissait en marge de la société. Le thème n'était pas original. Il appartient à la sensibilité du XIXe siècle, qui voit l'artiste, poète ou peintre, sous les traits du saltimbanque, maître de l'illusion[1]. Or, dans *Jadis et naguère*, « Le clown », « Pierrot » et « Le pitre » actualisent ce *topos* d'un point de vue singulier. Les clowns de Verlaine ne sont pas seulement des amuseurs publics ou des virtuoses du rythme : hautains et élégants, ils opposent leur supériorité de dandys à la bêtise des foules, qui les dédaignent et qu'ils méprisent. Ce sont des figures de poète maudit. Du haut de leurs tréteaux, ils s'apparentent au personnage de Pierrot – le Pierrot désinvolte et insouciant du grand mime Deburau – et lui confèrent une dimension tragique. Ce n'est plus le masque agile des *Fêtes galantes*, dupé par les femmes mais toujours réaliste : le Pierrot spectral et solitaire de Verlaine, quoique né en 1868, est le contemporain de son *alter ego* de 1884. Il anticipe le grand retour du personnage dans la littérature fin-de-siècle qui en fait un être marginal, flirtant avec la mort, se refusant à la parole commune[2].

L'œuvre de Verlaine s'ouvre et se ferme symboliquement sur la mort. Son premier poème connu, envoyé à Victor Hugo le 12 décembre 1858 (Verlaine a quatorze ans), s'intitule « La mort », et « Mort ! » est le titre d'un poème écrit en décembre 1895, quelques jours avant sa disparition[3]. Verlaine, poète hanté par la vie, prisonnier

1. Jean Starobinski, *Portrait de l'artiste en saltimbanque*, Gallimard, coll. « Art et artistes », éd. revue, 2004. 2. Voir Jean de Palacio, *Pierrot fin-de-siècle ou les Métamorphoses d'un masque*, Séguier, 1990. 3. *Œuvres poétiques complètes*, éd. Y.-G. Le Dantec et J. Borel, Gal-

de l'idée de la mort ? Le saturnien des années 1860 emprunte beaucoup à l'imagerie romantique et ses danses macabres, ses crânes et ses squelettes sont évoqués non sans une pointe d'humour ; ainsi dans *Jadis et naguère*, « À Horatio » et « Le squelette ». Mais les revenants peuvent être aussi chez Verlaine une allégorie de la conscience, une image de la hantise de soi, comme le sont les spectres agités de « Nuit du Walpurgis classique » (*Poèmes saturniens*) et les formes errant sans voix dans « le vieux parc solitaire et glacé » de « Colloque sentimental » (*Fêtes galantes*). Dans *Jadis et naguère*, le spectre apparaît comme un simulacre du remords qui, sous les dehors d'un cabotin obscène, harcèle le « Pauvre Lelian » (« Un pouacre »). Musicien et acrobate, il a aussi sa place sur les tréteaux du petit théâtre de Verlaine.

Si le Pierrot de Verlaine inaugure le cycle de la pantomime décadente, ses bouffons et ses bonimenteurs déplacent la poésie sur la scène de la foire, lieu de toutes les libertés et de toutes les fantaisies. Il y a une veine du populaire chez Verlaine dont s'accommode mal la poésie académique, qui rejette le mélange des genres et des registres. C'est, chez lui, un goût de la fête et du plaisir des sens autant qu'un bonheur des mots : de « Chevaux de bois » (*Romances sans paroles*) à « Kaléidoscope », « L'auberge » et « L'aube à l'envers » (*Jadis et naguère*), le prosaïsme de la kermesse et de l'estaminet dédramatise le discours poétique – et la poésie y gagne en fraîcheur et en authenticité ; de « C'est le chien de Jean de Nivelle… » (*Romances sans paroles*) à « Images d'un sou » et « Pantoum négligé » (*Jadis et naguère*), le poète emprunte ses formules aux comptines et à la chanson populaire, aux légendes des images d'Épinal, aux devinettes et aux cris des jeux d'enfant – et

limard, coll. « Bibliothèque de la Pléiade », 1962, p. 11 et p. 1039-1040.

la poésie y gagne en fantaisie et en innocence. C'est le romantisme qui a ouvert timidement la poésie française à un monde et à une culture populaires dont l'authenticité et le pittoresque ont attiré les poètes, sans pour autant que se mêlent des discours, des styles et des genres, à l'image d'une société soigneusement cloisonnée. Les signaux d'un métissage culturel sont apparus au tournant des années 1870 : des poèmes de Corbière, de Cros, de Verlaine, de Rimbaud puisent des images et des formes dans ce qu'on appelle aujourd'hui la « paralittérature ». *Jadis et naguère* suit cette voie. Cette poésie ludique, antirhétorique, née de bouts de ficelle, fait de la citation détournée et de l'humour les composantes d'un imaginaire que l'on retrouvera, dans les années 1880, chez Laforgue, et plus tard, au XXe siècle, dans les « histoires » et les « paroles » de Prévert.

Du petit théâtre au grand, il n'y a qu'un pas. La présence d'une pièce de théâtre dans un recueil de « poésies » n'est pas monnaie courante. Il est vrai que *Les Uns et les Autres* est une comédie en vers et qu'elle fait partie, dans *Jadis et naguère*, de la section « Sonnets et autres vers », mais ce subterfuge ne doit pas cacher l'essentiel : l'intérêt de Verlaine pour le genre dramatique, constant depuis les années 1860. Verlaine a cultivé de nombreux projets de drames en vers et en prose, aux sujets historiques ou sociaux, sans pourtant les mener à bien, et *Les Uns et les Autres* est, avec *Madame Aubin*, la seule pièce qu'il ait réussi à terminer et à publier de son vivant[1]. Ce n'était pas faute de moyens, mais d'objectifs : nul doute qu'il était plus à son aise dans l'opéra bouffe et la revue que dans les genres classiques[2]. *Les Uns et les Autres* a peut-être été écrite dans l'espoir d'égaler le succès remporté par une pièce de François

1. *Madame Aubin* parut chez Vanier en 1886. **2.** Voir C. H. Moore, « Verlaine's "opéra bouffe" », *Publications of the Modern Language Association (PMLA)*, vol. 83, n° 2, mai 1968, p. 305-311.

Coppée, *Le Passant*, créée à l'Odéon en janvier 1869. On ne sait si elle fut jamais soumise à un directeur de scène. En 1884, après être restée dans les cartons de l'auteur pendant une quinzaine d'années, elle est dédiée à Théodore de Banville, au Banville des comédies d'abord, celui du *Beau Léandre* (1856) et des *Fourberies de Nérine* (1864), mais aussi au poète des *Cariatides* (1842), en partie inspirateur des *Fêtes galantes*. C'est que la comédie de Verlaine rappelle à bien des égards son recueil de 1869 : mêmes personnages, même décor, peut-être un peu plus de désinvolture, de nonchalance dans l'expression ; avec une morale différente, cependant : « Plutôt aimer à l'aventure / Et ne demander pas l'impossible à Nature », comme s'exclame l'effrontée Chloris devant le pauvre Sylvandre, amoureux transi. L'absence d'action et de ressort dramatique a freiné l'enthousiasme des metteurs en scène et la pièce ne fut représentée qu'en 1891, au bénéfice de l'auteur, désargenté[1]. Mais si les « tindinces theïatrales[2] » de Verlaine ne s'affirment guère dans *Les Uns et les Autres*, son goût de la plaisanterie et du sous-entendu ne faiblit pas : les allusions abondent dans la pièce et il n'est pas interdit de voir dans ce badinage une manière de pastiche du genre.

*

Les nouvelles écoles poétiques qui se sont développées dans les années 1880 ont trouvé dans *Jadis et naguère* des modèles répondant à leurs attentes. Deux poèmes, en particulier, ont contribué à la naissance de mouvements littéraires qu'ils n'étaient pas destinés à promouvoir. Bien qu'il ait été écrit en 1874, l'« Art

---

1. Elle fut rééditée en plaquette pour l'occasion, avec la distribution des rôles (Vanier, 1891). 2. Lettre à Charles Morice du 29 août 1887, *Lettres inédites à Charles Morice*, éd. G. Zayed, Nizet, 2e éd., 1969, p. 88.

poétique » ne fut révélé au public que huit ans après, dans une petite revue littéraire et artistique dirigée par le jeune Courteline et éditée par Léon Vanier : *Paris moderne*. Verlaine y faisait sa rentrée, en sourdine, partageant le sommaire avec ses amis d'antan : Léon Valade, Émile Blémont, Catulle Mendès, Léon Dierx… le Parnasse survivait. Un heureux hasard voulut que le jeune Charles Morice, rédacteur de *La Nouvelle Rive gauche*, rendît compte de l'« Art poétique » de Verlaine dans les colonnes de son journal. Effrayé par l'audace de ce « novateur à outrance », il dénonçait l'obscurité de son « système[1] ». Le poète répondit ; les deux hommes sympathisèrent ; une collaboration s'ensuivit : Verlaine était lancé. Et le poème, qui illustrait sa poétique à l'époque des *Romances sans paroles*, arrivait à point nommé : la jeune génération avait découvert les *Poètes maudits* et, lassée de l'esthétique parnassienne, aspirait à plus de subtilité et de mystère. De la même façon que « L'art poétique » de Boileau avait donné ses lois à la doctrine classique et « L'art » de Gautier à celle du Parnasse, l'« Art poétique » de Verlaine allait devenir un des manifestes de la poésie moderne, en partie à son corps défendant. En vertu du principe de la liberté dans l'art, Verlaine s'est défendu d'avoir jamais fait de théorie[2] ; en revanche, il a bien donné l'exemple d'une poésie suggestive et musicale, fondée sur une rythmique et des modulations variables, supportée par une langue exceptionnellement mobile. Pour être une « chanson[3] », son « Art poétique » n'en est pas moins exemplaire : *Jadis et naguère* contient onze poèmes écrits en vers impairs (dont les deux prologues) et de nombreux exemples de haute voltige métrique, tels le choral des cent vers de « Crimen amoris » ou le périlleux « Sonnet

---

1. Voir notre Dossier, p. 305-307. **2.** « Critique des *Poèmes saturniens* » [1890], *Œuvres en prose complètes*, éd. citée, p. 722. **3.** *Ibid.*

boiteux » au mètre de treize syllabes. Dans le domaine de l'entre-deux, où « l'indécis au précis se joint », le recueil donne à lire un des chefs-d'œuvre de Verlaine : « Kaléidoscope ». Dans ce poème où des fragments de réalité se mêlent à des éclats de rêve, la perception du monde est intériorisée, et l'émerveillement naît de la fragilité de cet équilibre.

La formulation de l'« Art poétique » tient à la fois de la proposition et de la mise en garde, Verlaine invitant son interlocuteur fictif à s'engager dans une nouvelle voie autant qu'à fuir les poncifs et les normes. La Littérature – ce qui reste – est tout ce qui appartient au domaine des conventions et des artifices. Dans ce sens, *Jadis et naguère* est le premier recueil de Verlaine où se fissure, de toutes parts, le bloc des habitudes : composition anarchique, formes instables, matériaux composites, autodérision sont autant d'éléments qui reflètent son refus des contraintes.

« Langueur », publié dans *Le Chat noir* du 26 mai 1883 et recueilli dans *Jadis et naguère* au sein de la section parodique « À la manière de plusieurs », eut un destin comparable à l'« Art poétique ». L'histoire littéraire en a fait un des motifs du décadentisme. Verlaine n'était certes pas le premier à utiliser le terme de « décadence » ni à évoquer le raffinement ennuyé d'une société finissante, et les sentiments de langueur et d'impuissance sont présents dans son œuvre depuis les *Poèmes saturniens*. Mais ses poèmes rencontrent les préoccupations du moment et profitent de la conjoncture : après la publication des *Poètes maudits* qui ont révélé les œuvres de Corbière, de Rimbaud et de Mallarmé, Huysmans a fait paraître *À rebours* où, parmi les poètes préférés de son héros décadent, des Esseintes, figurent en bonne place, dans la lignée de Poe et de Baudelaire, Verlaine, Corbière, Mallarmé et Villiers de l'Isle-Adam. Et Huysmans citait quelques vers de l'« Art poétique » parmi ceux dont des Esseintes était « friand », tout en poussant l'art de Verlaine dans le sens de la suggestion et de l'indécision :

> Seul, il avait pu laisser deviner certains au-delà troublants d'âme, des chuchotements si bas de pensées, des aveux si murmurés, si interrompus, que l'oreille qui les percevait, demeurait hésitante, coulant à l'âme des langueurs avivées par le mystère de ce souffle plus deviné que senti[1].

Une grande partie des poèmes de *Jadis et naguère* a été publiée dans *Lutèce* entre 1883 et 1885. C'est dans ce journal que s'affirma la primauté de Verlaine, encouragé et défendu par la rédaction, pourtant peu favorable aux innovations ; c'est dans ce journal que de jeunes émules (Jean Moréas, Laurent Tailhade, Charles Vignier) lui emboîtèrent le pas et que naquit, par réaction, une des mystifications littéraires les plus célèbres de la fin du XIXe siècle : *Les Déliquescences*, poèmes décadents d'Adoré Floupette[2]. Les tics des élèves étaient pris pour cible dans une série de pastiches qui n'épargnaient pas non plus les maîtres, Bleucoton (Verlaine) et Étienne Arsenal (Mallarmé), rendus responsables des dérives et des excès de la nouvelle école. Les allusions à *Jadis et naguère* ne manquent pas dans *Les Déliquescences* : pour ne se limiter qu'aux titres, « Pour être conspué » évoque « Vers pour être calomnié », « Madrigal » est le titre même d'un poème du recueil de Verlaine, et « Rythme claudicant » rappelle « Sonnet boiteux ». Les pastiches de Vicaire et Beauclair, les auteurs des *Déliquescences*, firent quelques victimes dans la grande presse, peu préparée pour apprécier la fumisterie à sa juste valeur[3]. Ainsi

---

1. Joris-Karl Huysmans, *À rebours* (1884), éd. M. Fumaroli, Gallimard, coll. « Folio Classique », 2007, p. 304. **2.** La plaquette parut le 2 mai 1885 et une édition successive, augmentée d'une importante préface, le 20 juin suivant. **3.** Voir Noël Richard, *À l'aube du symbolisme*, Nizet, 1961.

la rencontre de Verlaine et du public se fit en grande partie sur la base de *Jadis et naguère*, ses autres recueils étant oubliés ou introuvables. Le contenu pluriel du volume et sa grande ouverture en facilitaient l'approche : la formule du florilège s'était avérée gagnante.

*

Les circonstances ont voulu qu'une parodie contribue à la fortune du poète et à l'épanouissement des nouveaux principes poétiques. Or Verlaine était aussi un parodiste hors pair. De la revue à la chanson, et jusqu'à ses poèmes les plus importants, il a exercé ses dons d'imitateur et il s'est rarement privé du plaisir de l'allusion et du démarcage, développant une poétique du second degré particulièrement savoureuse. Il s'est exercé avec constance au pastiche et à la parodie dès les années 1860 : Heredia, Banville, Glatigny, Daudet, France et même Baudelaire ont été les modèles de quelques-uns de ses sonnets parfois épicés[1] ; le réalisme plat et petit-bourgeois de Coppée a donné naissance, sous sa plume et celle de quelques autres (Rimbaud, Cros, Nouveau), à un genre en soi : le « Coppée », devenu avec le temps « Vieux Coppée ». Verlaine avait prévu de publier dans *Cellulairement* une série de dix dizains rassemblés sous le titre de « Vieux Coppées », écrits « en notes bien égales / À l'instar de Monsieur Coppée et des cigales[2] ». Il semble être le premier à avoir utilisé l'expression *à la manière de...* pour qualifier un ensemble de pastiches[3],

1. Voir entre autres sa collaboration à l'*Album zutique*, dans *Œuvres poétiques complètes*, éd. citée, p. 165-167. 2. « Vieux Coppées, I », *Romances sans paroles* suivi de *Cellulairement*, Le Livre de Poche, coll. « Classiques », 2002, p. 173. Deux de ces poèmes seront recueillis dans *Jadis et naguère* : « Dizain mil huit cent trente » et « Paysage », ce dernier seul étant inclus dans la section « À la manière de plusieurs ». 3. Daniel Sangsue, *La Relation parodique*, Corti, coll. « Les Essais », 2007, p. 141.

et avoir ainsi légitimé le genre à l'intérieur d'un recueil de poésies « sérieuses ». Cette mention apparaît dans *Le Chat noir* du 26 mai 1883 pour introduire à l'origine une série de huit textes, complétée par un neuvième dans *Jadis et naguère*. Il n'est pas simple d'identifier les sources – ou les cibles – de ces poèmes : si Banville, Daudet et Coppée ont été indiqués par Verlaine pour avoir inspiré « La princesse Bérénice », « Pantoum négligé » et « Paysage », et que l'on trouve peut-être une imitation de la syntaxe de Mallarmé dans « Madrigal », il est excessif en revanche de rapprocher « Le poète et la muse » des « Nuits » de Musset uniquement en vertu du titre. On hésite sur le modèle de « Langueur », mais on ignore celui de « Un pouacre », de « Conseil falot » et de « L'aube à l'envers », à moins que Verlaine ne s'y soit exercé à la manière de… Verlaine.

L'autopastiche n'est pas absent de son œuvre [1], ce qui ne signifie pas pour autant qu'il imite sa propre manière. C'est que la parodie, chez Verlaine, est aussi le lieu du non-dit, de la confession et de la dérision, et une manière commode de dissimuler ses propres tensions : ainsi « Le poète et la muse » fait allusion aux « nuits d'Hercules » dans une chambre occupée par Rimbaud à Paris en 1872, « Un pouacre » met le poète en tête à tête avec sa mauvaise conscience, « Conseil falot » exprime son martyre de néo-converti, et « Madrigal » est une invitation au suicide lancée à l'adresse de son ex-femme. L'autobiographie a pris de l'importance dans l'œuvre de Verlaine à partir des *Romances sans paroles*. Non qu'elle n'existât pas auparavant – *La Bonne Chanson* est une œuvre fondamentalement biographique – mais, après l'aventure avec Rimbaud et ses conséquences désastreuses, elle s'est avérée nécessaire comme exutoire et au nom d'un nouveau principe, celui de la sincérité dans l'art. La

1. Voir dans *Parallèlement* : « À la manière de Paul Verlaine », « La dernière fête galante », « Poème saturnien ».

rencontre entre le *fait* et l'*image* est délicate et la poésie est quelquefois perdante quand la vie s'impose. Dans les *Romances sans paroles*, « Birds in the night » et « Child wife » sont un exemple de ce chevauchement des plans : l'explication brise l'envol du vers, alors que l'allusion et l'implicite lui donnent son essor. Mais l'âge aidant et après la confession de *Sagesse*, le besoin de s'épancher et de s'assumer s'affirme chez Verlaine ; les tabous sont moins contraignants et l'expérience vécue est peu à peu idéalisée. Au risque d'être décriée.

Jadis et naguère est le premier recueil de Verlaine où l'homosexualité se dévoile[1] et où sont exaltés, ensemble, la chair et l'amour. Le titre provocant de « Vers pour être calomnié » est une manière de prétérition qui empêche une lecture neutre du poème, exemple d'amour sublime où la contemplation du corps de l'amant endormi fait naître la peur panique de la mort. On est loin de l'équivoque graveleuse. Comme le précise Verlaine dans « Le poète et la muse » : « ce n'est pas ce que l'on pensa ». Le vers, repris comme épigraphe d'un poème de *Parallèlement*, « Explication », donne à la relation de Verlaine et de Rimbaud son sens le plus élevé. Et la morale bourgeoise n'est pas déniée sans une certaine fierté. Le bel ange de seize ans de « Crimen amoris » a beau être puni pour son péché d'orgueil, il n'en est pas moins admirable dans sa tentative démesurée de recréer l'Éden d'avant la Faute. Verlaine avait décidé d'insérer « Vers pour être calomnié », « Luxures » et « Vendanges » dans *Jadis et naguère* en avril 1884, après la constitution d'une première maquette du recueil. Il courait le risque de s'exposer. Ces poèmes si

---

1. *Les Amies*, son recueil « lesbien », avait été publié clandestinement en 1867. Verlaine avait pensé inclure ces sonnets dans les « Vers à la manière de plusieurs » (lettre à Charles Morice de juillet 1884, *Correspondance générale*, éd. Michael Pakenham, t. I : *1857-1885*, Fayard, 2005, p. 871).

« physiques » où les sens sont en émoi et où le corps exulte sont un aveu de sa force et de sa nature. L'ivresse et les tourments qu'elles lui procurent le sollicitent et il ne leur résistera pas, ou plus :

> Le souvenir, l'espoir, l'invocation d'un péché me délectent avec ou sans remords, quelquefois sous la forme même et muni de toutes les conséquences du Péché, plus souvent, tant la chair et le sang sont forts, naturels et *animals*, tels les souvenirs, espoirs et invocations du beau premier libre-penseur[1].

*

« Vers jeunes » est la seule section de *Jadis et naguère* qui semble renvoyer à une période de la vie du poète. Insérée dans *Jadis*, elle rend l'idée d'un passé lointain, voire révolu. Mais ce titre, « Vers jeunes », souligne moins l'ancienneté des poèmes que leur caractère juvénile : loin d'être les plus vieux du recueil, ils se distinguent des autres pièces des années 1860 par leurs tours, par leurs sujets et par leur portée. Contrairement à la plupart des poèmes de *Jadis et naguère*, les « Vers jeunes » n'ont pas reparu en périodique au début des années 1880. Ce sont à tous égards des « vers jeunes », coupés du présent. Du point de vue éditorial, ils proviennent de *La Revue des lettres et des arts* et du *Parnasse contemporain*, avec quelques doublets singuliers : « Le soldat laboureur » et « Les vaincus » ont été publiés deux fois en revue à l'époque. Dirigée par Villiers de l'Isle-Adam, *La Revue des lettres et des arts* fait le lien entre le romantisme et le Parnasse ; elle est, sur le plan politique, plutôt opposée à l'Empire, défend Hugo et se heurte souvent aux pressions de la censure. « Un grognard » (« Le soldat

1. « Pauvre Lelian » (1886), *Les Poètes maudits*, dans *Œuvres en prose complètes*, éd. citée, p. 689.

laboureur ») et « Les loups » qui y sont publiés répondent à ses objectifs : comme Hugo, Verlaine utilise l'image de Napoléon le Grand pour ridiculiser Napoléon le Petit ; comme Hugo, il s'élève contre l'alliance entre l'Empereur et le pape, responsables du massacre des partisans de Garibaldi à Mentana, les 3 et 4 novembre 1867. L'ironie du « Grognard » et la cruauté des « Loups » sont les moyens que la poésie donne au poète pour traduire ses idées. Quinze ans plus tard, en 1884, ces textes ont perdu leur actualité. L'épigraphe des « Loups » a disparu, privant le poème de son ancrage dans l'histoire[1], *La Marseillaise* est redevenue l'hymne national, reléguant *Partant pour la Syrie* au rang de mélodie sentimentale[2]. L'Empire est tombé, Rome est la capitale de l'Italie unie. Et Verlaine a perdu son admiration pour Victor Hugo.

Verlaine avait contribué à la première série du *Parnasse contemporain* en 1866 et il publiait ses livres chez Alphonse Lemerre, le promoteur de ce célèbre « recueil de poésies inédites des principaux poètes de ce temps ». Il fréquentait la plupart des poètes qui sont au sommaire de la publication. Ni le réalisme social, ni le rationalisme, ni l'utopie politique ne sont absents de ces pages. « La soupe du soir », « L'angelus du matin », « La pucelle » et « Les vaincus » reflètent en partie ces principes, allant de pair avec la montée progressiste de la dernière décennie de l'Empire, orientée vers un libéralisme modéré. Certes, Verlaine était résolument athée et socialiste à l'époque, mais *Le Parnasse contemporain* n'est pas un libelle. En 1884, il a complètement viré de bord : légitimiste et ultramontain, il voit dans la IIIe République et dans le parlementarisme l'image de la médiocrité et de l'opportunisme. Il faut croire que les poèmes du *Parnasse contemporain* ne devaient point lui

---

1. Voir Steve Murphy, *Marges du premier Verlaine,* Champion, 2003, p. 273-290. 2. Voir le dernier vers du « Soldat laboureur », p. 145 et n. 1.

paraître trop compromettants, puisqu'il les a réimprimés, fût-ce en tant que péchés de jeunesse[1]. Restent « Les vaincus » dans la version de *Jadis et naguère*, où ce poème est augmenté de dix strophes inédites, peut-être écrites après la chute de la Commune[2]. L'absence de référent historique a permis à Verlaine d'adapter son texte aux circonstances, favorisant du même coup les glissements interprétatifs. Poème du combat pour l'art social intitulé « Les poètes » dans *La Gazette rimée* de Robert Luzarche en 1867, poème de l'espoir républicain dans *Le Parnasse contemporain* de 1869, poème révolutionnaire et vengeur en 1884, ces « Vaincus » ne se laissent pas facilement identifier. Après l'amnistie de juillet 1880 et le retour des exilés, quel sens pouvait avoir, pour l'auteur de *Sagesse* et du *Voyage en France par un Français*, et pour ses lecteurs, cet appel aux armes et à la revanche ? Est-ce une manière de testament nostalgique ? Un échantillon de poésie incendiaire ? Les « Vers jeunes » sont un reliquat d'un ancien projet de Verlaine qui devait s'intituler *Les Vaincus*[3], où le poème éponyme aurait certainement figuré en bonne place. Verlaine avait donné, dans *Sagesse*, un exemple de poésie idéologique liée à l'actualité ; dans *Jadis et naguère*, ce versant de son œuvre, souvent dans l'ombre, se devait aussi d'être remis en lumière.

*

Les « récits plus ou moins diaboliques[4] » qui forment la deuxième partie de *Jadis et naguère* étaient destinés

---

1. Il a écarté « Sur le calvaire », résolument athée. **2.** Aucun document ne permet à l'heure actuelle de valider cette hypothèse, émise par Lepelletier (*Paul Verlaine : sa vie, son œuvre*, Mercure de France, nouv. éd., 1923, p. 493). **3.** Voir l'historique, p. 26 *sqq*. **4.** Lettre à Lepelletier du 24 au 28 novembre 1873, *Correspondance générale*, éd. citée, p. 357.

à *Cellulairement* où ils devaient précéder le « Final » catholique, comme une dernière station sur le chemin de la foi. Quatre d'entre eux avaient pourtant été écrits avant la conversion de Verlaine : « Crimen amoris », « La grâce », « Don Juan pipé » et « L'impénitence finale ». Commencés à son entrée en prison, ils avaient été transmis à Rimbaud, qui les avait soigneusement recopiés[1]. Quoiqu'on ait pu mettre en doute le témoignage de Verlaine sur la date de leur composition, il est probable que « Crimen amoris » et « Don Juan pipé » datent des premières semaines de son incarcération, aux Petits-Carmes, à Bruxelles[2]. « Amoureuse du diable » est plus tardif : envoyé à Lepelletier en août 1874, le poème est contemporain de la grande suite de *Sagesse* (« Mon Dieu m'a dit… »). Ce n'est pas un hasard si Verlaine se lance dans la rédaction d'une série d'épisodes « infernaux » au moment où Rimbaud termine *Une saison en enfer*. Le « plus beau d'entre tous ces mauvais anges » de « Crimen amoris » présente des ressemblances avec l'« époux infernal » de « Délires » et avec l'auteur des *Illuminations*, qui défend sa conception du « nouvel amour » dans des poèmes tels que « À une raison » ou « Génie ». Mais est-ce à dire que la « vierge folle » d'*Une saison en enfer* réapparaît dans *Jadis et naguère* sous les traits de la Dame Reine de « La grâce », de la petite marquise Osine de « L'impénitence finale » ou de « la plus blanche des comtesses » de « Amoureuse du diable » et que, dans ces récits édifiants, les personnages féminins soient à l'image de Verlaine, séduit et berné par ce diable équivoque de Rimbaud, Don Juan impénitent et blasphémateur[3] ? En janvier 1881, Verlaine propose à Charles de Sivry de publier « La grâce », « Don

1. Voir Appendice, p. 252-265. 2. Voir *Mes prisons* (1893), dans *Œuvres en prose complètes*, éd. citée, p. 335. 3. *Jadis et naguère*, *Romances sans paroles*, *Parallèlement*, éd. J.-H. Bornecque, Presses Pocket, 1982, p. 83-86.

Juan pipé », « L'impénitence finale » et « Amoureuse du diable » dans *Le Progrès artistique*. Il exclut de la série « Crimen amoris » et « Bouquet à Marie », « tout à fait mauvais et mal chrétiens[1] ». Ce n'est pas une erreur de jugement : quelques semaines après la parution de *Sagesse*, Verlaine ne conserve que ses poèmes les plus édifiants. « Amoureuse du diable » sera le premier de la série à être publié en revue[2] et il faudra attendre 1884 pour que, la religiosité du poète se relâchant, « Crimen amoris » paraisse à son tour.

Si la spiritualité n'est pas absente de *Jadis et naguère*, elle y apparaît comme étouffée et justifiée après coup. Le « Prologue » de *Naguère* assigne aux suites crépusculaires de la fin du volume un rôle à la fois prémonitoire et rédempteur, mais les délices de la tentation ne sont pas moins impérieux que ceux de la promesse divine et ce « groupe assez important de choses à personnages[3] » vaut autant comme exemple que comme avertissement. La grande symphonie chatoyante de « Crimen amoris » – un Gustave Moreau sur des notes de Wagner – tranche nettement sur les autres pièces dont le prosaïsme verbal a parfois tendance à recouvrir les vers. On peut voir une faute de goût dans l'utilisation de l'argot et de la langue populaire et un manque de tenue dans l'oralisation du discours poétique. On peut aussi y voir la manifestation d'un contrôle, une nécessité et des intentions. Si les qualités d'un chanteur se jugent à l'étendue et à la maîtrise de ses registres, celles de Verlaine ne sont pas en reste. L'ensemble de *Jadis et naguère* est touché par des phénomènes de

1. Lettres à Charles de Sivry des 28 janvier et 3 février 1881, *Correspondance générale*, éd. citée, p. 689 et p. 691. « Bouquet à Marie », qui devait faire partie de *Cellulairement*, sera recueilli dans *Amour* (1888) sous le titre « Un conte ». 2. *La Nouvelle Rive gauche*, 23-30 mars 1883. 3. Lettre à Charles Morice du 29 août 1887, *Lettres inédites à Charles Morice*, éd. citée, p. 88.

contamination des registres et d'affranchissement du vers qui s'amplifieront avec le temps. C'est loin d'être une régression. Depuis *Sagesse*, le vers de Verlaine est à la mesure du sens ce que la voix peut être aux différents états de l'âme : une modulation infinie.

OLIVIER BIVORT.

Remerciements

Je remercie Aurélia Cervoni, André Guyaux, Marie-Claude Julié (Bibliothèque municipale de Bordeaux), Sabine Coron (Bibliothèque littéraire Jacques-Doucet, Paris) Hélène Védrine, Pascal Fulacher (Musée des lettres et manuscrits, Paris), Éric Férey (Bibliothèque nationale de France), Yann Mortelette et Michael Pakenham pour leur grande disponibilité.

NOTES SUR L'ÉTABLISSEMENT DU TEXTE

Historique

Lorsque Verlaine écrit en 1883 à un correspondant inconnu (peut-être Léo Trézenik) qu'il a « tout prêt sous le titre : *Choses de jadis et de naguère*, un recueil de tous les vers qu'[il] n'[a] *pu* publier depuis 1867 et jusqu'en 1874[1] », il fait en partie allusion à deux livres qu'il n'avait pas réussi à mener à bonne fin dans les années 1870 : *Les Vaincus* et *Cellulairement*. On connaît assez bien la composition et le destin de *Cellulairement*[2], mais il n'en va pas de même pour *Les Vaincus*, resté à l'état d'ébauche. Pour une partie de la critique actuelle, *Jadis et naguère* serait l'aboutissement naturel des *Vaincus*[3]. Il faut peut-être nuancer. C'est Adolphe Van Bever qui, le premier, a souligné la filiation entre les deux recueils[4], sur la foi d'une lettre de Verlaine à Lepelletier dans laquelle le poète se proposait de dédier à son ami

1. Lettre du 5 février 1883, *Correspondance générale*, éd. citée, p. 786 (je souligne). 2. Voir *Romances sans paroles* suivi de *Cellulairement*, Le Livre de Poche, éd. citée. 3. Hun-Chil Nicolas, « Autour de la genèse de *Jadis et naguère* », dans *Verlaine à la loupe*, éd. J.-M. Gouvard et S. Murphy, Champion, 2000, p. 387-418 ; Steve Murphy, *Marges du premier Verlaine*, *op. cit.*, p. 294-297, *passim* ; Arnaud Bernadet, *L'Exil et l'Utopie*, Presses universitaires de Saint-Étienne, 2007, p. 149-180. 4. Paul Verlaine, *Jadis et naguère*, Crès, coll. « Les Maîtres du livre », 1921, p. 174, suggestion reprise par Y.-G. Le Dantec, Verlaine, *Œuvres poétiques complètes*, Gallimard, coll. « Bibliothèque de la Pléiade », 1954, p. 961-962.

une partie des *Vaincus*, donnant à cette occasion une liste de poèmes qu'on allait retrouver dix ans plus tard dans une section de *Jadis et naguère*[1]. *Les Vaincus* sont mentionnés pour la première fois au verso du faux-titre des *Fêtes galantes* et le recueil devait être, du moins à l'origine, un livre de poésies socialistes et républicaines. Mais les circonstances politiques, les aléas de la vie de Verlaine et ses revirements idéologiques ont peu à peu contraint le poète à modifier le plan et l'orientation de son livre, jusqu'à en abandonner progressivement la rédaction.

Aussi ce « livre robuste[2] » fut-il ajourné une première fois en août 1869 « par préoccupations étrangères à tout Socialisme[3] » : le poète, tombé amoureux, avait d'autres idées en tête. Verlaine était à l'époque un républicain engagé, hostile à l'Empire, « du rouge le plus noir[4] », et il ne faut pas s'étonner que l'auteur des *Fêtes galantes* et des *Amies*, resté à son poste pendant la Commune, ait aussi voulu s'illustrer dans le genre de la poésie politique. Cependant, les lendemains amers de la Semaine sanglante et quelques dissensions personnelles l'amenèrent à revoir le contenu de l'ouvrage dans un sens « plus humain que politique[5] » après mai 1871. On connaît un plan de la composition des *Vaincus* préparé avant l'été 1872[6] : Verlaine avait prévu de dédier son livre à Rimbaud (de même qu'il voudra lui dédier les *Romances sans paroles* en 1874) et le recueil devait comprendre quatre parties : « Vieilles élégies », *Les Uns et les Autres*, « Sonnets » et « Res publica ». Des poèmes

---

1. Lettre à Edmond Lepelletier du 22 mai 1873, *Correspondance générale*, éd. citée, p. 322. **2.** Lettre de Victor Hugo à Verlaine du 16 avril 1869, *ibid.*, p. 157. **3.** Lettre à François Coppée du 7 août 1869, *ibid.*, p. 173. **4.** *Les Mémoires d'un veuf* (1886), *Œuvres en prose complètes*, éd. citée, p. 114. **5.** Lettre à Alphonse Lemerre de juillet 1871, *Correspondance générale*, éd. citée, p. 211. **6.** Voir André Vial, *Verlaine et les siens*, Nizet, 1975, p. 143-151.

découverts avec cette ébauche auraient vraisemblablement figuré dans la section des « Sonnets » : « Le clown », « Sappho », « À Horatio », « Paysage historique », « Intérieur », « L'auberge » et « Le pitre ». On retrouvera cinq d'entre eux parmi les « Sonnets et autres vers » de *Jadis et naguère*.

Après sa fuite avec Rimbaud, libéré de ses attaches parisiennes mais pas de ses rancœurs, Verlaine prépare « un recueil de tous les vers qu'[il a] inédits (sonnets, vieux poèmes saturniens, vers politiques, et quelques obscénités) », qu'il va « faire imprimer à Bruxelles avec une énorme préface où [il] tape sur beaucoup de choses et de gens[1] ». Il s'agit toujours des *Vaincus*, dont il donne un nouvel aperçu à Lepelletier : une partie – la plus grosse du volume – intitulée « Sous l'Empire » sera constituée de pièces « point compromettantes » : « Le monstre », « Un grognard », « [La] Soupe du soir », « Prépucecul [*sic*, pour Crépuscule] du matin » et « Les loups » ; une autre rassemblera des « Choses sur la Commune », sans autre précision[2]. La publication des *Vaincus* semble être chose faite en 1874. On lit au verso du faux-titre des *Romances sans paroles* et à la suite des œuvres « du même auteur » : *Les Vaincus*, à Bruxelles. Mais la mention est fictive : le volume en question n'existe pas. À cette époque, *Les Uns et les Autres* n'en fait plus partie, la pièce étant citée à part dans le théâtre de l'auteur. Or en 1874 Verlaine est en prison et, faute de rassembler ses anciens vers, il en écrit de nouveaux – et non des moindres. Il a l'intention de rendre compte de son expérience carcérale et de sa conversion à la

1. Lettre à Émile Blémont du 22 avril 1873, *Correspondance générale*, éd. citée, p. 306-307. **2.** Lettre à Edmond Lepelletier du 22 mai 1873, *ibid.*, p. 322. Quatre pièces de « Sous l'Empire » trouveront place dans la section « Vers jeunes » de *Jadis* : « Un grognard » (« Le soldat laboureur »), « La soupe du soir », « Crépuscule du matin » (« L'angelus du matin ») et « Les loups ».

religion catholique dans un volume *ad hoc* : *Cellulairement*, mais, mis au ban des milieux littéraires et de l'édition parisienne, il ne réussit pas à le faire imprimer. À sa sortie de prison, il s'exile volontairement en Angleterre et prépare pendant cinq ans son premier recueil religieux, en partie issu du démembrement de *Cellulairement*. Quand paraît *Sagesse*, en décembre 1880, Verlaine est devenu catholique et légitimiste. Songe-t-il encore à reprendre en main *Les Vaincus* et à en adapter le contenu sous une nouvelle forme, qui aboutira en 1884 à la publication de *Jadis et naguère* ?

Il est un fait que certains des textes qui, à un moment ou l'autre, avaient été destinés aux *Vaincus* ont trouvé place dans *Jadis et naguère* ou auraient pu y figurer[1]. Le parallèle entre la section « Sonnets » prévue en 1872 et les « Sonnets et autres vers » de *Jadis et naguère*, entre le contenu de « Sous l'Empire » et celui de « Vers jeunes », et la place donnée à *Les Uns et les Autres* en 1872 comme en 1884 sont significatifs, même si l'esprit des *Vaincus* n'est pas celui de *Jadis et naguère*, changement de climat idéologique et spirituel obligeant[2]. Mais on pourrait aussi arguer que telle section prévue dans *Les Vaincus* a disparu avec le temps (la préface, les poèmes sur la République et sur la Commune, les obscénités, les « Vieilles élégies » dont on ne sait rien), que telle autre, dans *Jadis et naguère,* n'avait pas été envisagée auparavant (« À la manière de plusieurs ») ou encore que, à l'intérieur d'une même section (« Sonnets et autres vers »), le choix et le nombre des pièces ont varié. C'est que l'évolution de l'œuvre et des idées de Verlaine semble avoir repoussé la possibilité d'un retour

---

1. Ainsi « Le monstre », que Verlaine cherche à retrouver en 1883 auprès de Lepelletier (*ibid.*, p. 782 et p. 792), aurait peut-être fait partie de *Jadis et naguère*. 2. Exception faite pour le poème « Les vaincus », quoique l'absence de toute référence historique lui garantisse, dans *Jadis et naguère*, une sorte de neutralité.

aux *Vaincus* après 1874. Ainsi, lorsqu'il se préoccupe en 1881 de retrouver « Un grognard » (« Le soldat laboureur ») et « Les loups » – poèmes qui étaient destinés aux *Vaincus* en 1873 –, c'est pour donner de la copie à un journal, sans que l'idée de constituer un recueil le préoccupe à ce moment[1].

Jadis et naguère résulte plus d'un projet tardif et autonome que du reliquat d'un échec éditorial ou de l'ultime tentative de la part de Verlaine de donner un recueil politique radical, alors qu'il essaie par tous les moyens de faire publier son *Voyage en France par un Français*, ouvrage réactionnaire s'il en est. La répartition des textes conforte cette hypothèse. Proportionnellement, pas moins de quatorze pièces de *Cellulairement* sont passées dans *Jadis et naguère*, contre dix initialement destinées aux *Vaincus*. D'autre part, *Jadis et naguère* ne rassemble pas tous les poèmes de Verlaine non recueillis en volume avant 1880 : « Vers dorés » (*Le Parnasse contemporain*, t. 1, 1866), « Le monstre » (*Le Nain jaune*, 1868), « Au pas de charge » (*Le Rappel*, 1869), « Sur le calvaire » (*Le Parnasse contemporain*, t. 2, 1869), « Les renards » (*ibid.*, 1870), « Des morts » (*L'Avenir*, 1872) sont restés à l'état de publications préoriginales, tandis que « Paysage historique » (*Le Hanneton*, 1867) passera dans *Parallèlement* et que « Obus et philosophie mêlés » (*Le Rappel*, 1871) sera inséré dans *Invectives*. Enfin, le reliquat de *Cellulairement* après *Sagesse* n'a pas été entièrement distribué dans *Jadis et naguère* : deux pièces seront incluses plus tard dans *Amour*, sept dans *Parallèlement* et trois dans *Invectives*. C'est dire qu'il y eut sélection et que, malgré les projets en suspens, *Jadis et naguère* n'est pas le résultat d'une simple compilation. D'ailleurs, et contre toute attente, Verlaine fut tenté de reprendre une dernière fois *Les Vaincus* après la parution

1. Lettre à Charles de Sivry du 28 janvier 1881, *Correspondance générale*, éd. citée, p. 689.

de *Jadis et naguère*. À Georges Chevrier, le directeur de *La Revue indépendante* qui le questionnait en septembre 1884 sur la liste de ses œuvres reportée au sommaire des *Romances sans paroles* (1874), il répondait que « *L'Île, Les Vaincus, Mme Aubin* n'[avaient] jamais existé qu'en projets », mais qu'en revanche « *Les Uns et les Autres* [allait] faire partie d'un volume, *Jadis et naguère*[1] ». Avait-il saisi la balle au bond ? Dans le supplément de *La Revue indépendante* de décembre 1884, on pouvait lire au nom de Paul Verlaine : « Sous presse : *Choses de jadis et de naguère*. En préparation : *Les Vaincus* » et dans les numéros de janvier, février et mars 1885 : « M. Paul Verlaine : *Jadis et naguère*. Paris, décembre 1884, Léon Vanier. Sous presse : *Les Vaincus* » ! En avril 1885, le recueil fantôme repassait sous la mention « en préparation » avant de disparaître définitivement. Nul ne sait ce que cet ultime avatar des *Vaincus* aurait pu contenir.

La diffusion des avant-textes et des publications verlainiennes en revue dans les années qui précèdent la parution de *Jadis et naguère* plaide aussi en faveur de l'autonomie du recueil, au-delà de l'héritage des *Vaincus* et de *Cellulairement*. En 1881, l'insuccès de *Sagesse* n'a pas découragé Verlaine, bien décidé à revenir à la vie publique. Mais tout en poursuivant – et en défendant – son œuvre d'écrivain catholique, il ne s'y limite pas et, parallèlement à la poésie religieuse qu'il réserve aux journaux bien-pensants, il essaie de placer ses textes « profanes », anciens et nouveaux, dans les revues littéraires courantes. Par l'entremise de Charles de Sivry, collaborateur du *Progrès artistique*, il entrevoit l'occasion de publier dans ce journal hebdomadaire une partie du reliquat de *Cellulairement*, du moins les pièces qui

1. Lettre à Georges Chevrier, s.d., *ibid.*, p. 875. *Madame Aubin* paraîtra à la suite de *Louise Leclercq*, chez Vanier, en 1886.

lui semblent les moins choquantes[1]. En effet, si la plupart des poèmes catholiques de *Cellulairement* sont passés dans *Sagesse*, le recueil de prison, resté inédit, illustre aussi des réalités moins spirituelles[2] et, comme ces « choses ne sont pas très en rapport avec ce qu'[il] fait » à ce moment, Verlaine insiste auprès de son ami pour qu'il établisse bien que ces textes « sont d'anciens "péchés" ». Cette opération de maquillage éditorial implique, pour lui, d'importantes retouches : éliminer le titre *Cellulairement* « absolument inutile et shocking au premier chef », le remplacer à chaque fois par *Poèmes de jadis et de naguère*, introduire la série par un prologue explicatif et enfin dater chaque pièce de 1873[3]. Le projet de collaboration au *Progrès artistique* n'aboutit pas et le titre ne fut pas utilisé, mais on voit que, à l'origine, l'appellation *Poèmes de jadis et de naguère* n'était qu'une façon détournée de désigner *Cellulairement* et renvoyait assez largement à « l'année terrible » du poète. En 1881, Verlaine n'a qu'un recueil en préparation : *Amour*, précédemment annoncé dans *Sagesse*.

En 1882, Verlaine quitte la ferme de Juniville qu'il avait achetée deux ans auparavant, son expérience de *poet farmer* s'étant soldée par un échec total. Il regagne Paris et, « absolument résolu à reprendre le combat, en prose, en vers, au théâtre[4] », il investit la petite presse littéraire. Il récupère aussi son titre inutilisé mais lui donne une autre finalité. En 1882-1883, sous l'appellation collective de *Poèmes de jadis et de naguère*, paraissent dans *Paris moderne* une série de six sonnets

1. Lettres à Charles de Sivry des 28 janvier et 3 février 1881, *ibid.*, p. 689 et p. 691. **2.** Voir *Romances sans paroles* suivi de *Cellulairement*, Le Livre de Poche, éd. citée. **3.** Lettres à Charles de Sivry des 3 et 6 février 1881, *Correspondance générale*, éd. citée, p. 691 et p. 693 (extraits). La lettre du 6 février est donnée par J.-H. Bornecque dans *Jadis et naguère*, *Romances sans paroles, Parallèlement*, éd. citée, p. 169. **4.** Lettre à Charles Morice du 5 février 1883, *Correspondance générale*, éd. citée, p. 785.

numérotés et datés, réunis deux à deux, un ancien suivi à chaque fois d'un récent : « Le squelette » (1869) et « *À Albert Mérat* » (juin 1882), « Pierrot » (1868) et « À Léon Valade » (mars 1882), « *Écrit sur l'Album de M*me *N. de V.* » (1869) et « *À Ernest Delahaye* » (février 1882)[1]. Cette symétrie chronologique est encore maintenue dans un numéro de *La Nouvelle Rive gauche* où, toujours sous le titre de *Poèmes de jadis et de naguère*, on trouve « Kaléidoscope » (1873) suivi de « *À Émile Blémont* » (1882), mais elle n'est pas poursuivie au-delà de janvier 1883. À ce stade, « jadis » et « naguère » ne se rapportent plus exclusivement au passé ni seulement à *Cellulairement* et le titre exprime plutôt, du point de vue de la date des poèmes, un « alors » et un « maintenant ». Verlaine poursuit un double objectif : renouer avec son passé tout en cherchant à se réconcilier avec ses anciens amis (notamment par le biais des poèmes qu'il leur dédie), et affirmer la continuité de son œuvre non religieuse au-delà et à côté de sa production catholique.

Le projet de recueil proprement dit ne date que des premiers jours de 1883. Le 9 janvier, Verlaine écrit à Lepelletier qu'il aimerait lui parler de ses futurs volumes de vers, dont les *Poèmes de jadis et de naguère*, à propos desquels il précise : « j'ai là des vers *amusants*, récits, etc., que tu ne connais pas[2]. » À quels vers *amusants* Verlaine pensait-il ? Aux « Vers à la manière de plusieurs » qu'il allait bientôt donner au *Chat noir* ? Lepelletier avait reçu les « récits diaboliques » de *Jadis et naguère* avec les pièces de *Cellulairement* et il n'ignorait rien des poèmes de son ami écrits dans les années 1860. Verlaine pensait-il encore donner une place importante à la nouveauté dans son recueil au début de 1883 ? Il reste que les poèmes imprimés en revue en 1883-1884

1. Publiés respectivement dans les livraisons de *Paris moderne* des 25 juillet 1882, 10 novembre 1882 et 25 mars 1883. 2. *Correspondance générale*, éd. citée, p. 781.

sous le titre *Poèmes de jadis et de naguère* ont pour la plupart été écrits entre 1867 et 1875. À mesure que Verlaine assemble les pièces de son livre, la distinction entre « jadis » et « naguère » devient plus floue et la variante du titre que l'on rencontre en février 1883, encore utilisée en décembre 1884, *Choses de jadis et [de] naguère*[1], est un indice de relâchement que la seule inclusion de *Les Uns et les Autres* (une pièce de théâtre) dans le recueil ne justifie pas complètement. On peut s'étonner que Verlaine récupère des poèmes anciens et qu'il republie dans des périodiques des textes parus de nombreuses années auparavant, les considérant par ailleurs comme des « inédits[2] ». Mais il fait sa rentrée : entre juillet 1882 et janvier 1885, il publie en revue près de quatre-vingts textes en vers et en prose. Il ne les destine pas tous à *Jadis et naguère*, réservant des poèmes pour ses futurs recueils, *Amour* et *Parallèlement*, et il poursuit aussi des projets différents : chroniques, poèmes en prose, nouvelles, portraits et critique littéraire.

Verlaine s'est mis à la recherche d'un éditeur avant même d'avoir terminé son livre. Dès janvier 1883, il se tournait vers Alphonse Lemerre pour lui proposer un volume de prose (*Les Mémoires d'un veuf*) et un volume de vers (*Jadis et naguère*) « absolument en dehors de la politique ou d'idées à discussion, purement littéraires et artistiques[3] ». Malgré ces précautions, ce fut peine perdue : l'ancien éditeur de Verlaine avait rompu les ponts avec son auteur à la suite de certain épisode bruxellois et de ses prises de position extrémistes.

---

1. Quoique le titre *Jadis et naguère* soit évoqué dès juin 1884 (*La Revue critique* du 8 juin), *La Revue indépendante* annoncera encore le volume sous son ancien titre en décembre 1884. Voir p. 267 les variantes du titre dans le dossier Doucet. **2.** « Les quatre-vingt-dix-neuf centièmes de ce volume [*Jadis et naguère*] sont inédits » (lettre à Charles Morice du 5 février 1883, *Correspondance générale*, éd. citée, p. 786). **3.** Lettre à Alphonse Lemerre du 22 janvier 1883, *ibid.*, p. 784.

D'autres tentatives ne furent pas plus heureuses : après Lemerre, ni Charpentier, ni Ollendorf, ni Dreyfous n'acceptèrent le volume. Verlaine subissait les conséquences de sa vie passée. Un premier état du recueil était pourtant prêt en août 1883 : à la mi-septembre, le poète demandait sans résultat à Charpentier des nouvelles « du manuscrit intitulé *Choses de Jadis et Naguère* qu'[il avait] déposé il y a un mois environ entre les mains du commis principal de la maison[1] ». Les refus successifs des éditeurs laissent aussi à Verlaine le loisir de modifier son recueil à sa guise et, paradoxalement, le portent à moins de concessions. Ainsi, en avril 1884, il envoie à Charles Morice trois sonnets très intimes (« Vers pour être calomnié », « Luxures » et « Vendanges ») à insérer dans les *Choses de Jadis*[2]. Son calvaire éditorial prend fin grâce aux accords pris avec Léon Vanier. À la mi-mai 1884, Verlaine s'engage à confier la réimpression de ses poésies au libraire du quai Saint-Michel : « *Poèmes saturniens, Fêtes galantes, Bonne Chanson, Choses de Jadis et de Naguère*[3] », mais il continue, dans le même temps, à changer le plan de son recueil. Enhardi par la liberté que lui donne Vanier, il l'invite à insérer *Les Amies* dans « Vers à la manière de plusieurs », se réservant de faire des « pièces vaguement pédérastiques pour la même rubrique[4] ». Mais Vanier (ou Morice) n'ayant pas jugé opportun d'inclure ces « choses » dans *Jadis et naguère*, Verlaine envoie ses anciennes pièces saphiques à Georges Chevrier qui les présente dans *La Revue indépendante* en octobre 1884[5]. La parution de

1. Lettre à l'éditeur Charpentier du 15 septembre 1883, *ibid.*, p. 806. 2. Lettre à Charles Morice [avril 1884], *ibid.*, p. 861. Dans son dossier, Morice les placera tous les trois à la fin de *Jadis*. 3. Lettre à Léon Vanier du 17 mai 1884, *ibid.*, p. 862. 4. Lettre à Charles Morice [juillet 1884], *ibid.*, p. 871. *Les Amies*, deuxième livre de Verlaine, fut publié sous le manteau à Bruxelles en 1867. 5. Lettres à Charles Morice du 16 septembre 1884 et à Georges Chevrier [sep-

Jadis et naguère est annoncée fin novembre 1884 : Verlaine demande des épreuves à Vanier le 5 novembre et, le 17, il annonce à Morice que « le volume marche[1] ». Le 20 novembre, dix jours avant que la plaquette ne sorte des presses de Léo Trézenik, imprimeur et rédacteur en chef de *Lutèce,* Verlaine envoie simultanément à Vanier, à Morice et à Trézenik lui-même « La dernière fête galante », avec la demande expresse d'inclure ce poème dans la section « À la manière de plusieurs »[2]. Mais il est trop tard ; cette pièce « assez sale » paraîtra dans *Lutèce* le 21 décembre 1884 et elle ne sera recueillie en volume que cinq ans plus tard, dans *Parallèlement.*

Il aura donc fallu à Verlaine près de quatre ans pour constituer *Jadis et naguère* ; il pouvait espérer que le succès relatif des *Poètes maudits* et l'intérêt qu'il commençait à susciter parmi les jeunes lui assureraient des retombées positives. Malheureusement, la presse ne lui accorda que quelques lignes[3], les questions personnelles continuant de supplanter l'intérêt littéraire ; témoin cette anecdote, rapportée en juillet 1885[4] :

> Au moment où parurent *Les Poètes maudits*, Vanier, l'éditeur, fit le service entre autres aux *Petites Nouvelles*. Comme huit jours après aucun compte rendu n'avait paru, Vanier s'enquit, à la rédaction, du motif.
>
> – Oh mais, répondit-*On*, il est impossible de nommer Verlaine dans un journal.
>
> Dernièrement je disais à Francis Enne :
>
> – Comment se fait-il que vous, vieil ami de Verlaine, vous qui lui reconnaissez du talent, vous ne lui ayez jamais rendu le service de lui faire un article ?

---

tembre 1884], *ibid.*, p. 874, p. 875 et p. 876. Les sonnets seront finalement insérés dans *Parallèlement*, en 1889.

1. *Ibid.*, p. 879 et p. 880. **2.** *Ibid.*, p. 880 et p. 881. **3.** Voir Dossier, p. 309 *sqq*. **4.** L.-G. Mostrailles, « Têtes de pipes littéraires et artistiques. Paul Verlaine », *Lutèce*, 5-12 juillet 1885.

– J'ai essayé bien des fois, me répondit Enne, mais *on ne veut pas*.

Comment se fait-il que Caze qui lui porte l'affection qu'il faut, ait toujours gardé le silence sur lui ?

Pour la même raison ; on ne lui a pas permis de parler[1].

Établissement du texte

MANUSCRITS

Les divers états qui intéressent *Jadis et naguère* reflètent la genèse longue et complexe du recueil. Un classement par ensembles permet de clarifier la question. Au cours du temps, Verlaine a parfois changé les titres de ses poèmes ; nous adoptons ici les titres définitifs. On se reportera à l'apparat critique où on trouvera les états manuscrits (lorsqu'ils sont connus) et les états imprimés de chacun des textes, suivis des variantes.

1. Poèmes joints à la correspondance

• Lettre à François Coppée du 17 août 1869 (Bibliothèque municipale de Metz) : « *Écrit sur l'Album de Mme N. de V.* » (dernier tercet).

• Lettre à Léon Valade du 14 juillet 1871 (Bibliothèque municipale de Bordeaux) : « La princesse Bérénice ».

• Lettre à Émile Blémont du 22 juillet 1871 (Bibliothèque nationale de France) : « La princesse Bérénice » (sous le titre « Bérénice »). Voir cette version en appendice, p. 252.

1. Robert Caze répara cette injustice dans un article du *Voltaire* (« Les Poètes modernes », 15 août 1885). Il est vrai qu'entre-temps avait éclaté la « bombe » des *Déliquescences*, donnant à Paul Bourde l'occasion de parler abondamment des « Poètes décadents », dont Verlaine, dans *Le Temps* du 6 août 1885.

• Lettre à Edmond Lepelletier du 16 mai 1873 (Bibliothèque littéraire Jacques-Doucet) : « Luxures » (sous le titre « Invocation » ; fac-similé : Succession Jean Hugues, *Arthur Rimbaud, Paul Verlaine*, Paris-Drouot, 20 mars 1998, n° 69). Voir cette version en appendice, p. 251.

• Lettre à Edmond Lepelletier du [20 octobre ?] 1873 (Bibliothèque littéraire Jacques-Doucet) : « Un pouacre » (fac-similé : Succession Jean Hugues, *op. cit.*, n° 76), « Sonnet boiteux », « Vendanges ».

• Lettre à Edmond Lepelletier des 24-28 novembre 1873 (Bibliothèque littéraire Jacques-Doucet) : « Images d'un sou » (les 14 premiers vers ; fac-similé : Verlaine, *Parallèlement*, éd. Ad. Van Bever, Crès, 1911).

• Lettre à Edmond Lepelletier du 22 août 1874 (Bibliothèque littéraire Jacques-Doucet) : « Dizain mil huit cent trente », « Paysage » (fac-similé : Succession Jean Hugues, *op. cit.*, n° 80).

• Lettre à Edmond Lepelletier du 8 septembre 1874 (Bibliothèque littéraire Jacques-Doucet) : « Amoureuse du diable ».

• Lettre à Léon Valade datée vendredi soir [janvier ? 1881] (Bibliothèque municipale de Bordeaux) : « Art poétique ».

2. *Cellulairement*

Quatorze pièces de *Cellulairement* ont été distribuées dans *Jadis et naguère* : « Un pouacre », « Vendanges », « Sonnet boiteux », « Kaléidoscope », « Images d'un sou », « Paysage », « Dizain mil huit cent trente », « Art poétique », « Conseil falot », « Crimen amoris », « La grâce », « Don Juan pipé », « L'impénitence finale » et « Amoureuse du diable ».

Le manuscrit principal de ce recueil non publié par Verlaine se trouve aujourd'hui dans une collection privée, au Musée des lettres et manuscrits, à Paris. Vendu le 15 décembre 2004 chez Sotheby's, il n'avait plus été étudié depuis 1913 et nous a permis de parfaire sur bien des points notre édition de *Cellulairement* publiée au Livre de Poche (coll. « Classiques ») en 2002. Tous les poèmes cités, sauf « Conseil falot », s'y trouvent réunis. On ne connaît pas d'autres manuscrits de « Kaléidoscope » et d'« Images d'un sou » (en entier) que ceux-ci.

Un second manuscrit de *Cellulairement*, incomplet, a figuré vers 1950 au catalogue de la librairie Georges Heilbrun[1]. On a perdu sa trace après la mort de son dernier propriétaire connu, Albert Kies. Il contenait, pour ce qui concerne les pièces passées dans *Jadis et naguère* : « Paysage », « Dizain mil huit cent trente », les dix premiers et les huit derniers vers d'« Art poétique » (reproduits en fac-similé en quatrième de couverture) et les dix premiers vers de « Conseil falot ». La notice du catalogue Heilbrun, les remarques de Jacques Borel (*Œuvres poétiques complètes*, éd. citée) et quelques rares variantes signalées par Albert Kies[2] nous donnent un bref aperçu de ces états. Nous avons reporté ces indications dans l'apparat critique. Le manuscrit de « Crimen amoris » inséré dans le dossier *Jadis et naguère* conservé à la Bibliothèque littéraire Jacques-Doucet provient, à l'origine, de ce même ensemble démembré.

3. *Jadis et naguère*

La Bibliothèque littéraire Jacques-Doucet possède un ensemble presque complet de *Jadis et naguère*, réunissant des manuscrits autographes, des manuscrits allographes, et des coupures de journaux et de revues qui portent parfois des annotations manuscrites. Tous ces documents n'ont pas la même valeur philologique. Il s'agit d'un

1. Librairie Georges Heilbrun, *Verlaine*, catalogue n° 2 (nouvelle série), Paris, s.d., n° 141. 2. Albert Kies, « *Varia, Cellulairement* et autres manuscrits de Verlaine », *Le Livre et l'Estampe*, n° 136, 1991, p. 337-339.

dossier préparatoire, vraisemblablement constitué par Charles Morice sous la direction de Verlaine alors en province, et qui devait servir à présenter le futur recueil aux éditeurs potentiels.

Selon Y.-G. Le Dantec qui n'a pu le consulter, le manuscrit définitif « ayant servi à l'impression de l'originale » appartenait, en 1926, à Jean-René Aubert[1]. On a perdu sa trace aujourd'hui.

4. Manuscrits isolés

Rares sont les versions manuscrites des poèmes publiés en périodiques qui soient accessibles aujourd'hui. La plupart ont été dispersées en vente publique (qu'il s'agisse de versions anciennes ou de versions recopiées dans les années 1880) et on ignore où elles se trouvent actuellement. Néanmoins les catalogues de vente, les éditeurs et les spécialistes donnent parfois des renseignements utiles sur ces états, voire des fac-similés. Voici, par ordre alphabétique des titres, ceux dont nous avons tenu compte dans l'apparat critique :

• « Dizain mil huit cent trente » : [Catalogue de la] collection de M. André Le Breton, Drouot, vente du 10 mai 1938.

• « *Écrit sur l'Album de Mme N. de V.* » : 1) *Album* de Nina de Villard, Bibliothèque municipale de Metz (fac-similé : Catulle Mendès, *La Maison de la vieille*, Seyssel, Champ Vallon, 2000, p. 580). 2) Librairie Auguste Blaizot & fils, vente du 12 mars 1936, n° 191.

• « L'aube à l'envers » : *Écrivains des XIXe et XXe siècles. Éditions originales, manuscrits et lettres autographes*, Pierre Berès, catalogue 56, [1956], n° 634.

• « L'auberge » : manuscrit « donné à Coppée », Jean Montval, « Paul Verlaine et François Coppée », *Le Correspondant*, 10 mars 1931, p. 650-651.

1. Verlaine, *Œuvres poétiques complètes*, éd. citée, p. 962.

• « Le pitre » : [Catalogue de la] collection de M. André Le Breton, *op. cit.*, variantes données par Y.-G. Le Dantec (éd citée, p. 970).

• « Le poète et la muse » : Charles Donos, *Verlaine intime*, Vanier, 1898, p. 94. Texte imprimé, ms. non reproduit.

• « Le squelette » : Catalogue de la bibliothèque de feu M. Henri Lenseigne, deuxième partie : *Livres illustrés du XIXe siècle, éditions originales romantiques et modernes*, Drouot, 20 décembre 1932, n° 2032 (fac-similé du manuscrit autographe encarté dans l'exemplaire de *Romances sans paroles* ayant appartenu à Albert Mérat).

• « Les loups » : Bibliothèque municipale de Charleville-Mézières (fac-similé : *Revue Verlaine,* n° 5, décembre 1997, p. 15-27).

• *Les Uns et les Autres* : Bibliothèque littéraire Jacques-Doucet.

• « Luxures » : 1) Carnet personnel de Verlaine édité par V. P. Underwood, *Revue des sciences humaines*, avril-juin 1955, p. 186-187 (*Œuvres en prose complètes*, éd. citée, p. 1119-1120) ; 2) Collection Jean Gimpel, variantes données par Jacques Borel (*Œuvres poétiques complètes*, éd. citée, p. 1152).

• « Pantoum négligé » : *Album zutique* (fac-similé : *Album zutique*, éd. P. Pia, Genève-Paris, Slatkine, 1981, n. p.).

• « Pierrot » : Bibliothèque municipale de Bordeaux, fonds Léon Valade.

• « Prologue [de *Jadis*] » et « Prologue [de *Naguère*] » : The Pierpont Morgan Library, New York (fac-similé : *Revue des sciences humaines*, n° 285, 2e trimestre 2007, p. 17).

• « Sonnet boiteux » : [Catalogue de la] collection de M. André Le Breton, *op. cit.*, variantes données par Y.-G. Le Dantec (*Œuvres poétiques complètes*, éd. citée, p. 965).

• « Un pouacre » : *ibid.*, variantes données par Y.-G. Le Dantec (*Œuvres poétiques complètes*, éd. citée, p. 982).

• « Vers pour être calomnié » : Bibliothèque nationale de France, dans un manuscrit de *Sagesse* offert par Verlaine à sa femme en 1878, où ce poème est barré.

Verlaine, qui avait rassemblé des sonnets en 1872 pour *Les Vaincus*, en avait conservé des versions imprimées précédemment. Ces coupures, qui portent parfois des annotations autographes, ont été décrites par André Vial[1]. Elles concernent : « Le clown », « À Horatio », « Intérieur », « L'auberge » et « Le pitre ».

Les premières versions de « Crimen amoris », « L'impénitence finale » et « Don Juan pipé », différentes des états publiés dans *Jadis et naguère*, n'ont pas été prises en compte dans l'apparat critique. Elles nous sont parvenues sous la forme de manuscrits autographes et allographes. « Crimen amoris » : ms. autographe, Tajan, *Autographes et manuscrits*, vente du 25 mai 2004, n° 80 (20 strophes) et une copie de la main de Rimbaud, Bibliothèque du château de Prye, *Splendeurs de la littérature française,* Drouot, 27 et 28 juin 1990, n° 269 (fac-similé des strophes 1-8 et 17-24) ; « L'impénitence finale » : copie de la main de Rimbaud, Bibliothèque littéraire Jacques-Doucet (fac-similé : *Parade sauvage*, n° 9, février 1994, p. 65-68) ; « Don Juan pipé » : copie de la main de Rimbaud, Tajan, *Autographes et manuscrits*, vente du 25 mai 2004, n° 79. Ces versions sont reproduites dans l'Appendice, p. 252 et suivantes.

---

1. *Verlaine et les siens*, *op. cit.*, p. 150-158.

AVANT-TEXTES ET PUBLICATIONS PRÉORIGINALES

1867

La Gazette rimée, 10 mai : « Les poètes [Les vaincus] » (dix strophes).

Le Hanneton, 25 juillet : « Le clown », « Circonspection » ; 8 août : « À Horatio » ; 3 octobre : « Intérieur ».

La Revue des lettres et des arts, 15 décembre : « Les loups ».

1868

Le Hanneton, 30 janvier : « L'auberge ».

La Revue des lettres et des arts, 23 février : « Un grognard [Le soldat laboureur] ».

Le Hanneton, 5 mars : « Allégorie ».

La Nouvelle Némésis, 10 octobre : « Un grognard [Le soldat laboureur] ».

1869

Sonnets et eaux-fortes, Lemerre : « Le pitre » (achevé d'imprimer le 20 décembre 1868).

Paris magazine, 17 janvier : « Le pitre ».

Le Parnasse contemporain, t. 2, quatrième série, [décembre] : « Les vaincus » (dix strophes), « L'angelus du matin », « La soupe du soir », « La pucelle ».

1872

La Renaissance littéraire et artistique, 10 août : « Pantoum négligé » (signé Alphonse Daudet).

1882

Paris moderne, 25 juillet : « Le squelette », « *À Albert Mérat* » ; 10 novembre : « Pierrot », « Art poétique ».

1883

La Nouvelle Rive gauche, 5-12 janvier : « À Horatio », « Le clown » ; 26 janvier – 2 février : « Kaléidoscope ».

La Nouvelle Lune, 11 février : « Dizain mil huit cent trente », « Sonnet boiteux ».

La Nouvelle Rive gauche, 23 février – 2 mars : « À la louange de Laure et de Pétrarque » ; 23-30 mars : « Amoureuse du diable ».

Paris moderne, 25 mars : « *Écrit sur l'Album de Mme N. de V.* ».

Le Chat noir, 26 mai : « La princesse Bérénice », « Langueur », « Pantoum négligé » ; 14 juillet : « Paysage », « Conseil falot » ; 18 août : « L'aube à l'envers », « Un pouacre », « Madrigal ».

1884

La Libre Revue, 1er-15 janvier : « La grâce ».

La Revue critique, 3 février : « Pierrot », « Allégorie » ; 10 février : « Circonspection » ; 24 février : « Images d'un sou ».

La Libre Revue, 1er-15 mars : « Crimen amoris ».

Lutèce, 8-15 mars : « Luxures », « Vendanges ».

La Revue critique, 23 mars : « Vers pour être calomniés » ; 8 juin : « Prologue pour Jadis », « Prologue pour Naguère ».

Lutèce, 7-14 septembre : « L'impénitence finale » ; 30 novembre – 7 décembre : « Don Juan pipé ».

1885[1]

Lutèce, 25 janvier – 1er février : « Pierrot », « Intérieur », « Dizain mil huit cent trente ».

Le Chat noir, 28 novembre : « Crimen amoris ».

1. Publications postérieures à la parution de *Jadis et naguère*.

ÉDITIONS PUBLIÉES DU VIVANT DE VERLAINE

• Paul Verlaine, *Jadis et naguère*. *Poésies*, Paris, Léon Vanier, 1884. Achevé d'imprimer à 500 exemplaires le 30 novembre 1884 par Léo Trézenik, imprimeur, pour Léon Vanier, éditeur [à] Paris. Annoncé dans la *Bibliographie de la France* le 3 janvier 1885 comme ayant paru le 12 décembre 1884.

• *Anthologie des poètes français du* XIXe *siècle*, t. III : *1842 à 1851*, Paris, Lemerre, [1888]. Pas d'achevé d'imprimer, publié en fascicules hebdomadaires. Contient : « Art poétique ».

• *Album de vers et de prose*, Bruxelles, Librairie nouvelle, Anthologie des écrivains français et belges, vol. 58, série V, n° 10, [1888]. Contient : « Art poétique ».

• Paul Verlaine, *Jadis et naguère*, nouvelle édition, Paris, Léon Vanier, 1891. Pas d'achevé d'imprimer. Annoncé dans la *Bibliographie de la France* le 20 juin 1891.

• Paul Verlaine, *Choix de poésies*, avec un portrait de l'auteur par Eugène Carrière, Paris, Bibliothèque Charpentier, 1891. Tiré à 1 535 exemplaires. Pas d'achevé d'imprimer [mai 1891]. Annoncé dans la *Bibliographie de la France* le 20 juin 1891. Contient : *Les Uns et les Autres* (séparé de *Jadis et naguère*), « Prologue [de *Jadis*] », « Pierrot », « Art poétique », « Le pitre », « Langueur », « L'aube à l'envers », « Prologue [de *Naguère*] », « Crimen amoris ».

• Paul Verlaine, *Les Uns et les Autres*, comédie en un acte et en vers représentée pour la première fois au Théâtre du Vaudeville par les soins du Théâtre d'Art le 21 mai 1891, Paris, Léon Vanier, 1891. Pas d'achevé d'imprimer. Annoncé dans la *Bibliographie de la France* le 20 juin 1891.

CHOIX DU TEXTE

Pour des raisons contextuelles et philologiques, notre choix s'est porté sur l'édition originale (1884). Les fautes d'orthographe et les signes de ponctuation manifestement aberrants ne sont pas pris en compte dans l'apparat critique. Nous nous écartons de l'édition originale dans les cas suivants (les coquilles ne sont pas indiquées. Ex. : *chantaiennt* dans « Les loups » ou *s'avancait* dans « Amoureuse du diable ») :

Prologue [de Jadis]*, vers 3 :* dûs // ***Dizain mil huit cent trente****, vers 4 :* espanol // ***Le clown****, vers 7 :* tain. // ***Écrit sur l'album de M***^me^ ***N. de V.****, vers 13 :* sonnet ? *sans ponctuation* // ***Art poétique****, vers 21 :* tords lui // ***Allégorie****, vers 4 :* baille // ***L'auberge****, vers 13 :* tic tac // ***Luxures****, vers 2 :* jûtes // ***Les Uns et les Autres****, vers 93 :* plait *; vers 100 :* sur le champ *; vers 121 :* puis voyez *; vers 154 :* soyons nous *; vers 218 :* céler *; vers 238 :* terre-plain *; vers 259 :* planté-là *; suite au vers 384 :* Scène v // ***Le soldat laboureur****, vers 17 :* Égypte, *; vers 32 :* eût *; vers 45 :* horreur *; vers 51 :* diner *; vers 58 :* chenêt // ***Les loups****, vers 17 :* reproche *sans ponctuation ; vers 46 :* Çà *; vers 58 :* ponts *sans ponctuation ; vers 123 :* aubaines *sans ponctuation* // ***L'angelus du matin****, vers 24 :* Ça // ***Les vaincus****, vers 18 :* funérailles *sans ponctuation ; vers 24 :* renait // ***Conseil falot****, vers 18 :* giffler *; vers 31 :* méprisée *sans ponctuation* // ***Le poète et la muse****, vers 8 :* Hercules *sans ponctuation ; vers 10 :* gens *sans ponctuation* // ***L'aube à l'envers****, vers 1 :* large. // ***Un pouacre****, vers 13 :* cela *sans ponctuation ; vers 16 :* penses. *; vers 17 :* quand *; vers 20 :* lanlaire. // ***Madrigal****, numérotation :* VIII *; vers 10 :* mat // ***Prologue [de Naguère]****, vers 8 :* flottants. *; vers 9 :* Où // ***Crimen amoris****, vers 6 :* brutaux *sans ponctuation ; vers 8 :* plateaux *sans ponctuation ; vers 34 :* poing. *; vers 39 :* entendre : *; vers 43 :* sommes *sans ponctuation ; vers 61 :* éclate *sans* *ponctuation ; vers 69 :* fière *sans ponctuation ; vers 80 :* meut *; vers 81 :* vestige *sans ponctuation ; vers 84 :* fut *; vers 85 :* étoiles *sans ponctuation ; vers 88 :* l'air d'aller *; vers 95 :* racines // ***La grâce,*** *vers 7 :* ouir *; vers 16 :* foi. *; vers 19 :* « Seigneur *; vers 37 :* tête, *; vers 53 :* bravé *; vers 76 :* dois. *; vers 88 :* Manifeste toi *; vers 104 :* prends la ! *; vers 116 :* phosphorescent *sans ponctuation ; vers 147 :* cieux *sans ponctuation* // ***L'impénitence finale,*** *vers 4 :* ailleurs *sans ponctuation ; vers 6 :* personne *sans ponctuation ; vers 28 :* inoui *; vers 49 :* Semblait *; vers 58 :* mystérieuses *sans ponctuation ; vers 86 :* suprême *sans ponctuation ; vers 103 :* s'inclinaient *sans ponctuation ; vers 129 :* sonnette » *sans ponctuation ; vers 131 :* épais *sans ponctuation* // ***Don Juan pipé,*** *vers 2 :* immonde *sans ponctuation ; vers 43 :* laissèrent-là *; vers 46 :* taille *sans ponctuation ; vers 48 :* remords *sans ponctuation ; vers 92 :* voila. *; vers 105 :* futes *; vers 117 :* s'accroit *; vers 139 :* point. // ***Amoureuse du diable,*** *vers 21 :* aventure *sans ponctuation ; vers 71 :* eût *; vers 74 :* gnôme *; vers 80 :* eût *; vers 114 :* publique. *; vers 128 :* intelligent *sans ponctuation.*

Note : une strophe de « Crimen amoris » (v. 45-48) a été omise dans le manuscrit du dossier Doucet et n'apparaît pas dans l'édition originale. Comme ces vers figurent dans des versions qui précèdent et qui suivent l'édition originale (à l'exception du *Choix de poésies*, imprimé sur l'édition de 1884), nous avons pris le parti de les réinsérer à leur place, dans la version de la *Libre Revue* et dans celle du *Chat noir*, les plus proches de la publication du recueil.

ABRÉVIATIONS EMPLOYÉES DANS L'ANNOTATION DES TEXTES

Acad. : *Dictionnaire de l'Académie française*, 6e éd., Paris, Firmin-Didot, 2 t., 1835.

Bescherelle : BESCHERELLE aîné, *Dictionnaire national ou Dictionnaire universel de la langue française*, 2e éd., Paris, Simon-Garnier, 2 t., 1852.

Corr. : Paul VERLAINE, *Correspondance générale*, éd. Michael Pakenham, t. I : *1857-1885*, Paris, Fayard, 2005.

Delvau : Alfred DELVAU, *Dictionnaire de la langue verte*, nouvelle édition augmentée d'un supplément par Gustave Fustier, Paris, Marpon et Flammarion, 1883.

Grevisse : Maurice GREVISSE et André GOOSSE, *Le Bon Usage : grammaire française avec des remarques sur la langue française d'aujourd'hui*, 13e éd. revue, Gembloux, Duculot, 1993.

Larchey : Lorédan LARCHEY, *Dictionnaire d'argot*, Paris, Dentu, 11e éd., 1888.

Lar. Gdu : Pierre LAROUSSE, *Grand Dictionnaire universel du XIXe siècle*, Paris, Larousse, 15 t. (1866-1876) et 2 suppléments (1878 et 1890).

Littré : Émile LITTRÉ, *Dictionnaire de la langue française*, Paris, Hachette, 4 t. et un supplément, 1877.

OC : *Œuvres complètes*, introduction d'Octave NADAL, études et notes de Jacques BOREL, texte établi par Henry DE BOUILLANE DE LACOSTE et Jacques BOREL, Club du meilleur livre, 2 vol., 1959 et 1960.

OpC : Paul VERLAINE, *Œuvres poétiques complètes*, texte établi et annoté par Yves-Gérard LE DANTEC, 4e éd., 1954 ; édition revue, complétée et présentée par Jacques BOREL (1962), Paris, Gallimard, « Bibliothèque de la Pléiade », 1977.

OprC : Paul VERLAINE, *Œuvres en prose complètes*, éd. Jacques BOREL, Paris, Gallimard, « Bibliothèque de la Pléiade », 1972.

Pougin : Arthur POUGIN, *Dictionnaire historique et pittoresque du théâtre et des arts qui s'y rattachent : poétique, musique, danse, pantomime...*, Paris, Firmin-Didot, 1885.

Rob. : Paul ROBERT, *Dictionnaire alphabétique et analogique de la langue française*, Paris, Le Robert, 2e éd. dirigée par Alain REY, 6 t., 2001.

Rob. Dhlf : *Dictionnaire historique de la langue française* (1992), sous la direction de Alain REY, éd. enrichie, Paris, Le Robert, 3 t., 1998.

Tlf : *Trésor de la langue française : dictionnaire de la langue du XIXe et XXe siècle (1789-1960)*, sous la direction de Paul IMBS, puis de Bernard QUEMADA, Paris, CNRS, puis Gallimard, 16 t., 1971-1994 (version informatisée, www.atilf.fr).

Les références présentées sous forme abrégée renvoient à la Bibliographie, p. 339 *sqq*.

PAUL VERLAINE

JADIS ET NAGUÈRE

POÉSIES

PARIS
LÉON VANIER, LIBRAIRE-ÉDITEUR
19, QUAI SAINT-MICHEL, 19

1884

Jadis et naguère

JADIS

1. Ce « Prologue » devait servir initialement à introduire les poèmes de *Cellulairement* que Verlaine voulait publier dans *Le Progrès artistique* en 1881. Il était joint à la lettre à Charles de Sivry du 6 février 1881 (Bornecque, son éd., p. 73, et *Corr.*, p. 693).
2. Expression familière, d'abord propre au langage militaire (*cf.* Vigny, *Servitude et grandeur militaires*, 1835, I, 6).
3. *Enfant perdu* désigne un « soldat qu'on envoyait aux postes avancés, et qui, le plus souvent, était sacrifié » (Lar. Gdu). La métaphore de la « paternité » littéraire qui fait des œuvres les « enfants de l'imagination » (Rivarol) est ancienne (*cf.* Goncourt, *Charles Demailly*, 1860 : « Nos enfants, ce sont nos œuvres ! » qui parodie Balzac, *Le Curé de village*, 1845 : « Nos œuvres à nous, c'est nos enfants ! »).
4. *Essaimer*, « sortir en essaim, en parlant des abeilles » (Littré ; voir v. 13-14) et par extension « sortir en foule, se disperser » (Lar. Gdu).
5. Le poème est postérieur à *Sagesse* et à la conversion de Verlaine.
6. Cliché romantique. *Cf.* Nerval, *Voyage en Orient, Aurélia, Les Chimères* ; Hugo, *Les Contemplations* ; Baudelaire, *Petits poèmes en prose* ; Rimbaud, « L'éclatante victoire de Sarrebrück »…
7. Adverbe ; le *s* régularise la rime (petites/vites).
8. *Cf. Sagesse*, I, VI, v. 4 : « C'est vrai pourtant que c'est fini, que tout a fui / De nos sens, aussi bien les ombres que les proies. »
9. « Rêves d'un malade » (voir v. 6-7). Expression utilisée par Horace (« Art poétique », I, v. 6-9) pour qualifier une œuvre d'art hétéroclite : « Croyez-moi, Pisons, ce tableau vous offrira le portrait fidèle d'un livre où, pareilles aux songes d'un malade, ne seront retracées que des images inconsistantes, faisant un corps dont les pieds et la tête ne répondront pas à un type unique » (Horace, *Épîtres*, éd. F. Villeneuve, Les Belles Lettres, 1961, p. 202). Prisée par Verlaine, elle apparaît dans le prologue de *Cellulairement* (« Au lecteur », v. 15), sert de titre à un texte en prose publié en 1892 (*OPrC*, p. 199-201) et à un poème de 1895 (*OpC*, p. 1030).

Voir Variantes, p. 267-268.

PROLOGUE[1]

En route, mauvaise troupe[2] *!*
Partez, mes enfants perdus[3] *!*
Ces loisirs vous étaient dus :
La Chimère tend sa croupe.

Partez, grimpés sur son dos,
Comme essaime[4] *un vol de rêves*
D'un malade dans les brèves
Fleurs vagues de ses rideaux.

Ma main tiède qui s'agite
Faible encore, mais enfin
Sans fièvre, et qui ne palpite
Plus que d'un effort divin[5],

Ma main vous bénit, petites
Mouches de mes soleils noirs[6]
Et de mes nuits blanches. Vites[7],
Partez, petits désespoirs,

Petits espoirs, douleurs, joies,
Que dès hier renia
Mon cœur quêtant d'autres proies[8]...
Allez, ægri somnia[9].

SONNETS ET AUTRES VERS

1. Francesco Petrarca (1304-1374) a donné ses lettres de noblesse au sonnet dans son *Canzoniere* (publié en 1501) où il célèbre les louanges de Laure, son inspiratrice et le symbole de la femme aimée (voir v. 5).
2. L'invention du sonnet est attribuée à Jacopo da Lentini (première moitié du XIIIe s.), mais c'est Pétrarque qui a fixé la forme qui s'est diffusée hors d'Italie. Dans la seconde moitié du XVIe s., les poètes français (Marot, Du Bellay, Ronsard) adaptent le sonnet aux exigences de la langue et modifient la distribution des rimes. Les poètes élisabéthains (Shakespeare, Milton) font de même en Angleterre, développant un modèle strophique original. Verlaine, qui aurait lu « tout Shakespeare, sans traduction » en prison (lettre à Lepelletier du 8 septembre 1874, *Corr.*, p. 377), possédait une édition de ses sonnets (voir son Carnet, *OPrC*, p. 1116, p. 1117 et p. 1123).
3. Adjectifs forgés par Verlaine sur les noms de deux critiques traditionalistes, Edmond Schérer (1815-1889) et Francisque Sarcey (1827-1899). Dans une lettre à Irénée Decroix du 6 janvier 1876, s'insurgeant contre l'anticléricalisme du critique du *Temps*, Verlaine écrivait : « À BAS SARCEY ! » (*Corr.*, p. 475).
4. Au-delà du cliché (la fierté des Espagnols), Verlaine est attiré par l'Espagne : il s'essaya à l'espagnol, utilisa un pseudonyme espagnolisant (Pablo de Herlañes), projeta de traduire Calderón… Voir « Dizain mil huit cent trente », p. 68, n. 3 et 6.
5. Marie, « Horloge admirable » (*Litanies de la Sainte Vierge*). Mais pour être exact, le rythme de ce sonnet (onze syllabes) n'en est pas moins inhabituel, à moins qu'il n'imite le vers classique italien, dit *hendécasyllabique*.
6. L'*ordre* et la *chasteté* sont parmi les maîtres mots de *Sagesse*.

Voir Variantes, p. 268.

À la louange de Laure et de Pétrarque[1]

Chose italienne où Shakspeare a passé
Mais que Ronsard fit superbement française[2],
Fine basilique au large diocèse,
Saint-Pierre-des-Vers, immense et condensé,

Elle, ta marraine, et Lui qui t'a pensé,
Dogme entier toujours debout sous l'exégèse
Même edmondschéresque ou francisquesarceyse[3],
Sonnet, force acquise et trésor amassé,

Ceux-là sont très bons et toujours vénérables,
Ayant procuré leur luxe aux misérables
Et l'or fou qui sied aux pauvres glorieux,

Aux poètes fiers comme les gueux d'Espagne[4],
Aux vierges qu'exalte un rhythme exact[5], aux yeux
Épris d'ordre, aux cœurs qu'un vœu chaste accompagne[6].

1. Personnage niais issu de la comédie italienne, Pierrot acquiert une identité « française » et moderne au XIXe s. grâce au mime Jean Gaspard Deburau qui le transforme en type mélancolique et rêveur. Prisée par les écrivains romantiques, la figure de Pierrot évolue vers le fantastique et le macabre. À partir des années 1880 (mais le poème de Verlaine est daté de 1868), Pierrot est le héros de très nombreuses pantomimes (Huysmans, Laforgue, Champsaur, Verlaine lui-même, avec *Pierrot gamin*) et s'impose dans la poésie (Giraud, Laforgue, Mendès), devenant le masque fin-de-siècle par excellence. Verlaine avait introduit un Pierrot frondeur et dupé dans les *Fêtes galantes* (voir « Pantomime » et « Colombine »).
2. Léon Valade (1841-1884), poète (*À mi-côte*, 1874) et traducteur de Heine, fut le collègue de Verlaine à l'Hôtel de Ville de Paris. Il collabora au premier *Parnasse contemporain* et figure aux côtés de Verlaine et de Rimbaud sur le tableau de Fantin-Latour, *Coin de table.* Verlaine reprend contact avec son ancien ami en mai 1880 (*Corr.*, p. 661) ; il lui dédie deux poèmes dans *Paris moderne*, « Pierrot » et « À Léon Valade », ce dernier recueilli dans *Amour* en 1888.
3. Le *dessus-de-porte* est un panneau surmontant une porte, souvent peint de scènes galantes à la mode du XVIIIe s. Cet ornement fait partie du « goût Watteau » que Verlaine met en cause dans les *Fêtes galantes*.
4. Le *vieil air* bien connu, dont la musique aurait été composée par Lully (« Au clair de la lune, mon ami Pierrot, / Prête-moi ta plume pour écrire un mot. / Ma chandelle est morte, je n'ai plus de feu… »), date du XVIIIe s. Verlaine y fait notamment allusion dans la sixième ariette des *Romances sans paroles* et dans « Conseil falot », p. 185, v. 7-8.
5. Le Pierrot spectral de Verlaine est héritier de la pantomime noire de la première moitié du XIXe s. (Janin, Gautier, Champfleury), mais relève aussi de sa propre veine macabre entre 1865 et 1869 (*Poèmes saturniens* et *Fêtes galantes*). Voir « À Horatio », p. 71, et « Le squelette », p. 79.
6. *Cf.* Baudelaire, « L'irrémédiable » (*Les Fleurs du mal*) : « des monstres visqueux [aux] larges yeux de phosphore », et Verlaine, « Rendez-vous » (1891, *OpC*, p. 539) : « Du phosphore en ses yeux s'allume. »
7. Pierrot est appelé l'*enfariné* à cause de la farine qui lui blanchit le visage.

Voir Variantes, p. 268.

PIERROT[1]

À Léon Valade[2]

Ce n'est plus le rêveur lunaire du vieil air
Qui riait aux aïeux dans les dessus de porte[3] ;
Sa gaîté, comme sa chandelle, hélas ! est morte[4],
Et son spectre[5] aujourd'hui nous hante, mince et clair.

Et voici que parmi l'effroi d'un long éclair
Sa pâle blouse a l'air, au vent froid qui l'emporte,
D'un linceul, et sa bouche est béante de sorte
Qu'il semble hurler sous les morsures du ver.

Avec le bruit d'un vol d'oiseaux de nuit qui passe,
Ses manches blanches font vaguement par l'espace
Des signes fous auxquels personne ne répond.

Ses yeux sont deux grands trous où rampe du phosphore[6]
Et la farine[7] rend plus effroyable encore
Sa face exsangue au nez pointu de moribond.

1. Si ce mot désigne l'instrument d'optique bien connu inventé au début du XIXe s. par le physicien écossais David Brewster, il a aussi suscité « de bonne heure (1818) un emploi figuré exprimant l'idée d'une succession rapide et changeante (de sensations, d'impressions) » (Rob. Dhlf).
2. Le poète et dessinateur Germain Nouveau (1851-1920), en contact régulier avec Verlaine pendant les années 1875-1883, était aussi un familier de Rimbaud et de Delahaye. Fervent catholique, il se retira dans son village natal et mourut dans la misère (*Poèmes d'Humilis*, 1910 et 1924 ; *Valentines*, 1922). En 1875, Nouveau reçut une copie de *Cellulairement* où figurait ce poème.
3. « Au XIXe s., par allusion au mouvement du moulin, *moudre* signifie plaisamment "jouer un air sur un instrument à manivelle" » (Rob. Dhlf ; 1867). Verlaine a évoqué longuement la musique de l'orgue de Barbarie dans « Nocturne parisien » (*Poèmes saturniens*).
4. *Bande de musique* est peut-être un anglicisme pour « orphéon », mais Rob. Dhlf donne *bande* comme synonyme d'« orchestre » en français classique (1669). Rimbaud a utilisé cette expression dans « Vagabonds », un poème des *Illuminations* où Verlaine s'est reconnu sous les traits d'un « satanique docteur » : « Je créais, par delà la campagne traversée par des bandes de musique rare, les fantômes du futur luxe nocturne. »
5. Sur le goût de Verlaine pour la fête populaire, voir entre autres « Chevaux de bois » (*Romances sans paroles*) et ici « L'aube à l'envers », p. 193.
6. L'emploi de *après* dans le sens de « attaché à » ou « sur », « considéré comme populaire et fautif » (Rob. Dhlf), est archaïque ou régional (Nord, Belgique romane). Sur cet ornement, *cf.* Rimbaud, « Les sœurs de charité » (1871) : « le front cerclé de cuivre ».
7. Argot : prostituées (Delvau, Larchey). Bescherelle donne « traînée des rues » et Littré ignore l'acception.
8. Populaire, suivant Bescherelle et Littré.
9. La *dartre* est une maladie de la peau. Littré, qui mentionne la *dartre farineuse* (à l'apparence de farine blanchâtre), souligne la vulgarité du mot.

KALÉIDOSCOPE[1]

À Germain Nouveau[2]

Dans une rue, au cœur d'une ville de rêve,
Ce sera comme quand on a déjà vécu :
Un instant à la fois très vague et très aigu…
Ô ce soleil parmi la brume qui se lève !

Ô ce cri sur la mer, cette voix dans les bois !
Ce sera comme quand on ignore des causes :
Un lent réveil après bien des métempsychoses :
Les choses seront plus les mêmes qu'autrefois

Dans cette rue, au cœur de la ville magique
Où des orgues moudront des gigues dans les soirs[3],
Où les cafés auront des chats sur les dressoirs,
Et que traverseront des bandes de musique[4].

Ce sera si fatal qu'on en croira mourir :
Des larmes ruisselant douces le long des joues,
Des rires sanglotés dans le fracas des roues,
Des invocations à la mort de venir,

Des mots anciens comme un bouquet de fleurs fanées !
Les bruits aigres des bals publics arriveront[5],
Et des veuves avec du cuivre après leur front[6],
Paysannes, fendront la foule des traînées[7]

Qui flânent là, causant avec d'affreux moutards[8]
Et des vieux sans sourcils que la dartre enfarine[9],
Cependant qu'à deux pas, dans des senteurs d'urine,
Quelque fête publique enverra des pétards.

1. Image récurrente chez Verlaine, associée à la torpeur et au rêve ; *cf. Sagesse*, III, III : « Que crains-tu de la guêpe ivre de son vol fou ? / […] Que ne t'endormais-tu, le coude sur la table ? », et ici « Allégorie » (p. 89, v. 12-14).

Voir Variantes, p. 268-269.

Ce sera comme quand on rêve et qu'on s'éveille !
Et que l'on se rendort et que l'on rêve encor
De la même féerie et du même décor,
L'été, dans l'herbe, au bruit moiré d'un vol d'abeille[1].

1. Tapisserie dont les fils de la chaîne sont disposés verticalement.
2. « Endroit fort retiré, appartement particulier où l'on se retire pour être seul » (Lar. Gdu, qui précise : sens vieilli). *Cf.* « Sur le balcon » (*Les Amies*, 1867) : « [...] au fond du retrait riche et sombre, / Emphatique comme un trône de mélodrame, / Et plein d'odeurs, le lit défait s'ouvrait dans l'ombre. »
3. Les vers 4 et 5 rappellent l'atmosphère de « L'invitation au voyage » (*Les Fleurs du mal*) : « Là, tout n'est qu'ordre et beauté, / Luxe, calme et volupté. / Des meubles luisants, / Polis par les ans... »
4. « Tout y parlerait / À l'âme en secret », *ibid.*
5. En peinture, on appelle *fond* le champ d'un tableau sur lequel les figures se détachent.
6. Cet air lointain prélude à la cinquième ariette des *Romances sans paroles* (« Le piano que baise une main frêle... »). L'*épithalame* est un petit poème pour célébrer un mariage.
7. Obsession baudelairienne s'il en est ; *cf.* « Correspondances » (*Les Fleurs du mal*) : « Il est des parfums [...] corrompus, riches et triomphants, / [...] / Comme l'ambre, le musc, le benjoin et l'encens. »

Voir Variantes, p. 269.

INTÉRIEUR

À grands plis sombres une ample tapisserie
De haute lice[1], avec emphase descendrait
Le long des quatre murs immenses d'un retrait[2]
Mystérieux où l'ombre au luxe se marie.

Les meubles vieux, d'étoffe éclatante flétrie[3],
Le lit entr'aperçu vague comme un regret,
Tout aurait l'attitude et l'âge du secret[4],
Et l'esprit se perdrait en quelque allégorie.

Ni livres, ni tableaux, ni fleurs, ni clavecins ;
Seule, à travers les fonds obscurs[5], sur des coussins,
Une apparition bleue et blanche de femme

Tristement sourirait – inquiétant témoin –
Au lent écho d'un chant lointain d'épithalame[6],
Dans une obsession de musc et de benjoin[7].

1. Inséré parmi les « Vieux Coppées » dans *Cellulairement,* ce dizain faisait partie d'une suite de parodies visant la manière et les sujets de François Coppée (voir aussi « Paysage », p. 183). Le premier et le dernier vers sont cités en épigraphe de « Lui toujours – et assez » (*Les Mémoires d'un veuf*, 1886, *OprC*, p. 105), texte violent écrit après la mort de Victor Hugo, où Verlaine regrettait que le poète ne fût pas mort « vers 1844, 45, au lendemain des *Burgraves* ».

2. J. Robichez (son éd., p. 633) évoque la préface des *Jeunes-France* de Th. Gautier (1833) : « je serai si fatal et si vague », « je suis naturellement olivâtre et fort pâle » (voir ici v. 8).

3. « Parlant espagnol », calqué sur *hablando español*. Verlaine est hispanophile ; voir p. 58, n. 4.

4. *Déconfire quelqu'un*, « l'embarrasser, le réduire au silence » (Littré, qui note que le terme « ne se dit plus guère qu'avec un sens de moquerie ou de plaisanterie »).

5. *Bonder* signifie « remplir [un bateau] autant qu'il est possible » (Acad., Bescherelle, Littré). Le mot a pris un sens plus général à partir de l'expression « remplir un tonneau jusqu'à la bonde » (voir ici *soûlé*).

6. *Infant* est le titre donné aux enfants puînés des rois d'Espagne. L'*Escurial*, palais édifié par Philippe II au nord-ouest de Madrid, a été achevé en 1584. *Cf.* « La mort de Philippe II » (*Poèmes saturniens*) : « Despotique, et dressant au-devant du zénith / L'entassement brutal de ses tours octogones, / L'Escurial étend son orgueil de granit. »

Voir Variantes, p. 269-270.

DIZAIN MIL HUIT CENT TRENTE[1]

Je suis né romantique et j'eusse été fatal[2]
En un frac très étroit aux boutons de métal,
Avec ma barbe en pointe et mes cheveux en brosse.
Hablant español[3], très loyal et très féroce,
L'œil idoine à l'œillade et chargé de défis.
Beautés mises à mal et bourgeois déconfits[4]
Eussent bondé[5] ma vie et soûlé mon cœur d'homme.
Pâle et jaune, d'ailleurs, et taciturne comme
Un infant scrofuleux dans un Escurial[6]...
Et puis j'eusse été si féroce et si loyal !

1. Personnage d'*Hamlet* de Shakespeare : officier de la garde qui révèle à Hamlet l'apparition du spectre de son père.
2. Exciter, provoquer. *Être allumé*, « dans l'argot des faubouriens », signifie « être sur la pente de l'ivresse » (Delvau).
3. Cette description truculente correspond mal à l'atmosphère d'*Hamlet* et ressortit plus à tel personnage haut en couleur des comédies de Shakespeare, comme Falstaff (voir « Le squelette », p. 79, v. 8).
4. Ville du Danemark où se joue le drame d'*Hamlet*.
5. Ophélie, fille de Polonius et promise d'Hamlet. Elle *s'étonne* de la folie (feinte) d'Hamlet.
6. Le spectre du père d'Hamlet, qui demande à son fils de venger son assassinat. Sur ce geste, voir « Le squelette », p. 79, v. 12-14.
7. Du proverbe *Il ne faut pas remettre au lendemain ce qu'on peut faire le jour même*.

Voir Variantes, p. 270.

À HORATIO[1]

Ami, le temps n'est plus des guitares, des plumes,
Des créanciers, des duels hilares à propos
De rien, des cabarets, des pipes aux chapeaux
Et de cette gaîté banale où nous nous plûmes.

Voici venir, ami très tendre qui t'allumes[2]
Au moindre dé pipé, mon doux briseur de pots,
Horatio, terreur et gloire des tripots,
Cher diseur de jurons à remplir cent volumes[3],

Voici venir parmi les brumes d'Elseneur[4]
Quelque chose de moins plaisant, sur mon honneur,
Qu'Ophélia, l'enfant aimable qui s'étonne[5].

C'est le spectre, le spectre impérieux[6] ! Sa main
Montre un but et son œil éclaire et son pied tonne,
Hélas ! et nul moyen de remettre à demain[7] !

1. *Boiteux,* « qui manque de symétrie, qui ne suit pas les normes habituelles » (Tlf ; Littré parle de *vers boiteux,* qui n'ont pas la mesure). Le sonnet *boite* à cause des vers de treize syllabes, des strophes alternativement masculines et féminines et du dernier tercet non rimé. Avec « Vendanges » (voir p. 99), « Sonnet boiteux » reflète un nouveau système poétique auquel Verlaine pensait en 1873.
2. Ernest Delahaye (1863-1930), condisciple et ami de Rimbaud, rencontra Verlaine en 1871 à Paris et se lia d'amitié avec lui. La correspondance croisée entre Delahaye, Verlaine, Rimbaud et Nouveau, richement illustrée, est un document biographique de première importance. On doit à Delahaye une édition en fac-similé du manuscrit de *Sagesse* (1913) et un essai sur Verlaine (1919). En 1875, il reçut une copie de *Cellulairement* où figure ce poème.
3. Comme le loup dans « La mort du loup » de Vigny (1843).
4. Verlaine fit de fréquents séjours à Londres ; il s'y trouve de septembre 1872 à avril 1873, en grande partie avec Rimbaud, et de mai à juillet 1873, toujours avec son ami (voir Chronologie, p. 334).
5. Dans le sens de « flotter d'une façon quelconque » (Littré), ici en parlant des vapeurs du gaz d'éclairage.
6. Familier, ce mot ne figure pas dans Acad., Bescherelle, Littré, mais Rob. Dhlf le date de 1845. Baudelaire parle d'« ombres ratatinées » dans « Les petites vieilles » (*Les Fleurs du mal*).
7. *Sénat* « s'est employé à propos d'une réunion de personnes quelconques, ceci jusqu'au XVIIIe s. » (Rob. Dhlf). *Cf. Sagesse*, II, III : « un pur sénat de fous ».
8. *Piauler* se dit du cri des petits poulets et, par extension, le verbe signifie « se plaindre en pleurant » (Bescherelle, Littré) ; *glapir* se dit de l'aboi aigre des renards et des petits chiens et, par dénigrement, d'une voix humaine aigre et désagréable (Littré).
9. *Cf.* Baudelaire, « Les sept vieillards » (*Les Fleurs du mal*) : « Un brouillard sale et jaune inondait tout l'espace ». *Soho* (avec majuscule, voir variante, p. 271, et lettre de Delahaye à Verlaine de juillet 1880, *Corr.*, p. 662) est le nom d'un quartier de Londres, refuge d'exilés politiques dans les années 1870, que Verlaine et Rimbaud connaissaient bien. La minuscule et le pluriel en font un substantif générique.
10. Interjections anglaises : *indeed* signifie « vraiment, certainement » et *hâo* figure la prononciation anglaise de *ho.*
11. « L'Éternel fit pleuvoir du ciel sur Sodome et sur Gomorrhe du soufre et du feu » (Genèse 19, 24).

Voir Variantes, p. 270-271.

SONNET BOITEUX[1]

À Ernest Delahaye[2]

Ah ! vraiment c'est triste, ah ! vraiment ça finit trop mal.
Il n'est pas permis d'être à ce point infortuné.
Ah ! vraiment c'est trop la mort du naïf animal
Qui voit tout son sang couler sous son regard fané[3].

Londres[4] fume et crie. Ô quelle ville de la Bible !
Le gaz flambe et nage[5] et les enseignes sont vermeilles.
Et les maisons dans leur ratatinement[6] terrible
Épouvantent comme un sénat[7] de petites vieilles.

Tout l'affreux passé saute, piaule, miaule et glapit[8]
Dans le brouillard rose et jaune et sale des *sohos*[9]
Avec des *indeeds* et des *all rights* et des *hâos*[10].

Non vraiment c'est trop un martyre sans espérance,
Non vraiment cela finit trop mal, vraiment c'est triste :
Ô le feu du ciel sur cette ville de la Bible[11] !

1. « Mot anglais dont l'usage est passé dans notre langue [1823, Rob. Dhlf] et qui sert à désigner un acrobate d'une grande adresse, d'une grande souplesse, d'une grande agilité, ayant pour spécialité non seulement d'étonner le public par les exercices les plus surprenants, mais encore de l'égayer par les dislocations les plus bizarres de son corps et les *lazzi* les plus incohérents et les plus burlesques » (Pougin).
2. Laurent Tailhade (1854-1919), poète (*Vitraux,* 1891), critique et polémiste (*Au pays du mufle*, 1899), débuta dans *La Nouvelle Rive gauche* avec Charles Vignier et Jean Moréas en 1883, date à laquelle il rencontra Verlaine. Grand admirateur du poète, il reconnut son influence sur la jeune poésie dès 1884 et lui consacra de nombreux articles. Voir, de Verlaine, « Laurent Tailhade » (*Dédicaces*, 1890).
3. Verlaine oppose le clown moderne aux figures traditionnelles de la foire : Bobèche, pitre célèbre sous l'Empire et la Restauration ; Paillasse, personnage de la parade héritier du *Pagliaccio* italien ; Gille, masque né au début du XVIIIe s. et qui figurait un Pierrot niais, rendu célèbre par une toile de Watteau (voir « Pierrot », p. 61). Verlaine se souvient peut-être du personnage de Babet dans *Les Misérables*, « transparent mais impénétrable », qui avait été « pitre chez Bobèche et paillasse chez Bobino » (t. 3, LVII, 3).
4. Arlequin, type de malice et de gaieté, toujours agité (*cf.* « Pantomime » et « Colombine », dans les *Fêtes galantes*) ; Achille, modèle de bravoure, héros de la guerre de Troie (*Iliade*).
5. Miroirs qui possèdent un côté réfléchissant et un côté transparent, et qui permettent de voir sans être vu.
6. Sur l'élégance et la prestance du clown, voir « Le pitre », p. 87, v. 5 et v. 9-11.
7. Allusion à « La curée », un poème des *Iambes* d'Auguste Barbier (1830) : « La grande populace et la sainte canaille / Se ruaient à l'immortalité. »
8. Voir « Le pitre », p. 87, v. 3-4.

Voir Variantes, p. 271-272.

LE CLOWN[1]

À Laurent Tailhade[2]

Bobèche, adieu ! bonsoir, Paillasse ! arrière, Gille !
Place, bouffons vieillis[3], au parfait plaisantin,
Place ! très grave, très discret et très hautain,
4 Voici venir le maître à tous, le clown agile

Plus souple qu'Arlequin et plus brave qu'Achille[4],
C'est bien lui, dans sa blanche armure de satin ;
Vides et clairs ainsi que des miroirs sans tain[5],
8 Ses yeux ne vivent pas dans son masque d'argile.

Ils luisent bleus parmi le fard et les onguents,
Cependant que la tête et le buste, élégants,
11 Se balancent sur l'arc paradoxal des jambes[6].

Puis il sourit. Autour le peuple bête et laid,
La canaille puante et *sainte* des Iambes[7]
14 Acclame l'histrion sinistre qui la hait[8].

1. Nina de Villard *ou* de Callias (1843-1884) est la « Dame aux éventails » de Manet (musée d'Orsay). Pianiste, poète à ses heures (elle contribua, comme Verlaine, au *Parnasse contemporain* de 1866), elle tint un salon très animé que Verlaine fréquenta avant la Commune. C'est chez elle qu'il rencontra sa future femme, Mathilde Mauté. L'*Album* de Nina, enrichi par ses hôtes de 1862 à 1869, a été publié en appendice d'une réédition de *La Maison de la vieille*, roman à clef de Catulle Mendès décrivant l'entourage de Nina de Villard (Champ Vallon, 2000).
2. Nous n'avons pu retrouver cette citation dans l'œuvre de Henri Murger (1822-1861), l'auteur des célèbres *Scènes de la vie de bohème* (1851).
3. C'est toute la bohème artiste du Second Empire qui défila dans ce salon. Voir la liste des hôtes de Nina dans *La Maison de la vieille, op. cit.*, p. 588-590.
4. *Cf.* « La cloche fêlée » (*Les Fleurs du mal*) : « Il est amer et doux, pendant les nuits d'hiver… »
5. Le *fantoche* est une marionnette articulée à l'aide de fils ; le sens étymologique (*fantoccio*, poupée) n'est pas à exclure.
6. Félix Arvers (1806-1850), dramaturge et vaudevilliste, passé à la postérité grâce à un sonnet sur le thème de l'amour ignoré (« Un secret », *Mes heures perdues*, 1833) dont les derniers vers ne sont pas tout à fait innocents dans ce contexte (« Elle dira, lisant ces vers tout remplis d'elle : / "Quelle est donc cette femme ?" et ne comprendra pas »).
7. *Chilpéric*, opéra bouffe en trois actes d'Hervé représenté aux Folies-Dramatiques le 24 octobre 1868. L'exclamation *sapristoche* apparaît au deuxième acte, scène X.

Voir Variantes, p. 272.

Écrit sur l'Album de Mme N. de V[1].

Des yeux tout autour de la tête
Ainsi qu'il est dit dans Murger[2].
Point très bonne. Un esprit d'enfer
4 Avec des rires d'alouette.

Sculpteur, musicien, poète
Sont ses hôtes[3]. Dieux, quel hiver
Nous passâmes ! Ce fut amer
8 Et doux[4]. Un sabbat ! Une fête !

Ses cheveux, noir tas sauvage où
Scintille un barbare bijou,
11 La font reine et la font fantoche[5].

Ayant vu cet ange pervers,
« Oùsqu'est mon sonnet ? » dit Arvers[6]
14 Et Chilpéric dit : « Sapristoche[7] ! »

1. Albert Mérat (1840-1909), poète (*Les Chimères*, 1866 ; *L'Idole*, 1869, dont « Le sonnet du trou du cul » par Verlaine et Rimbaud est une parodie), fut l'ami et le collègue de Verlaine pendant les années 1860. Ils devaient se brouiller après l'arrivée de Rimbaud à Paris, mais Verlaine tenta de renouer des relations avec lui en 1881. Verlaine consacra à Mérat une notice pour *Les Hommes d'aujourd'hui* (1888).
2. Le *reître* est un ancien cavalier allemand, mais « figurément et familièrement, en mauvaise part ou par plaisanterie, [on le dit d']un homme que l'on compare à un soudard » (Littré).
3. *Cf.* Baudelaire, « Une charogne » (*Les Fleurs du mal*).
4. *Torve* ne figure pas dans Acad., Littré et Lar. Gdu. Bescherelle le donne comme néologisme signifiant « oblique, de travers » (*avoir les yeux torves*) et Rob. Dhlf signale que le mot a pu signifier « fâché, mécontent » ; cette *faim torve* pourrait se comprendre comme une « méchante faim » (latin *torvus* : farouche, menaçant) s'il ne s'agit pas d'un transfert d'adjectif (on trouve des *loups obliques* dans « Les loups », p. 147, v. 3).
5. *Le Capitaine Fracasse* de Théophile Gautier (1863) raconte les hauts faits supposés d'un matamore de comédie, le baron de Sigognac.
6. Personnage haut en couleur du *Henri IV* et des *Joyeuses Commères de Windsor* de Shakespeare : buveur et frondeur, il est devenu un type de comédie (*cf.* le *Falstaff* de Paul Meurice et Auguste Vacquerie, 1842, et l'opéra de Verdi du même nom, 1893). Voir « À Horatio », p. 71, v. 1-8.
7. Emploi absolu, « passe lentement à travers [le corps] ».
8. *Insulter à*, « insulter en bravant avec affectation » (Littré). Comme Don Juan, qui offense le ciel, et à qui la statue du Commandeur fait signe de venir souper avec lui. Voir « À Horatio », p. 71, v. 12-14.

Voir Variantes, p. 272-273.

LE SQUELETTE

À Albert Mérat[1]

Deux reîtres[2] saouls, courant les champs, virent parmi
La fange d'un fossé profond, une carcasse[3]
Humaine dont la faim torve[4] d'un loup fugace
Venait de disloquer l'ossature à demi.

La tête, intacte, avait ce rictus ennemi
Qui nous attriste, nous énerve et nous agace.
Or, peu mystiques, nos capitaines Fracasse[5]
Songèrent (John Falstaff[6] lui-même en eût frémi)

Qu'ils avaient bu, que tout vin bu filtre[7] et s'égoutte,
Et qu'en outre ce mort avec son chef béant
Ne serait pas fâché de boire aussi, sans doute.

Mais comme il ne faut pas insulter au[8] Néant,
Le squelette s'étant dressé sur son séant
Fit signe qu'ils pouvaient continuer leur route.

1. Voir le poème précédent, p. 78, n. 1.
2. « Indulgents pour » ; même emploi dans *Sagesse*, III, I : le Sage « sera doux, même aux méchants ».
3. La longueur de la phrase, sa syntaxe elliptique et coupée d'incidentes annoncent le style oralisé du Verlaine des années 1880 et 1890.
4. Célimène, Agnès et Angélique, personnages des comédies de Molière : la première figure dans *Le Misanthrope*, la seconde dans *L'École des femmes* et la troisième dans *Le Malade imaginaire*. *Briser* Agnès, « jeune fille innocente » (Molière) : la « serrer dans ses bras à la briser » ou l'« éreinter de fatigue » après une nuit agitée.
5. « Tours pareilles à celles de Babel, monument d'ambition et d'orgueil » (Robichez, son éd., p. 637). Écrits après *Sagesse*, ces vers présentent une synthèse des péchés et des vices que le « Sage » avait résolu de fuir en 1880.
6. *S'imbiber* : boire, dans l'argot des faubouriens (Delvau) ; *être imbibé* : être ivre (Larchey).
7. La formulation est curieuse et appelle peut-être, après la césure, un jeu de mots sur le nom de Mérat.
8. Rob. Dhlf souligne que le mot, attesté depuis 1830, « s'applique davantage depuis Baudelaire et Barbey d'Aurevilly à une attitude esthétique et morale qu'à l'élégance matérielle ». Rachilde, qui devait héberger Verlaine chez elle en novembre 1886, n'hésita pas à parler de son *dandysme* (*Portraits d'hommes*, 1929).
9. *Cf. Sagesse*, I, XIII : « cœur pirate épris des seules côtes / Où la révolte naisse ». Sur la *rime* – et ses « torts » –, voir « Art poétique », p. 85, v. 22-28.

Voir Variantes, p. 273.

À Albert Mérat[1]

Et nous voilà très doux à[2] la bêtise humaine,
Lui pardonnant vraiment et même un peu touchés
De sa candeur extrême et des torts très légers
Dans le fond qu'elle assume et du train qu'elle mène[3].

Pauvres gens que les gens ! Mourir pour Célimène,
Épouser Angélique ou venir de nuit chez
Agnès et la briser[4], et tous les sots péchés,
Tel est l'Amour encor plus faible que la Haine !

L'Ambition, l'Orgueil, des tours dont vous tombez[5],
Le Vin, qui vous imbibe et vous tord imbibés[6],
L'Argent, le Jeu, le Crime, un tas de pauvres crimes !

C'est pourquoi, mon très cher Mérat, Mérat et moi[7],
Nous étant dépouillés de tout banal émoi,
Vivons dans un dandysme[8] épris des seules Rimes[9] !

1. L'*ars poetica* est, d'Horace (« Épître aux Pisons », connue sous le nom d'« Art poétique ») à Boileau (« L'art poétique », 1674), et de Hugo (« Réponse à un acte d'accusation », 1854, et « Genio libri », 1859) à Gautier (« L'Art », 1857), un exercice de rhétorique et de poétique dont Verlaine est tributaire mais qu'il adapte à ses propres exigences.
2. Charles Morice (1860-1919), fondateur de *La Nouvelle Rive gauche* avec Léo Trézenik et Georges Rall (voir p. 97 et 99), attira l'attention des lecteurs de ce journal sur l'« Art poétique » que Verlaine venait de publier dans *Paris moderne*. Sa diatribe (voir Dossier, p. 305) fut l'occasion de la redécouverte du poète. Morice se lia d'amitié avec Verlaine et se chargea du dossier de *Jadis et naguère* en l'absence de l'auteur. Théoricien du symbolisme (*La Littérature de tout à l'heure*, 1889) et critique d'art, il écrivit la première monographie consacrée à Verlaine (1888) et édita les *Œuvres complètes* du poète chez Vanier (1909).
3. Verlaine exploite le potentiel rythmique et musical des mesures impaires depuis les *Romances sans paroles*. Ce « morcel de vers nonipèdes » comme il qualifie « Art poétique » dans une lettre à Valade de janvier 1881 (*Corr.*, p. 686) est un des nombreux poèmes en vers impairs de *Jadis et naguère* : voir les deux « Prologue », « *À la louange de Laure et de Pétrarque* », « Sonnet boiteux », « Vers pour être calomnié », « Vendanges », « Images d'un sou », « Conseil falot », « Crimen amoris ».
4. Premier emploi de ce terme scientifique (chimie) dans le sens figuré de « qui se fond dans ce qui l'entoure » (Rob. Dhlf).
5. Verlaine resta longtemps fidèle à cette association, alors même que « [s]es idées en philosophie et en art s'[étaient] certainement modifiées, s'accentuant de préférence dans le sens du concret, jusque dans la rêverie éventuelle » (« Critique des *Poèmes saturniens* » [1890], *OprC*, p. 720). Voir la lettre à Cazals du 26 août 1889 (*OC*, II, p. 1604) : « j'admets et j'adore en certains cas certain, *cer-tain* vague, de "l'indécis" (mais dans *indécis* il y a *décis* qui vient de *décision*) mais qui au "précis se joint". »
6. *Cf.* « À une femme » (*Poèmes saturniens*) : « par un beau jour de septembre attiédi ».
7. Gautier avait écrit dans « L'art » (*Émaux et camées*, 1858) : « Peintre, fuis l'aquarelle, / Et fixe la couleur / Trop frêle / Au four de l'émailleur. »
8. *Flûte et cor* est le titre par lequel Verlaine nomme les *Romances sans paroles* dans *Les Poètes maudits* (« Pauvre Lelian » [1886], *OprC*, p. 688). Cette métaphore musicale, qui indique les différents registres de la poésie, est présente chez Horace (« Art poétique »), Boileau (« L'art poétique »), Hugo (« Le pas d'armes du roi Jean »).

ART POÉTIQUE[1]

À Charles Morice[2]

De la musique avant toute chose,
Et pour cela préfère l'Impair[3]
Plus vague et plus soluble[4] dans l'air,
Sans rien en lui qui pèse ou qui pose.

Il faut aussi que tu n'ailles point
Choisir tes mots sans quelque méprise :
Rien de plus cher que la chanson grise
Où l'Indécis au Précis se joint[5].

C'est des beaux yeux derrière des voiles,
C'est le grand jour tremblant de midi,
C'est, par un ciel d'automne attiédi[6],
Le bleu fouillis des claires étoiles !

Car nous voulons la Nuance encor,
Pas la Couleur, rien que la nuance[7] !
Oh ! la nuance seule fiance
Le rêve au rêve et la flûte au cor[8] !

1. Déjà condamnée par Boileau (« L'art poétique »), la *pointe*, mot d'esprit ou trait piquant, était à la mode au XVIIe s. (l'adjectif *assassine* est lui-même classique, comme dans « épigramme assassine »). Dans sa lettre « à Karl Mohr » (*La Nouvelle Rive gauche*, 15-22 décembre 1882), Verlaine répliquait : « Pourquoi le Rire en poésie puisqu'on peut rire en prose et dans la vie ? [...] Pourquoi la Pointe, puisqu'elle est dans tous les journaux du matin ? » (voir Dossier, p. 308).
2. Contre l'éloquence, « dont la place serait à la Chambre », Verlaine utilise des tours de la langue familière : le singulier de *c'est* avec un complément au pluriel (v. 9), l'emploi du possessif avec le pronom personnel (v. 21), l'adverbe interrogatif en fin de phrase et la forme parlée de l'interrogation (v. 24), le mot « chose » (v. 30), etc.
3. « Je ne veux me prévaloir que de Baudelaire qui préféra toujours la Rime rare à la Rime riche » (« À Karl Mohr », *La Nouvelle Rive gauche*, 15-22 décembre 1882 ; voir Dossier, p. 308). « La rime n'est pas condamnable, mais seulement l'abus qu'on en fait » (« Un mot sur la rime » [1888], *OprC*, p. 696-701).
4. *Cf.* Gautier, « L'art » : « Sculpte, lime, cisèle ; / Que ton rêve flottant / Se scelle / Dans le bloc résistant ! »
5. C'est le vent qui *crispe* la peau. V. Underwood penche pour un anglicisme : *crisp wind*, « vent vif » (*Verlaine et l'Angleterre,* Nizet, 1956, p. 161-162).
6. *Cf.* Hugo, « Genio libri » (*Les Chansons des rues et des bois*) : « Pourvu qu'on sente la rosée / Dans ton vers ».
7. « Puis, car n'allez pas prendre au pied de la lettre mon "Art poétique" de *Jadis et naguère*, qui n'est qu'une chanson, après tout, – JE N'AURAI PAS FAIT DE THÉORIE » (« Critique des *Poèmes saturniens* » [1890], *OprC*, p. 722).

Voir Variantes, p. 273-274.

Fuis du plus loin la Pointe assassine,
L'Esprit cruel et le Rire impur[1],
Qui font pleurer les yeux de l'Azur,
Et tout cet ail de basse cuisine !

Prends l'éloquence et tords-lui son cou[2] !
Tu feras bien, en train d'énergie,
De rendre un peu la Rime assagie.
Si l'on n'y veille, elle ira jusqu'où ?

Ô qui dira les torts de la Rime[3] ?
Quel enfant sourd ou quel nègre fou
Nous a forgé ce bijou d'un sou
Qui sonne creux et faux sous la lime[4] ?

De la musique encore et toujours !
Que ton vers soit la chose envolée
Qu'on sent qui fuit d'une âme en allée
Vers d'autres cieux à d'autres amours.

Que ton vers soit la bonne aventure
Éparse au vent crispé[5] du matin
Qui va fleurant la menthe et le thym[6]...
Et tout le reste est littérature[7].

1. « Le *pitre* est le bouffon vulgaire, le Paillasse qui joue le principal rôle dans la parade exécutée à la porte des baraques de saltimbanques, celui qui cherche à exciter les rires de la foule par des *lazzi* grossiers, et qui reçoit de son maître les bourrades et les coups de pieds... inférieurs » (Pougin). Sur les figures de saltimbanques dans *Jadis et naguère*, voir « Pierrot », p. 61, « Le clown », p. 75, « Images d'un sou », p. 103.
2. *Faire la roue*, ici dans le sens de « se pavaner, se rengorger, faire le beau » plus que dans celui d'effectuer la figure de gymnastique qui consiste à « tourner sur soi-même, en s'appuyant successivement sur les mains et sur les pieds » (Lar. Gdu).
3. *Bonir*, en argot, signifie « dire », d'où *boniment*, « propos débité par le forain pour attirer le public » (Rob. Dhlf). Delvau enregistre *boniment* sous l'acception de « parade de pitre devant une baraque de "phénomènes" » et Littré précise : « mot très vulgaire, qui est presque d'argot ».
4. J. Robichez signale que les faux mollets faisaient partie de l'accoutrement des saltimbanques (son éd., p. 638). Sur l'élégance du pitre, voir « Le clown », p. 75, v. 10-11, et les variantes du v. 5, p. 274.
5. Tenue traditionnelle de Bobèche, pitre célèbre sous le Premier Empire (voir « Le clown », p. 74, n. 3 et illustration, p. 56) : « tricorne gris, perruque rouge et veste rouge, jusqu'au papillon captif qu'un lien de fer retenait au sommet [du] tricorne » (Banville, *Les Petits Théâtres de Paris*, 1846). Cet effet de ralentissement pour arriver à la « pointe » du sonnet et du sujet est propre à Verlaine (voir entre autres « À la promenade », dans *Fêtes galantes*).

Voir Variantes, p. 274-275.

LE PITRE[1]

Le tréteau qu'un orchestre emphatique secoue
Grince sous les grands pieds du maigre baladin
Qui harangue non sans finesse et sans dédain
Les badauds piétinant devant lui dans la boue.

Le plâtre de son front et le fard de sa joue
Font merveille. Il pérore et se tait tout soudain,
Reçoit des coups de pieds au derrière, badin
Baise au cou sa commère énorme, et fait la roue[2].

Ses boniments[3], de cœur et d'âme approuvons-les.
Son court pourpoint de toile à fleurs et ses mollets
Tournants jusqu'à l'abus valent que l'on s'arrête[4].

Mais ce qu'il sied à tous d'admirer, c'est surtout
Cette perruque d'où se dresse sur la tête,
Preste, une queue avec un papillon au bout[5].

1. Titre emprunté à Baudelaire, mais sans rapport avec le poème éponyme des *Fleurs du mal*. On doit à Verlaine une autre « Allégorie », recueillie en 1889 dans *Parallèlement*.

2. Jules Valadon (1826-1900), artiste peintre qui débuta au Salon de 1857 avec un tableau intitulé *La Bohème artiste*. Il entra en relation avec Verlaine par l'intermédiaire de Charles Morice et exécuta un portrait à l'huile du poète en 1883, alors que celui-ci préparait *Jadis et naguère* (reproduit dans A. Bersaucourt, *Paul Verlaine, poète catholique*, 1909, gravé par Vibert). Ce tableau a été décrit par Ernest Raynaud dans sa « Ballade des portraits de Verlaine » : « Chez Valadon c'est, sous un crâne ras, / Une façon de carme scélérat » (*Lettres inédites à Charles Morice*, éd. G. Zayed, p. 17).

3. Émile Verhaeren reprendra cette image à Verlaine : « l'horizon torride où le silence bout » (« La plaine », *Les Villes tentaculaires*, 1895).

4. Au figuré, « aspect ondé, changeant, chatoyant d'une surface comparée à de la moire » (Rob.) ; *cf.* Flaubert : « La lampe faisait osciller sur les lambris de grandes moires lumineuses » (*Salammbô*, 1863).

5. Le vol des guêpes et des abeilles est souvent associé chez Verlaine à la torpeur de l'été et à la chaleur : voir « Kaléidoscope », p. 65, v. 28 (le « bruit *moiré* d'un vol d'abeille »), et *Sagesse*, III, III (intitulé « Été » dans une lettre à Lepelletier d'octobre 1873) : « Que crains-tu de la guêpe ivre de son vol fou ? / Vois, le soleil toujours poudroie à quelque trou. »

Voir Variantes, p. 275.

ALLÉGORIE[1]

À Jules Valadon[2]

Despotique, pesant, incolore, l'Été,
Comme un roi fainéant présidant un supplice,
S'étire par l'ardeur blanche du ciel complice
Et bâille. L'homme dort loin du travail quitté.

L'alouette au matin, lasse, n'a pas chanté.
Pas un nuage, pas un souffle, rien qui plisse
Ou ride cet azur implacablement lisse
Où le silence bout[3] dans l'immobilité.

L'âpre engourdissement a gagné les cigales
Et sur leur lit étroit de pierres inégales
Les ruisseaux à moitié taris ne sautent plus.

Une rotation incessante de moires[4]
Lumineuses étend ses flux et ses reflux...
Des guêpes, çà et là volent, jaunes et noires[5].

1. Jean Moréas (1856-1910), poète français d'origine grecque établi à Paris en 1882. Il rencontre Verlaine en 1883 (tous deux collaborent à *La Nouvelle Rive gauche* et au *Chat noir*) et, subissant son influence, en devient un ardent défenseur. Moréas se dira décadent, puis symboliste (il publie un célèbre manifeste dans *Le Figaro* en 1886) avant de revenir vers la tradition (il fonde l'École romane en 1891). Ses relations avec Verlaine, marquées par l'opportunisme, ne seront pas toujours au beau fixe. Voir entre autres « À Jean Moréas » (*Dédicaces*, 1890), « Conseils » et « Pour Moréas » (*Invectives*, 1896).
2. « Vin de mauvaise qualité, de couleur violette, ainsi nommé parce que ce bourgogne apocryphe tache de bleu les nappes de cabaret » (Lar. Gdu, populaire ; absent dans Littré).
3. « On ne vous demande pas vos papiers » (le *passeport* pour voyager à l'intérieur de la France était encore en vigueur sous le Second Empire).
4. Comme le Thénardier des *Misérables*, devenu aubergiste après le démembrement de la Grande Armée (voir « Le soldat laboureur », p. 139).
5. Enregistré par Delvau, le mot a une connotation populaire. *Cf.* « La soupe du soir », p. 163, v. 4.
6. Images populaires peintes au pochoir. Maleck Adel est le héros du roman à succès de Madame Cotin, *Mathilde, ou Mémoires tirés de l'histoire des Croisades* (1805). Le personnage de Maleck Adel apparaît aussi dans la première version d'« Images d'un sou », p. 101 (voir Variantes, p. 277, v. 25).
7. Le dernier vers, avec la conjonction à l'incipit, rappelle la manière de Coppée (*Les Intimités*).

Voir Variantes, p. 275.

L'AUBERGE

À Jean Moréas[1]

Murs blancs, toit rouge, c'est l'Auberge fraîche au bord
Du grand chemin poudreux où le pied brûle et saigne,
L'auberge gaie avec le *Bonheur* pour enseigne.
4 Vin bleu[2], pain tendre, et pas besoin de passe-port[3].

Ici l'on fume, ici l'on chante, ici l'on dort.
L'hôte est un vieux soldat[4], et l'hôtesse qui peigne
Et lave dix marmots[5] roses et pleins de teigne
8 Parle d'amour, de joie et d'aise, et n'a pas tort !

La salle au noir plafond de poutres, aux images
Violentes, *Maleck Adel et les Rois Mages*[6],
11 Vous accueille d'un bon parfum de soupe aux choux.

Entendez-vous ? C'est la marmite qu'accompagne
L'horloge du tic-tac allègre de son pouls.
14 Et la fenêtre s'ouvre au loin sur la campagne[7].

1. De la même époque que les *Fêtes galantes*, ce poème reflète l'atmosphère d'attente et de retenue de la fin de ce recueil où il aurait pu figurer entre « En sourdine » et « Colloque sentimental ».
2. Gaston Sénéchal (1858-1914), collaborateur du *Chat noir* et de *La Nouvelle Rive gauche*, par l'intermédiaire de laquelle il entre en contact avec Verlaine en janvier 1883. Il dédiera à Verlaine un poème, « Moyen Âge », dans *La Nouvelle Rive gauche* du 2 février 1883.
3. Le mot *brise* revient quatre fois dans les *Fêtes galantes* et rime avec *grise* dans « Mandoline ». Voir aussi la première ariette des *Romances sans paroles* (mêmes rimes) : « C'est tous les frissons des bois / Parmi l'étreinte des brises, / C'est, vers les ramures grises, / Le chœur des petites voix. »
4. *Cf.* le « calme clair de lune triste et beau » (« Clair de lune », *Fêtes galantes*).
5. *Cf.* « L'espoir a fui, vaincu, vers le ciel noir » (« Colloque sentimental », *Fêtes galantes*).
6. *Cf.* « En sourdine » (*Fêtes galantes*) : « Calmes dans le demi-jour / Que les branches hautes font, / Pénétrons bien notre amour / De ce silence profond. » L'usage de *parmi* avec un nom abstrait ou un nom au singulier est très fréquent chez Verlaine (voir « Pierrot », p. 61, v. 5 ; « Kaléidoscope », p. 63, v. 4 ; « À Horatio », p. 71, v. 9 ; « Le squelette », p. 79, v. 1 ; « Les loups », p. 147, v. 1 ; « Crimen amoris », p. 207, v. 68 ; « La grâce », p. 217, v. 119).

Voir Variantes, p. 275-276.

CIRCONSPECTION[1]

À Gaston Sénéchal[2]

Donne ta main, retiens ton souffle, asseyons-nous
Sous cet arbre géant où vient mourir la brise
En soupirs inégaux sous la ramure grise[3]
Que caresse le clair de lune blême et doux[4].

Immobiles, baissons nos yeux vers nos genoux.
Ne pensons pas, rêvons. Laissons faire à leur guise
Le bonheur qui s'enfuit et l'amour qui s'épuise,
Et nos cheveux frôlés par l'aile des hiboux.

Oublions d'espérer[5]. Discrète et contenue,
Que l'âme de chacun de nous deux continue
Ce calme et cette mort sereine du soleil.

Restons silencieux parmi la paix nocturne[6] :
Il n'est pas bon d'aller troubler dans son sommeil
La nature, ce dieu féroce et taciturne.

1. Ce titre (donné par bravade, écrit Y.-G. Le Dantec, son éd., p. 971) force l'interprétation du poème. Non sans raisons, les commentateurs ont identifié Rimbaud sous les traits du personnage aimé (dont le sexe n'est pas précisé), mettant ces vers en parallèle avec « Le poète et la muse » (voir p. 191). Dans une lettre à Charles Morice du 25 décembre 1883, Verlaine écrivait : « J'ai envie de coller "Vers pour être calomniés [*sic*]" dans les *Choses de jadis etc.* en le dédiant à qui ? Tiens, parbleu ! à Mérat », et il venait de donner copie à son correspondant du « Sonnet du trou du cul », fait en collaboration avec Rimbaud, en précisant qu'il s'agissait « d'un compliment à l'*Idole* de Mérat » (*Corr.*, p. 833-834)... Prévue initialement dans *Sagesse* où elle devait suivre « La tristesse, la langueur du corps humain... » (III, x), cette pièce inaugure le thème de l'amour charnel dans *Jadis et naguère* (voir aussi « Luxures », p. 97). Elle présente un schéma rimique très particulier, fondé sur l'assonance entre rimes masculines et féminines à strophes alternées.

2. Charles Vignier (1863-1934) est un poète d'origine suisse établi à Paris en 1881. Il collabora à *La Nouvelle Rive gauche* où il représentait la nouvelle école dite « décadente » avec Laurent Tailhade et Jean Moréas. Il rencontre Verlaine en 1883 et devient son plus fervent disciple (*Centon*, 1886). Vignier est tristement célèbre pour avoir blessé mortellement en duel le poète et romancier Robert Caze, le 13 février 1886.

3. Archaïsme : « comme quelqu'un qui ». *Cf. Sagesse*, I, VI : « Ô vous, comme un qui boite au loin... »

4. L'Ecclésiaste 1, 1 : « Tout est vanité », et I, 9 : « Il n'y a rien de nouveau sous le soleil. »

5. L'*appareil* est le corps mais aussi « l'appareil de la génération » (Lar. Gdu).

6. Le *rire farouche* est un cliché, mais l'adjectif est appliqué ici à « l'autre rire », celui que provoque le plaisir (voir la variante, p. 276), à moins que ce ne soit le rictus de la mort.

Voir Variantes, p. 276.

VERS POUR ÊTRE CALOMNIÉ[1]

À Charles Vignier[2]

Ce soir je m'étais penché sur ton sommeil.
Tout ton corps dormait chaste sur l'humble lit,
Et j'ai vu, comme un[3] qui s'applique et qui lit,
Ah ! j'ai vu que tout est vain sous le soleil[4] !

Qu'on vive, ô quelle délicate merveille,
Tant notre appareil[5] est une fleur qui plie !
Ô pensée aboutissant à la folie !
Va, pauvre, dors ! moi, l'effroi pour toi m'éveille.

Ah ! misère de t'aimer, mon frêle amour
Qui vas respirant comme on expire un jour !
Ô regard fermé que la mort fera tel !

Ô bouche qui ris en songe sur ma bouche,
En attendant l'autre rire[6] plus farouche !
Vite, éveille-toi. Dis, l'âme est immortelle ?

1. Verlaine prévoira de faire figurer ce poème dans une nouvelle édition de *Parallèlement*, avec « À celle qu'on dit froide », « À Arthur Rimbaud », « Le poète et la muse » (ici p. 191) et « Sur une statue de Ganymède » (lettre à Cazals du 10 septembre 1889, G. Zayed, *Lettres inédites de Verlaine à Cazals*, p. 220). Voir aussi « Pénitence » (*Liturgies intimes*, 1892) : « La luxure, ce moins terrible des péchés… » Une version différente, intitulée « Invocation », figure dans une lettre à Lepelletier du 16 mai 1873 (voir texte en appendice, p. 251).
2. Léo Trézenik (1855-1902), pseudonyme de Léon Épinette, poète fantaisiste (*En jouant du mirliton*, 1884), rédacteur en chef de *La Nouvelle Rive gauche* et de *Lutèce,* imprimeur en titre des éditions Vanier jusqu'en 1886 (et donc de *Jadis et naguère*), a ouvert les colonnes de son journal à Verlaine dès 1882, alors que le poète était encore tenu à l'écart des milieux littéraires.
3. Allusion au fruit défendu du jardin d'Éden (Genèse 2, 8-17). *Cf.* Rimbaud, « Sonnet » (*Illuminations*) : « *Homme* de constitution ordinaire, la chair n'était-elle pas un fruit pendu dans le verger […] ? »
4. Créé au XIXe s. (Flaubert, 1844), le verbe n'a été lexicalisé que tardivement (Lar. Gdu, suppl., 1878).
5. *Gueule* est donné comme populaire tant par Littré que par Lar. Gdu ; il dénote ici un *appétit* pour les choses de l'amour que l'on retrouvera notamment dans *Femmes* (1890), un des recueils érotiques de Verlaine.
6. Les *meules*, en écrasant le blé, produisent la farine pour le « pain des damnés » (voir la variante, p. 276 et l'Appendice, p. 251 : *bluter* signifie « tamiser la farine pour la séparer du son »).
7. *Bégueule* se dit « d'une femme prude et dédaigneuse d'une façon mal plaisante » (Littré).
8. Verlaine cite ces mots dans une lettre à Cazals du 29 août 1889 en rapportant à son ami la légende de Ganymède : « un jeune pâtre – "*un beau pâtre*", un bo pattre – remarqué par Jupiter… » (*OC*, II, p. 1609).
9. Steve Murphy (*Europe,* avril 2007, p. 190) rapproche ce texte de « La fileuse et l'enfant » de Marceline Desbordes-Valmore (*Poésies inédites*, 1860).
10. Louis Forestier (son éd., p. 218) signale qu'*Amour* et *Chair* seront les titres de deux recueils de Verlaine, celui-là « chrétien » (1888), celui-ci « profane » (1896).

Voir Variantes, p. 276.

LUXURES[1]

À Léo Trézenik[2]

Chair ! ô seul fruit mordu des vergers d'ici-bas[3],
Fruit amer et sucré qui jutes[4] aux dents seules
Des affamés du seul amour, bouches ou gueules[5],
Et bon dessert des forts, et leur joyeux repas,

Amour ! le seul émoi de ceux que n'émeut pas
L'horreur de vivre, Amour qui presses sous tes meules[6]
Les scrupules des libertins et des bégueules[7]
Pour le pain des damnés qu'élisent les sabbats,

Amour, tu m'apparais aussi comme un beau pâtre[8]
Dont rêve la fileuse assise auprès de l'âtre[9]
Les soirs d'hiver dans la chaleur d'un sarment clair,

Et la fileuse c'est la Chair, et l'heure tinte
Où le rêve étreindra la rêveuse, – heure sainte
Ou non ! qu'importe à votre extase, Amour et Chair[10] ?

1. D'abord intitulé « Automne », ce poème faisait partie, avec « Sonnet boiteux » (p. 73), d'un ensemble de quatre sonnets (« Almanach pour l'année passée ») destiné à *Cellulairement*.

2. Georges Rall, personnage peu connu, d'origine belge ou américaine, de son vrai nom Dubleix, secrétaire de rédaction de *La Nouvelle Rive gauche* et de *Lutèce* dont il fut un des fondateurs avec Léo Trézenik et Charles Morice. Rall signa dans *Lutèce* de nombreux articles d'actualité, au ton et à la forme souvent polémiques.

3. *Cf. La Bonne Chanson*, IV : « Arrière / L'oubli qu'on cherche en des breuvages exécrés ! »

4. *Cf.* « Conseil falot », p. 185, v. 13-14 : « Ce que nous valons / Notre sang le chante ! » *Cf.* Rimbaud, « Bannières de mai » (1872) : « Que notre sang rie en nos veines, / Voici s'enchevêtrer les vignes » et « Parade » (*Illuminations*) où l'on trouve une allusion au magnétisme (voir v. 14) : « Maîtres jongleurs, ils transforment le lieu et les personnes, et usent de la comédie magnétique. Les yeux flambent, le sang chante, les os s'élargissent, les larmes et des filets rouges ruissellent. »

5. Le parallèle vin / sang ne ressortit pas ici à la symbolique chrétienne de l'eucharistie, mais à l'ivresse ; ainsi *apothéose* est-il à prendre au sens d'exaltation.

6. Dynamiser par influence magnétique. *Cf.* Rimbaud, « L'orgie parisienne ou Paris se repeuple » (1871) : « Corps remagnétisé pour les énormes peines, / Tu rebois donc la vie effroyable ! » et « Parade » (*Illuminations*), cité *supra*, n. 4.

Voir Variantes, p. 276-277.

VENDANGES[1]

À Georges Rall[2]

Les choses qui chantent dans la tête
Alors que la mémoire est absente[3],
Écoutez ! c'est notre sang qui chante[4]...
Ô musique lointaine et discrète !

Écoutez ! c'est notre sang qui pleure
Alors que notre âme s'est enfuie
D'une voix jusqu'alors inouïe
Et qui va se taire tout à l'heure.

Frère du sang de la vigne rose,
Frère du vin de la veine noire,
Ô vin, ô sang, c'est l'apothéose[5] !

Chantez, pleurez ! Chassez la mémoire
Et chassez l'âme, et jusqu'aux ténèbres
Magnétisez[6] nos pauvres vertèbres.

1. Littéralement : images populaires qui coûtaient un sou, mais aussi, pour Verlaine, toute matière à puiser dans la paralittérature (contes et légendes, vieux opéras, romances et chansons populaires, etc.), dont « Images d'un sou » représente un pot-pourri (*cf.* la sixième ariette des *Romances sans paroles* et « La belle au bois dormait... », dans *Amour*, 1888).
2. Léon Dierx (1838-1912), poète parnassien (*Les Lèvres closes*, 1867), disciple de Leconte de Lisle et de Baudelaire, « le plus suggestif peut-être des poètes de la nouvelle pléiade » selon Verlaine (« Du Parnasse contemporain », *Les Mémoires d'un veuf*, 1886). Verlaine et Dierx se sont croisés chez Louis-Xavier de Ricard, au passage Choiseul chez l'éditeur Lemerre, chez Nina de Villard. Verlaine a consacré à Dierx un fascicule des *Hommes d'aujourd'hui* en 1886.
3. La partie de l'île de France (aujourd'hui l'île Maurice) où est enterrée Virginie, dans *Paul et Virginie*, le roman de Bernardin de Saint-Pierre (1787).
4. Référence à *Nina, ou la Folle par amour*, comédie en un acte, en prose, mêlée d'ariettes, par Marsollier des Vivetières, musique de Dalayrac, 1786. La romance de Nina eut un immense succès : « Quand le bien-aimé reviendra, / Près de sa languissante amie, / [...] / Le bien-aimé ne revient pas... » ; il semble que Rimbaud y ait fait lui aussi allusion dans « Plates-bandes d'amarantes... » (1872) : « – Calmes maisons, anciennes passions ! / Kiosque de la Folle par affection. »
5. Forme francisée du diminutif du prénom espagnol Inès. On croise une Inésille dans le *Gil Blas* de Lesage (1735), dans les *Scènes de la vie de bohème* de Murger (1851), dans *Inès Mendo ou le Préjugé vaincu* de Mérimée (1857), etc.
6. « Le beau berger Damon » dans *L'Astrée* d'Honoré d'Urfé (1607), « qui eut ce nom de beau pour la perfection de son visage » (« Histoire de Damon et de Fortune », I, XI).
7. Personnage évoqué dans la *Légende dorée* de Jacques de Voragine (XIe s.) : victime des calomnies de l'intendant Golo, elle est accusée d'adultère et abandonnée avec son fils au fond d'une forêt sauvage (voir les v. 32-36). Geneviève de Brabant est, entre autres, le sujet et le titre d'une romance d'Arnaud Berquin (1749-1791), d'une complainte de Daniel Salvador, d'un opéra bouffe d'Offenbach (1859).
8. La fable de Pyrame et Thisbé (Ovide, *Métamorphoses,* IV) raconte les amours malheureuses de deux jeunes gens qui, à cause d'une méprise, se suicident tour à tour et l'un pour l'autre. Elle a fait le sujet du *Songe d'une nuit d'été* de Shakespeare, d'un poème de Góngora, d'une tragédie de Théophile de Viau...

IMAGES D'UN SOU[1]

À Léon Dierx[2]

De toutes les douleurs douces
Je compose mes magies !
Paul, les paupières rougies,
Erre seul aux Pamplemousses[3].
La Folle-par-amour chante
Une ariette touchante[4].
C'est la mère qui s'alarme
De sa fille fiancée.
C'est l'épouse délaissée
Qui prend un sévère charme
À s'exagérer l'attente
Et demeure palpitante.
C'est l'amitié qu'on néglige
Et qui se croit méconnue.
C'est toute angoisse ingénue,
C'est tout bonheur qui s'afflige :
L'enfant qui s'éveille et pleure,
Le prisonnier qui voit l'heure,
Les sanglots des tourterelles,
La plainte des jeunes filles.
C'est l'appel des Inésilles[5]
– Que gardent dans des tourelles
De bons vieux oncles avares –
À tous sonneurs de guitares.
Voici Damon[6] qui soupire
Sa tendresse à Geneviève
De Brabant[7] qui fait ce rêve
D'exercer un chaste empire
Dont elle-même se pâme
Sur la veuve de Pyrame[8]
Tout exprès ressuscitée,
Et la forêt des Ardennes

1. « Madame à sa tour monte, / Si haut qu'elle peut monter… »
2. La romance du Comte Ory, publiée par La Place en 1765, ou comment pénétrer dans un couvent de belles religieuses en se déguisant soi-même en nonne et passer la nuit avec l'abbesse… Le sujet fut repris par Scribe et Poirson pour un livret destiné à Rossini (1828).
3. Comme Roland et Olivier à Roncevaux contre les Maures (ou *Morisques*, v. 48) dans la geste de Charlemagne.
4. Le poème s'intitulait d'abord « Le bon alchimiste » (lettre à Lepelletier des 24-28 novembre 1873). Comme Rimbaud (*Une saison en enfer*, « Délires II. Alchimie du verbe »), Verlaine utilise la métaphore de l'*alchimie* pour qualifier le travail poétique.
5. *Cf.* « Le marchand de chansons », de Bérat : « Venez, enfants, / Petits et grands, / […] / Accourez tous, fillettes et garçons, / Voici, voici le marchand de chansons. »
6. *Bagasse,* femme de mauvaise vie, prostituée (Littré le donne comme vieilli), mais aussi juron provençal, équivalent de « putain ! ». Sur le redoublement expressif du [r], *cf.* « Vieux Coppées », x (*Cellulairement*) où Verlaine écrit : « "rrythme" équilistant ».
7. Cadet Rousselle, « type du niais représentant un mauvais acteur, ou plutôt un saltimbanque, chantant dans les cafés, vivant de la bohème d'alors » (Lar. Gdu) ; l'auteur de la célèbre chanson, créée vers 1792, est resté anonyme. Un *paillasse* est un « bateleur qui contrefait gauchement les tours de force qu'il voit faire » (Littré). Voir « Le clown », p. 75, v. 1 et « Le pitre », p. 87.
8. « Crédit est mort : les mauvais payeurs l'ont tué » : personnification du crédit fréquente dans les images d'Épinal, ou « images d'un sou ».

Voir Variantes, p. 277-278.

Sent circuler dans ses veines
La flamme persécutée
De ces princesses errantes
Sous les branches murmurantes.
Et madame Malbrouck monte
À sa tour[1] pour mieux entendre
La viole et la voix tendre
De ce cher trompeur de Comte
Ory[2] qui revient d'Espagne
Sans qu'un doublon l'accompagne.
Mais il s'est couvert de gloire
Aux gorges des Pyrénées[3]
Et combien d'infortunées
Au teint de lys et d'ivoire
Ne fit-il pas à tous risques
Là-bas, parmi les Morisques !...
Toute histoire qui se mouille
De délicieuses larmes,
Fût-ce à travers des chocs d'armes
Aussitôt chez moi s'embrouille,
Se mêle à d'autres encore,
Finalement s'évapore
En capricieuses nues,
Laissant à travers des filtres
Subtils talismans et philtres
Au fin fond de mes cornues
Au feu de l'amour rougies[4].
Accourez à mes magies !
C'est très beau. Venez, d'aucunes
Et d'aucuns[5]. Entrrez, bagasse[6] !
Cadet-Roussel est paillasse[7]
Et vous dira vos fortunes.
C'est Crédit[8] qui tient la caisse.
Allons vite qu'on se presse !

LES UNS ET LES AUTRES

Comédie dédiée à

Théodore de Banville[1]

1. Théodore de Banville (1823-1891), un des maîtres de Verlaine et de la génération parnassienne, poète (*Les Cariatides*, 1842 ; *Les Stalactites*, 1846 ; *Odes funambulesques*, 1857), dramaturge (*Le Beau Léandre*, 1856 ; *Diane au bois,* 1863 ; *Florise*, 1870), auteur d'un célèbre *Petit traité de poésie française* (1872). Verlaine n'a jamais caché son admiration pour Banville, qu'il rencontra en 1865 et à qui ses *Fêtes galantes* sont en partie redevables. Banville rendit compte de *La Bonne Chanson* en 1870 et adressa une lettre affectueuse à Verlaine après la publication de *Jadis et naguère* (voir Dossier, p. 316).

Les Uns et les Autres

Personnages[1] :

MYRTIL
SYLVANDRE
ROSALINDE
CHLORIS
MEZZETIN
CORYDON
AMINTE
BERGERS, MASQUES.

---

1. Comme dans les *Fêtes galantes* (*Chloris* dans « En bateau », *Aminte* dans « Mandoline »), Verlaine mêle des noms de personnages traditionnels de la pastorale et de la comédie des XVIIe et XVIIIe s. *Mezzetin*, valet adroit et galant, est un masque de la *Commedia dell'arte* créé au début du XVIIe s. Il est vêtu d'un bonnet, d'une fraise, d'une petite veste, d'une culotte et d'un manteau rayé de différentes couleurs (Lar. Gdu). *Corydon* est le berger des *Bucoliques* de Virgile qui brûle d'un amour sans espoir pour le bel Alexis.

La scène se passe dans un parc de Watteau[1], *vers une fin d'après-midi d'été.*

Une nombreuse compagnie d'hommes et de femmes est groupée, en de nonchalantes attitudes, autour d'un chanteur costumé en Mezzetin qui s'accompagne doucement sur une mandoline.

Scène I

MEZZETIN, *chantant.*

Puisque tout n'est rien que fables[2],
Hormis d'aimer ton désir,
Jouis vite du loisir
Que te font des dieux affables.

Puisqu'à ce point se trouva
Facile ta destinée,
Puisque vers toi ramenée
L'Arcadie[3] est proche, – va !

---

1. À la suite du succès des *Fêtes galantes*, Verlaine place le décor de sa comédie dans un cadre XVIIIe s., en référence aux scènes galantes peintes par Watteau. *Cf.* Gautier, « Watteau » (*La Comédie de la mort*, 1838) : « C'était un parc dans le goût de Watteau : / Ormes fluets, ifs noirs, verte charmille, / Sentiers peignés et tirés au cordeau. » **2.** *Cf.* Honoré d'Urfé, *L'Astrée* (II, II) : « Tout ce que vous venez de dire sont des fables. » Au sens de « récit imaginaire, histoire », il faut ajouter celui de « petit récit moralisant qui met en scène des animaux » : voir v. 13-14 et 349. **3.** Pays imaginaire et idéal de la pastorale (XVIIe s.), peuplé de bergers et de bergères de convention, « purs dans leurs mœurs et fidèles dans leurs amours » (Lar. Gdu).

Va ! le vin dans les feuillages
Fait éclater les beaux yeux
Et battre les cœurs joyeux
À l'étroit sous les corsages...

CORYDON

À l'exemple de la cigale nous avons
Chanté...

AMINTE

Si nous allions danser[1] ?

TOUS, *moins Myrtil, Rosalinde, Sylvandre et Chloris.*

Nous vous suivons !

(Ils sortent, à l'exception des mêmes.)

Scène II

MYRTIL, ROSALINDE, SYLVANDRE et CHLORIS

ROSALINDE, *à Myrtil.*

Restons.

CHLORIS, *à Sylvandre.*

Favorisé, vous pouvez dire l'être :
J'aime la danse à m'en jeter par la fenêtre,
Et si je ne vais pas sur l'herbette[2] avec eux
C'est bien pour vous !

---

1. La Fontaine, « La cigale et la fourmi » (*Fables*, I, I) : « Vous chantiez ? J'en suis fort aise : / Eh bien ! dansez maintenant. » **2.** Se disait d'une herbe courte et fine (Rob. Dhlf). *Cf. Sagesse*, III, II : « L'ortie et l'herbette / Au bas du rempart ».

(Sylvandre la presse.)

Paix là[1] ! Que vous êtes fougueux !

(Sortent Sylvandre et Chloris.)

Scène III

MYRTIL, ROSALINDE

ROSALINDE

Parlez-moi.

MYRTIL

De quoi donc voulez-vous que je cause ?
Du passé ? Cela vous ennuierait, et pour cause.
Du présent ? À quoi bon, puisque nous y voilà ?
De l'avenir ? Laissons en paix ces choses-là !

ROSALINDE

Parlez-moi du passé.

MYRTIL

Pourquoi ?

ROSALINDE

C'est mon caprice.
Et fiez-vous à la mémoire adulatrice
Qui va teinter d'azur les plus mornes jadis
Et masque les enfers anciens en paradis.

---

1. *Paix* ou *Paix là*, « silence, taisez-vous ! ». *Cf.* « Fernand L'Anglois » (*Dédicaces*, 1890) : « Paix là, paix pour ces mains-là, mes mains calamiteuses ! »

MYRTIL

Soit donc ! J'évoquerai, ma chère, pour vous plaire,
Ce morne amour qui fut, hélas ! notre chimère,
Regrets sans fin, ennuis profonds, poignants remords,
Et toute la tristesse atroce des jours morts ;
Je dirai nos plus beaux espoirs déçus sans cesse,
Ces deux cœurs dévoués jusques à la bassesse
Et soumis l'un à l'autre, et puis, finalement,
Pour toute récompense et tout remerciement,
Navrés, martyrisés, bafoués l'un par l'autre,
Ma folle jalousie étreinte par la vôtre,
Vos soupçons complétant l'horreur de mes soupçons,
Toutes vos trahisons, toutes mes trahisons !
Oui, puisque ce passé vous flatte et vous agrée,
Ce passé que je lis tracé comme à la craie
Sur le mur ténébreux du souvenir, je veux,
Ce passé tout entier, avec ses désaveux
Et ses explosions de pleurs et de colère,
Vous le redire, afin, ma chère, de vous plaire !

ROSALINDE

Savez-vous que je vous trouve admirable, ainsi
Plein d'indignation élégante ?

MYRTIL, *irrité.*

Merci !

ROSALINDE

Vous vous exagérez aussi par trop les choses.
Quoi ! pour un peu d'ennui, quelques heures moroses,
Vous lamenter avec ce courroux enfantin !
Moi, je rends grâce au dieu qui me fit ce destin
D'avoir aimé, d'aimer l'ingrat, d'aimer encore
L'ingrat qui tient de sots discours, et qui m'adore
Toujours, ainsi qu'il sied d'ailleurs en ce pays

De Tendre[1]. Oui ! Car malgré vos regards ébahis
Et vos bras de poupée inerte, je suis sûre
Que vous gardez toujours ouverte la blessure
Faite par ces yeux-ci, boudeur, à ce cœur-là.

MYRTIL, *attendri.*

Pourtant le jour où cet amour m'ensorcela
Vous fut autant qu'à moi funeste, mon amie.
Croyez-moi, réveiller la tendresse endormie,
C'est téméraire, et mieux vaudrait pieusement
Respecter jusqu'au bout son assoupissement
Qui ne peut que finir par la mort naturelle.

ROSALINDE

Fou ! par quoi pouvons-nous vivre, sinon par elle ?

MYRTIL, *sincère.*

Alors, mourons !

ROSALINDE

Vivons plutôt ! Fût-ce à tout prix !
Quant à moi, vos aigreurs, vos fureurs, vos mépris,
Qui ne sont, je le sais, qu'un dépit éphémère,
Et cet orgueil qui rend votre parole amère,
J'en veux faire litière à[2] mon amour têtu,
Et je vous aimerai quand même, m'entends-tu[3] ?

---

1. Pays allégorique des pastorales imaginé par Mlle de Scudéry (*Clélie*, 1656). **2.** Littré retient *faire litière de*, « se sacrifier misérablement ». On retrouve cette expression dans « Crimen amoris », p. 203, v. 4. **3.** Le passage du vouvoiement au tutoiement est propre au discours badin. Voir « Lettre » (*Fêtes galantes*) et *infra*, v. 145, 265.

MYRTIL

Vous êtes mutinée[1]...

ROSALINDE

Allons, laissez-vous faire !

MYRTIL, *cédant.*

Donc, il le faut !

ROSALINDE

Venez cueillir la primevère
De l'amour renaissant timide après l'hiver.
Quittez ce front chagrin, souriez comme hier
À ma tendresse entière et grande, encor qu'ancienne !

MYRTIL

Ah ! toujours tu m'auras mené, magicienne !

(Ils sortent. Rentrent Sylvandre et Chloris.)

Scène IV

SYLVANDRE, CHLORIS

CHLORIS, *courant.*

Non !

SYLVANDRE

Si !

1. Plus que « révoltée » (d'usage pronominal), adjectif construit sur *mutin*, « taquin, espiègle, badin ».

CHLORIS

Je ne veux pas...

SYLVANDRE, *la baisant sur la nuque.*

Dites : je ne veux plus !

(La tenant embrassée.)

Mais voici, j'ai fixé vos vœux irrésolus
Et le milan affreux [1] tient la pauvre hirondelle.

CHLORIS

Fi ! l'action vilaine ! Au moins rougissez d'elle !
Mais non ! Il rit, il rit !

(Pleurnichant pour rire.)

Ah, oh, hi, que c'est mal !

SYLVANDRE

Tarare [2] ! mais le seul état vraiment normal,
C'est le nôtre, c'est, fous l'un de l'autre, gais, libres,
Jeunes, et méprisant tous autres équilibres
Quelconques, qui ne sont que cloche-pieds [3] piteux,
D'avoir deux cœurs pour un, et, chère âme, un pour deux !

CHLORIS

Que voilà donc, monsieur l'amant, de beau langage !
Vous êtes procureur ou poète, je gage,
Pour ainsi discourir, sans rire, obscurément.

---

1. Le *milan* est un oiseau rapace diurne, « ignoble, immonde et lâche » selon Buffon, que cite Lar. Gdu. **2.** Interjection familière qui marque la moquerie, le dédain (Littré), aujourd'hui supplantée par *taratata*. **3.** Substantif formé sur la locution *à cloche-pied*, jeu d'enfant qui consiste à aller le plus vite et le plus loin possible en sautant sur un pied (Lar. Gdu).

SYLVANDRE

Vous vous moquez avec un babil très charmant,
Et me voici deux fois épris de ma conquête :
Tant d'éclat en vos yeux jolis, et dans la tête
Tant d'esprit ! Du plus fin encore, s'il vous plaît.

CHLORIS

Et si je vous trouvais par hasard bête et laid,
Fier conquérant fictif, grand vainqueur en peinture[1] ?

SYLVANDRE

Alors, n'eussiez-vous pas arrêté l'aventure
De tantôt[2], qui semblait exclure tout dégoût
Conçu par vous, à mon détriment, après tout ?

CHLORIS

Ô la fatuité des hommes qu'on n'évince
Pas sur-le-champ ! Allez, allez, la preuve est mince
Que vous invoquez là d'un penchant présumé
De mon cœur pour le vôtre, aspirant bien-aimé.
– Au fait, chacun de nous vainement déblatère[3]
Et, tenez, je vous vais dire mon caractère,
Pour qu'étant à la fin bien au courant de moi
Si vous souffrez, du moins vous connaissiez pourquoi.
Sachez donc...

SYLVANDRE

Que je meure ici, ma toute belle
Si j'exige...

1. *En peinture*, c'est-à-dire en apparence, sans réalité. 2. Dans le sens d'« il y a peu de temps ». Voir aussi v. 234 et 318. 3. *Déblatérer* signifie « parler longtemps et avec violence contre quelqu'un » (Littré), mais le sens étymologique n'est pas exclu ici : « dire en bavardant, à tort et à travers » (Rob. Dhlf).

CHLORIS

– Sachez d'abord vous taire. – Or celle
Qui vous parle est coquette et folle. Oui, je le suis.
J'aime les jours légers et les frivoles nuits ;
J'aime un ruban qui m'aille, un amant qui me plaise,
Pour les bien détester[1] après tout à mon aise.
Vous, par exemple, vous, monsieur, que je n'ai pas
Naguère tout à fait traité de haut en bas,
Me dussiez-vous tenir pour la pire pécore[2],
Eh bien, je ne sais pas si je vous souffre encore !

SYLVANDRE, *souriant.*

Dans le doute...

CHLORIS, *coquette, s'enfuyant.*

« Abstiens-toi », dit l'autre. Je m'abstiens.

SYLVANDRE, *presque naïf.*

Ah ! c'en est trop, je souffre et m'en vais pleurer.

CHLORIS, *touchée, mais gaie.*

Viens,
Enfant, mais souviens-toi que je suis infidèle
Souvent, ou bien plutôt capricieuse. Telle
Il faut me prendre. Et puis, voyez-vous, nous voici
Tous deux bien amoureux, – car je vous aime aussi, –
Là ! voilà le grand mot lâché ! Mais...

SYLVANDRE

Ô cruelle
Réticence !

---

1. Construction classique. 2. Femme sottement prétentieuse et impertinente (Rob.).

CHLORIS

Attendez la fin, pauvre cervelle.
Mais, dirais-je, malgré tous nos transports et tous
Nos serments mutuels, solennels, et jaloux
D'être éternels, un dieu malicieux préside
Aux autels de Paphos[1] –

(Sur un geste de dénégation de Sylvandre.)

C'est un fait – et de Gnide[2].
Telle est la loi qu'Amour à nos cœurs révéla.
L'on n'a pas plutôt dit ceci qu'on fait cela.
Plus tard on se repent, c'est vrai, mais le parjure
A des ailes, et comme il perdrait sa gageure
Celui qui poursuivrait un mensonge envolé !
Qu'y faire ? Promener son souci désolé,
Bras ballants, yeux rougis, la tête décoiffée,
À travers monts et vaux, ainsi qu'un autre Orphée[3],
Gonfler l'air de soupirs et l'océan de pleurs
Par l'indiscrétion de bavardes douleurs ?
Non, cent fois non ! Plutôt aimer à l'aventure
Et ne demander pas[4] l'impossible à Nature !
Nous voici, venez-vous de dire, bien épris
L'un de l'autre, soyons heureux, faisons mépris
De tout ce qui n'est pas notre douce folie !
Deux cœurs pour un, un cœur pour deux... je m'y rallie,
Me voici vôtre, tienne !... Êtes-vous rassuré ?
Tout à l'heure j'avais mille fois tort, c'est vrai,
D'ainsi bouder un cœur offert de bonne grâce,
Et c'est moi qui reviens à vous, de guerre lasse.
Donc aimons-nous. Prenez mon cœur avec ma main,

---

1. Ancienne ville de Chypre qui possédait un temple consacré à Aphrodite, célèbre dans l'Antiquité. 2. Allusion au *Temple de Gnide*, roman badin de Montesquieu (1725). Le temple de Gnide était consacré à Vénus. 3. Orphée, fou de douleur d'avoir perdu Eurydice, erre sans but en pleurant sa femme (Ovide, *Métamorphoses*, X). 4. Construction classique.

Mais, pour Dieu, n'allons pas songer au lendemain,
Et si ce lendemain doit ne pas être aimable,
Sachons que tout bonheur repose sur le sable,
Qu'en amour il n'est pas de malhonnêtes gens,
Et surtout soyons-nous l'un à l'autre indulgents.
Cela vous plaît ?

SYLVANDRE

Cela me plairait si...

Scène V

LES PRÉCÉDENTS, MYRTIL

MYRTIL, *survenant.*

Madame
A raison. Son discours serait l'épithalame[1]
Que j'eusse proféré si...

CHLORIS

Cela fait deux « si »,
C'est un de trop.

MYRTIL, *à Chloris.*

Je pense absolument ainsi
Que[2] vous.

CHLORIS, *à Sylvandre.*

Et vous, monsieur ?

1. Voir « Intérieur », p. 66, n. 6. 2. Conjonction classique : *comme.*

SYLVANDRE

La vérité m'oblige...

CHLORIS, *au même.*

Eh quoi, monsieur, déjà si tiède !...

MYRTIL, *à Chloris.*

L'homme-lige[1]
Qu'il vous faut, ô Chloris, c'est moi...

Scène VI

LES PRÉCÉDENTS, ROSALINDE

ROSALINDE, *survenant.*

Salut ! je suis
Alors, puisqu'il le faut décidément, depuis
Tous ces étonnements où notre cœur se joue,
À votre chariot la cinquième roue[2].

(À Myrtil.)

Je vous rends vos serments anciens et les nouveaux
Et les récents, les vrais aussi bien que les faux.

MYRTIL, *au bras de Chloris et protestant comme par manière d'acquit[3].*

Chère !

---

1. Entièrement dévoué (terme féodal : d'une fidélité absolue à son seigneur). **2.** De l'expression *la cinquième roue du carrosse*, quelque chose de superflu. **3.** « Négligemment, et seulement parce qu'on ne peut s'en dispenser » (Littré).

ROSALINDE

Vous n'avez pas besoin de vous défendre,
Car me voici l'amie intime de Sylvandre.

SYLVANDRE, *ravi, surpris, et léger.*

Ô doux Charybde après un aimable Scylla[1] !
Mais celle-ci va faire ainsi que celle-là
Sans doute, et toutes deux, adorables coquettes
Dont les caprices sont bel et bien des raquettes
Joueront avec mon cœur, je le crains, au volant[2].

CHLORIS, *à Sylvandre.*

Fat[3] !

ROSALINDE, *au même.*

Ingrat !

MYRTIL, *au même.*

Insolent !

SYLVANDRE, *à Myrtil.*

Quant à cet « insolent »,
Ami cher, mes griefs sont au moins réciproques
Et s'il est vrai que nous te vexions, tu nous choques.

(À Rosalinde et à Chloris.)

Mesdames, je suis votre esclave à toutes deux,
Mais mon cœur qui se cabre aux chemins hasardeux
Est un méchant cheval réfractaire à la bride

---

1. *Tomber de Charybde en Scylla*, échapper à un mal pour tomber dans un autre, pire que le premier. 2. Le jeu de *volant*, né au XVIIIe s., ancêtre du badminton. 3. « Sot », terme de mépris dans l'usage classique.

Qui devant tout péril connu s'enfuit, rapide,
À tous crins[1], s'allât-il rompre le col plus loin.

(À Rosalinde.)

Or donc, si vous avez, Rosalinde, besoin
Pour un voyage au bleu pays[2] des fantaisies
D'un franc coursier, gourmand de provendes[3] choisies
Et quelque peu fringant, mais jamais rebuté,
Chevauchez à loisir ma bonne volonté.

MYRTIL

La déclaration est un tant soit peu roide[4].
Mais, bah ! chat échaudé craint l'eau, fût-elle froide[5],

(À Rosalinde.)

N'est-ce pas, Rosalinde, et vous le savez bien
Que ce chat-là surtout, c'est moi.

ROSALINDE

Je ne sais rien.

MYRTIL

Et puisqu'en ce conflit où chacun se rebiffe
Chloris aussi veut bien m'avoir pour hippogriffe[6]

---

1. Ardent, énergique (du cheval qui a tous ses crins). **2.** Le *pays bleu*, celui du rêve, de l'idéal. **3.** « Provision de vivres » (Littré, familier), mais aussi nourriture destinée aux chevaux. **4.** Orthographe classique pour *raide* : le double sens de *voyage* et de *chevaucher* est en effet équivoque. **5.** *Chat échaudé craint l'eau froide*, proverbe : « toute expérience malheureuse doit servir de leçon de prudence » (Tlf). **6.** Monstre moitié cheval, moitié griffon imaginé par l'Arioste dans *Roland furieux* (1516-1532, chant IV, 18) et qui conduit Astolphe dans la lune. *Cf.* Gautier, « La Montre » (*Émaux et camées*, 1863) : « C'est bien de moi ! Quand je chevauche / L'Hippogriffe, au pays du Bleu ». Voir « Les vaincus », p. 171, v. 64.

De ses rêves devers la lune ou bien ailleurs,
Me voici tout bridé[1], couvert d'ailleurs de fleurs
Charmantes aux odeurs puissantes et divines
Dont je sentirai bien tôt ou tard les épines,

(À Chloris.)

Madame, n'est-ce pas ?

CHLORIS

Taisez-vous, et m'aimez[2].

Adieu, Sylvandre !

ROSALINDE

Adieu, Myrtil !

MYRTIL, *à Rosalinde.*

Est-ce à jamais ?

SYLVANDRE, *à Chloris.*

C'est pour toujours ?

ROSALINDE

Adieu, Myrtil !

CHLORIS

Adieu, Sylvandre !

(Sortent Sylvandre et Rosalinde.)

1. « Retenu, contenu », mais Verlaine file la métaphore équestre : un cheval *bridé* est prêt à être dirigé. 2. Construction classique.

Scène VII

MYRTIL, CHLORIS

CHLORIS

C'est donc que vous avez de l'amour à revendre
Pour, le joug d'une amante irritée écarté,
Vous tourner aussitôt vers ma faible beauté ?

MYRTIL

Croyez-vous qu'elle soit à ce point offensée ?

CHLORIS

Qui ? ma beauté ?

MYRTIL

Non. L'autre...

CHLORIS

Ah ! – J'avais la pensée
Bien autre part, je vous l'avoue, et m'attendais
À quelque madrigal[1] un peu compliqué, mais
Sans doute vous voulez parler de Rosalinde
Et du courroux auquel son cœur crispé se guinde[2]...
N'en doutez pas, elle est vexée horriblement.

MYRTIL

En êtes-vous bien sûre ?

---

1. Petite poésie galante ; mot d'origine italienne. Voir, sur un autre ton, « Madrigal », p. 197. **2.** Les dictionnaires enregistrent *se guinder sur*, « prendre des airs de grandeur », et *guinder*, « donner un tour affecté » (Rob. Dhlf ; XVIIe s.).

CHLORIS

Ah çà, pour un amant
Tout récemment élu, sur sa chaude supplique
Encore ! et dans un tel concours mélancolique
Malgré qu'un tant soit peu plaisant d'événements,
Ne pouvez-vous pas mieux employer les moments
Premiers de nos premiers amours, ô cher Thésée,
Qu'à vous préoccuper d'Ariane laissée[1] ?
– Mais taisons cela, quitte à plus tard en parler. –
Eh oui, là je vous jure, à ne vous rien celer,
Que Rosalinde éprise encor d'un infidèle,
Trépigne, peste, enrage, et sa rancœur est telle
Qu'elle m'en a pris mon Sylvandre de dépit.

MYRTIL

Et vous regrettez fort Sylvandre ?

CHLORIS

Mal lui prit,
Que je crois, de tomber sur votre ancienne amie ?

MYRTIL

Et pourquoi ?

CHLORIS

Faux naïf ! je ne le dirai mie[2].

MYRTIL

Mais regrettez-vous fort Sylvandre ?

1. Allusion aux vers célèbres de Racine (*Phèdre*, I, III) : « Ariane, ma sœur, de quel amour blessée / Vous mourûtes aux bords où vous fûtes laissée ! » Ariane aida Thésée à sortir du labyrinthe, mais celui-ci l'abandonna à son destin sur une île. 2. Négation classique.

CHLORIS

M'aimez-vous,

Vous ?

MYRTIL

Vos yeux sont si beaux, votre...

CHLORIS

Êtes-vous jaloux

De Sylvandre ?

MYRTIL, *très vivement.*

Ô oui !

(Se reprenant.)

Mais au passé, chère belle.

CHLORIS

Allons, un tel aveu, bien que tardif, s'appelle
Une galanterie et je l'admets ainsi.
Donc vous m'aimez ?

MYRTIL, *distrait, après un silence.*

Ô oui !

CHLORIS

Quel amoureux transi

Vous seriez si d'ailleurs vous l'étiez de moi !

MYRTIL, *même jeu que précédemment.*

Douce

Amie !

CHLORIS

Ah, que c'est froid ! « Douce amie ! » Il vous trousse
Un compliment banal et prend un air vainqueur !
J'aurai longtemps vos « oui » de tantôt sur le cœur.

MYRTIL, *indolemment.*

Permettez...

CHLORIS

Mais voici Rosalinde et Sylvandre.

MYRTIL, *comme réveillé en sursaut.*

Rosalinde !

CHLORIS

Et Sylvandre. Et quel besoin de fendre
Ainsi l'air de vos bras en façon de moulin[1] ?
Ils débusquent[2]. Tournons vite le terre-plein
Et vidons, s'il vous plaît, ailleurs cette querelle.

(Ils sortent.)

Scène VIII

SYLVANDRE, ROSALINDE

SYLVANDRE

Et voilà mon histoire en deux mots.

ROSALINDE

Elle est telle

1. *Cf.* Hugo, *L'homme qui rit* (1869) : « tournant ses bras comme un moulin ses ailes ». 2. Terme de chasse : sortir du bois, en parlant du loup (Littré).

Que j'y lis à l'envers l'histoire de Myrtil.
Par un pressentiment inquiet et subtil
Vous redoutez l'amour qui venait et sa lèvre
Aux baisers inconnus encore, et lui qu'enfièvre
Le souvenir d'un vieil amour désenlacé[1],
Stupide autant qu'ingrat, il a peur du passé,
Et tous deux avez tort, allez, Sylvandre.

SYLVANDRE

Dites
Qu'il a tort...

ROSALINDE

Non, tous deux, et vous n'êtes pas quittes,
Et tous deux souffrirez, et ce sera bien fait.

SYLVANDRE

Après tout je ne vois que très mal mon forfait
Et j'ignore très bien quel sera mon martyre

(Minaudant.)

À moins que votre cœur...

ROSALINDE

Vous avez tort de rire.

SYLVANDRE

Je ne ris pas, je dis posément, d'une part,
Que je ne crois point tant criminel mon départ
D'avec Chloris, coquette aimable mais sujette
À caution, et puis, d'autre part je projette
D'être heureux avec vous qui m'avez bien voulu

1. Dont les liens ont été rompus.

Recueillir quand brisé, désemparé, moulu,
Berné par ma maîtresse et planté là[1] par elle
J'allais probablement me brûler la cervelle
Si j'avais eu quelque arme à feu sous mes dix doigts.
Oui je vais vous aimer, je le veux (je le dois
En outre), je vais vous aimer à la folie...
Donc, arrière regrets, dépit, mélancolie !
Je serai votre chien féal, ton petit loup[2]
Bien doux...

ROSALINDE

Vous avez tort de rire, encore un coup.

SYLVANDRE

Encore un coup, je ne ris pas. Je vous adore,
J'idolâtre ta voix si tendrement sonore[3],
J'aime vos pieds, petits à tenir dans la main[4],
Qui font un bruit mignard et gai sur le chemin
Et luisent, rêves blancs, sous les pompons des mules.
Quand tes grands yeux, de qui les astres sont émules
Abaissent jusqu'à nous leurs aimables rayons,
Comparable à ces fleurs d'été que nous voyons
Tourner vers le soleil leur fidèle corolle
Lors je tombe en extase et reste sans parole,
Sans vie et sans pensée, éperdu, fou, hagard,
Devant l'éclat charmant et fier de ton regard.
Je frémis à ton souffle exquis comme au vent l'herbe,
Ô ma charmante, ô ma divine, ô ma superbe,

---

1. *Planter là quelqu'un*, l'abandonner, le quitter (Littré, terme non marqué au XIXe s.). **2.** Rob. Dhlf date erronément de 1890 l'apparition de *loup* accompagné d'un adjectif possessif comme appellatif affectueux. **3.** *Cf.* « Nevermore » (*Poèmes saturniens*) : « "Quel fut ton plus beau jour ?" fit sa voix d'or vivant, / Sa voix douce et sonore. » **4.** Gautier, « Chinoiserie » (*La Comédie de la mort*, 1838) : « Celle que j'aime [...] Elle a [...] Un petit pied à tenir dans la main » (Le Dantec, son éd., p. 974).

Et mon âme palpite au bout de tes cils d'or...
– À propos, pensez-vous que Chloris m'aime encor ?

ROSALINDE

Et si je le pensais ?

SYLVANDRE

Question saugrenue
En effet !

ROSALINDE

Voulez-vous la vérité bien nue ?

SYLVANDRE

Non ! Que me fait ? Je suis un sot, et me voici
Confus, et je vous aime uniquement.

ROSALINDE

Ainsi,
Cela vous est égal qu'il soit patent, palpable,
Évident, que Chloris vous adore...

SYLVANDRE

Du diable
Si c'est possible ! Elle ! Elle ? Allons donc !

(Soucieux tout à coup, à part.)

Hélas !

ROSALINDE

Quoi,
Vous en doutez ?

SYLVANDRE

Ce cœur volage suit sa loi,
Elle leurre à présent Myrtil...

ROSALINDE, *passionnément.*

Elle le leurre,
Dites-vous ? Mais alors il l'aime !...

SYLVANDRE

Que je meure
Si je comprends ce cri jaloux !

ROSALINDE

Ah, taisez-vous !

SYLVANDRE

Un trompeur ! une folle !

ROSALINDE

Es-tu donc pas jaloux
De Myrtil, toi, hein, dis ?

SYLVANDRE, *comme frappé subitement d'une idée douloureuse.*

Tiens ! la fâcheuse idée !
Mais c'est qu'oui ! me voici l'âme tout obsédée...

ROSALINDE, *presque joyeuse.*

Ah, vous êtes jaloux aussi, je savais bien !

SYLVANDRE, *à part.*

Feignons encor.

(À Rosalinde.)

Je vous jure qu'il n'en est rien
Et si vraiment je suis jaloux de quelque chose
Le seul Myrtil du temps jadis en est la cause.

ROSALINDE

Trêve de compliments fastidieux. Je suis
Très triste, et vous aussi. Le but que je poursuis
Est le vôtre. Causons de nos deuils identiques.
Des malheureux ce sont, il paraît, les pratiques,
Cela, dit-on, console. Or nous aimons toujours
Vous Chloris, moi Myrtil, sans espoir de retours
Apparents. Entre nous la seule différence
C'est que l'on m'a trahie, et que votre souffrance
À vous vient de vous-même, et n'est qu'un châtiment.
Ai-je tort ?

SYLVANDRE

Vous lisez dans mon cœur couramment.
Chère Chloris, je t'ai méchamment méconnue !
Qui me rendra jamais ta malice ingénue,
Et ta gaîté si bonne, et ta grâce, et ton cœur ?

ROSALINDE

Et moi, par un destin bien autrement moqueur,
Je pleure après Myrtil infidèle...

SYLVANDRE

Infidèle !
Mais c'est qu'alors Chloris l'aimerait. Ô mort d'elle[1] !
J'enrage et je gémis ! Mais ne disiez-vous pas

1. Les dictionnaires enregistrent *mort de ma vie !*, « juron dont on se sert dans la colère » (Littré), « serment qui sert à affirmer avec une sorte d'impatience » (Lar. Gdu).

Tantôt qu'elle m'aimait encore. – Ô cieux, là-bas,
Regardez, les voilà.

ROSALINDE

Qu'est-ce qu'ils vont se dire ?

(Ils remontent le théâtre.)

Scène IX

LES PRÉCÉDENTS, CHLORIS, MYRTIL

CHLORIS

Allons, encore un peu de franchise, beau sire
Ténébreux. Avouez votre cas tout à fait.
Le silence, n'est-il pas vrai ? vous étouffait,
Et l'obligation banale où vous vous crûtes
D'imiter à tout bout de champ la voix des flûtes
Pour quelque madrigal bien fade à mon endroit
Vous étouffait, ainsi qu'un pourpoint[1] trop étroit ?
Votre cœur qui battait pour elle dut me taire
Par politesse et par prudence son mystère ;
Mais à présent que j'ai presque tout deviné
Pourquoi continuer ce mutisme obstiné ?
Parlez d'elle, cela d'abord sera sincère.
Puis vous souffrirez moins, et, s'il est nécessaire
De vous intéresser aux souffrances d'autrui,
J'ai besoin, en retour, de vous parler de lui !

MYRTIL

Et quoi, vous aussi, vous !

---

1. Vêtement d'homme, en usage du XIIIe au XVIIIe s., qui couvrait le torse jusqu'au-dessus de la ceinture (Tlf).

CHLORIS

Moi-même, hélas ! moi-même.
Puis-je encore espérer que mon bien-aimé m'aime ?
Nous étions tous les deux Sylvandre, si bien faits
L'un pour l'autre ! Quel sort jaloux, quel dieu mauvais
Fit ce malentendu cruel qui nous sépare ?
Hélas, il fut frivole encor plus que barbare
Et son esprit surtout fit que son cœur pécha.

MYRTIL

Espérez, car peut-être il se repent déjà,
Si j'en juge d'après mes remords...

(Il sanglote.)

Et mes larmes !

(Sylvandre et Rosalinde se pressent la main.)

ROSALINDE, *survenant.*

Les pleurs délicieux ! Cher instant plein de charmes !

MYRTIL

C'est affreux !

CHLORIS

Ô douleur !

ROSALINDE, *sur la pointe du pied et très bas.*

Chloris !

CHLORIS

Vous étiez là ?

ROSALINDE

Le sort capricieux qui nous désassembla
A remis, faisant trêve à son ire inhumaine,
Sylvandre en bonnes mains, et je vous le ramène
Jurant son grand serment qu'on ne l'y prendrait plus[1].
Est-il trop tard ?

SYLVANDRE, *à Chloris.*

Ô point de refus absolus !
De grâce ayez pitié quelque peu. La vengeance
Suprême c'est d'avoir un aspect d'indulgence,
Punissez-moi sans trop de justice et daignez
Ne me point accabler de traits plus indignés
Que n'en méritent – non mes crimes, – mais ma tête
Folle, mais mon cœur faible et lâche...

(Il tombe à genoux.)

CHLORIS

Êtes-vous bête ?
Relevez-vous, je suis trop heureuse à présent
Pour vous dire quoi que ce soit de déplaisant
Et je jette à ton cou chéri mes bras de lierre[2].
Nous nous expliquerons plus tard (Et ma première
Querelle et mon premier reproche seront pour
L'air de doute dont tu reçus mon pauvre amour
Qui, s'il a quelques tours étourdis et frivoles,
N'en est pas moins, parmi ses apparences folles,
Quelque chose de tout dévoué pour toujours)
Donc, chassons ce nuage, et reprenons le cours
De la charmante ivresse où s'exalta notre âme.

(À Rosalinde.)

---

1. La Fontaine, « Le corbeau et le renard » (*Fables*, I, II) : « Le corbeau, honteux et confus, / Jura, mais un peu tard, qu'on ne l'y prendrait plus. » 2. Le lierre, symbole de la constance de l'amour, enserre de ses *bras* les arbres et les murs.

Et quant à vous, soyez sûre, bonne Madame,
De mon amitié franche – et baisez votre sœur.

(Les deux femmes s'embrassent.)

SYLVANDRE

Ô si joyeuse avec toute cette douceur !

ROSALINDE, *à Myrtil.*

Que diriez-vous, Myrtil, si je faisais comme elle ?

MYRTIL

Dieux ! elle a pardonné, clémente autant que belle.

(À Rosalinde.)

Ô laissez-moi baiser vos mains pieusement !

ROSALINDE

Voilà qui finit bien et c'est un cher moment
Que celui-ci. Sans plus parler de ces tristesses,
Soyons heureux.

(À Chloris et à Sylvandre.)

Sachez enlacer vos jeunesses,
Doux amis, et joyeux que vous êtes, cueillez
La fleur rouge de vos baisers ensoleillés[1].

(Se retournant vers Myrtil.)

Pour nous, amants anciens sur qui gronda la vie,
Nous vous admirerons sans vous porter envie,
Ayant, nous, nos bonheurs discrets d'après-midi.

(Tous les personnages de la Scène I reviennent se grouper comme au lever du rideau.)

---

1. *Cf.* Ronsard (*Les Amours*, 1578) : « Vivez, si m'en croyez, n'attendez à demain : / Cueillez dès aujourd'hui les roses de la vie. »

Et voyez, aux rayons du soleil attiédi,
Voici tous nos amis qui reviennent des danses
Comme pour recevoir nos belles confidences.

Scène X

TOUS, *groupés comme ci-dessus.*

MEZZETIN, *chantant.*

Va ! sans nul autre souci
Que de conserver ta joie !
Fripe les jupes de soie [1]
Et goûte les vers aussi.

La morale la meilleure
En ce monde où les plus fous
Sont les plus sages de tous,
C'est encor d'oublier l'heure.

Il s'agit de n'être point
Mélancolique et morose.
La vie est-elle une chose
Grave et réelle à ce point ?

(La toile tombe.)

FIN

1. *Cf. Sagesse*, I, XX (2e éd., 1889) : « Bah ! Retrousse une jupe ! »

Voir Variantes, p. 278-282.

VERS JEUNES

1. À la suite de la démobilisation de la Grande Armée, de nombreux grognards retournèrent aux champs et le pouvoir exploita à son avantage la figure du « soldat laboureur ». L'iconographie (Horace Vernet), la littérature populaire (romances) et les spectacles (*Le Soldat laboureur,* vaudeville de Brasier, Dumersan et Francis, 1821) s'emparèrent du personnage, devenu mythique au point que « le soldat laboureur figurait alors partout, avait sa place à tous les foyers » (Lar. Gdu ; voir G. de Puymègue, *Chauvin, le soldat-laboureur*, Gallimard, 1993). L'« anti-soldat laboureur » de Verlaine, récité aux soirées organisées par Nina de Villard, fut victime de la censure en 1868 (voir la mise au point de M. Pakenham, *Corr.*, p. 144).
2. Edmond Lepelletier (1846-1913), journaliste et romancier, le plus ancien et le plus fidèle ami de Verlaine. On lui doit la première biographie du poète (*Paul Verlaine : sa vie, son œuvre*, 1907 et 1923). Dans une lettre de 1883 (s.d. ; *Corr.*, p. 803), Verlaine propose à son ami de lui dédier le « Grognard » (premier titre du poème), prévu à l'origine pour figurer dans *Les Vaincus*.
3. « Espèce de sac plat qui pend à côté du sabre de certains cavaliers » (Littré).
4. Menée par le général Bonaparte de 1798 à 1800, pour assurer à la France le contrôle de la Méditerranée.
5. Victoire de Napoléon sur l'armée austro-russe à Austerlitz, le 2 décembre 1805 ; victoire sur les Prussiens à Iéna, le 14 octobre 1806.
6. Lors de la campagne d'Espagne (1808-1813), le clergé appuya l'opposition antifrançaise.
7. Entrée de la Grande Armée dans Moscou le 14 septembre 1812, lors de la campagne de Russie.
8. La croix de la Légion d'honneur, ordre institué le 19 mai 1802 par Napoléon, alors Premier Consul.
9. La première Restauration, à la suite de l'abdication de Napoléon Ier le 4 avril 1814 : Louis XVIII, roi de France, signe la Charte constitutionnelle le 4 juin 1814.
10. Lors de la bataille de Waterloo, le 18 juin 1815.

LE SOLDAT LABOUREUR[1]

À Edmond Lepelletier[2]

Or ce vieillard était horrible : un de ses yeux,
Crevé, saignait, tandis que l'autre, chassieux,
Brutalement luisait sous son sourcil en brosse ;
Les cheveux se dressaient d'une façon féroce,
Blancs, et paraissaient moins des cheveux que des crins ;
Le vieux torse solide encore sur les reins,
Comme au ressouvenir des balles affrontées,
Cambré, contrariait les épaules voûtées ;
La main gauche avait l'air de chercher le pommeau
D'un sabre habituel et dont le long fourreau
Semblait, s'embarrassant avec la sabretache[3],
Gêner la marche et vers la tombante moustache
La main droite parfois montait, la retroussant.

Il était grand et maigre et jurait en toussant.

Fils d'un garçon de ferme et d'une lavandière,
Le service à seize ans le prit. Il fit entière,
La campagne d'Égypte[4]. Austerlitz, Iéna,
Le virent[5]. En Espagne un moine l'éborgna[6] :
– Il tua le bon père, et lui vola sa bourse, –
Par trois fois traversa la Prusse au pas de course,
En Hesse eut une entaille épouvantable au cou,
Passa brigadier lors de l'entrée à Moscou[7],
Obtint la croix[8] et fut de toutes les défaites
D'Allemagne et de France, et gagna dans ces fêtes
Trois blessures, plus un brevet de lieutenant
Qu'il résigna bientôt, les Bourbons revenant[9],
À Mont-Saint-Jean[10], bravant la mort qui l'environne,
Dit un mot analogue à celui de Cambronne,

1. Après la défaite de Waterloo, Napoléon abdique pour la seconde fois (22 juin 1815) et est déporté par les Anglais à Sainte-Hélène, où il mourra en 1821. Il avait été exilé à l'île d'Elbe après le 4 avril 1814.
2. Allusion aux « Souvenirs du peuple » de Béranger, racontant le passage de l'Empereur dans un village chez une vieille femme : « Il avait petit chapeau / Et redingote grise » (L. Forestier, son éd., p. 220).
3. Terme de patois (picard) qui se dit parfois pour fils en plaisantant (Littré), toujours vivant en Ardenne et en Belgique romane.
4. « Chef militaire aux victoires éclatantes, combattant redoutable » (Tlf).
5. « Ensemble des objets composant l'équipement du soldat » (Rob.).
6. « Visiter souvent ses voisins » (Littré), régional ou littéraire dans Rob. Dhlf.
7. « Soudard, soldat pillard, indiscipliné, libertin » (vieux mot, selon Lar. Gdu).
8. Le grillon du foyer ou grillon domestique niche là où on fait du feu (voir Gautier, « Chant du grillon », *La Comédie de la mort*, 1838).
9. Allusions aux guerres de la fin de l'Empire : *l'Elster*, défaite de Leipzig (1813) ; *l'Estramadoure*, guerre d'Espagne et de Portugal (siège de Badajoz par Wellington, 1812) ; *Smolensk*, victoire contre l'armée russe (1812) ; *Lutzen*, victoire contre les armées russes et prussiennes (1813) ; *Dresde*, victoire contre les coalisés (1813) ; *les ravins vosgeois*, campagne de France (1814).
10. Emploi adjectival familier, « à la mode tout au long du XIXe s. » (Rob. Dhlf). Voir « Un pouacre », p. 195, v. 16.

Puis quand pour un second exil et le tombeau[1]
La Redingote grise et le petit Chapeau[2]
Quittèrent à jamais leur France tant aimée
Et que l'on eut, hélas ! dissous la grande armée,
Il revint au village, étonné du clocher.

Presque forcé pendant un an de se cacher,
Il braconna pour vivre, et quand des temps moins rudes
L'eurent, sans le réduire à trop de platitudes,
Mis à même d'écrire en hauts lieux à l'effet
D'obtenir un secours d'argent qui lui fut fait,
Logea moyennant deux cents francs par an chez une
Parente qu'il avait, dont toute la fortune
Consistait en un champ cultivé par ses fieux[3],
L'un marié depuis longtemps et l'autre vieux
Garçon encore, et là notre foudre de guerre[4]
Vivait et bien qu'il fût tout le jour sans rien faire
Et qu'il eût la charrue et la terre en horreur,
C'était ce qu'on appelle un soldat laboureur.
Toujours levé dès l'aube et la pipe à la bouche
Il allait et venait, engloutissait, farouche,
Des verres d'eau-de-vie et parfois s'enivrait,
Les dimanches tirait à l'arc au cabaret,
Après dîner faisait un quart d'heure sans faute
Sauter sur ses genoux les garçons de son hôte
Ou bien leur apprenait l'exercice et comment
Un bon soldat ne doit songer qu'au fourniment[5].
Le soir il voisinait[6], tantôt pinçant les filles,
Habitude un peu trop commune aux vieux soudrilles[7],
Tantôt, geste ample et voix haute qui dominait
Le grillon incessant derrière le chenet[8],
Assis auprès d'un feu de sarments qu'on entoure
Confusément disait l'Elster, l'Estramadoure,
Smolensk, Dresde, Lutzen et les ravins vosgeois[9]
Devant quatre ou cinq gars attentifs et narquois
S'exclamant et riant très fort aux endroits farces[10].

1. Bataille de Paris du 30 mars 1814 et entrée des alliés dans la capitale. Moncey et Blücher s'affrontèrent à la barrière de Clichy.
2. À la suite du traité de Neuilly du 3 juillet 1815, l'armée française dut se replier au-delà de la Loire.
3. « Maréchal des logis-chef », dans l'argot militaire.
4. Le 18 brumaire an VIII (9 novembre 1799), Napoléon Bonaparte prend le pouvoir par un coup d'État militaire contre le Directoire ; le 2 décembre 1804, il est sacré empereur des Français à Notre-Dame de Paris, en présence du pape Pie VII (*le Sacre*) ; le 5 décembre 1804, l'armée prête serment à l'Empereur qui lui remet les drapeaux de l'Empire (*la Distribution des Aigles*) ; le 20 avril 1814, à Fontainebleau, Napoléon fait ses adieux à la Garde impériale (*les Adieux*).
5. Coup d'État du 18 Brumaire : le 9 novembre 1799, Bonaparte fait déplacer les Conseils (Assemblées) de Paris à Saint-Cloud ; le 10 novembre, à l'Orangerie du château, il fait évacuer militairement le Conseil des Cinq-Cents. Les analogies entre la prise du pouvoir par Napoléon Ier et par Napoléon III ne sont pas à négliger.

Canonnade compacte et fusillade éparse,
Chevaux éventrés, coups de sabre, prisonniers
Mis à mal entre deux batailles, les derniers
Moments d'un officier ajusté par derrière,
Qui se souvient et qu'on insulte, la barrière
Clichy[1], les alliés jetés au fond des puits,
La fuite sur la Loire[2] et la maraude, et puis
Les femmes que l'on force après les villes prises,
Sans choix souvent, si bien qu'on a des mèches grises
Aux mains et des dégoûts au cœur après l'ébat
Quand passe le marchef[3] ou que le rappel bat,
Puis encore, les camps levés et les déroutes.

Toutes ces gaîtés, tous ces faits d'armes et toutes
Ces gloires défilaient en de longs entretiens,
Entremêlés de gros jurons très peu chrétiens
Et de grands coups de poing sur les cuisses voisines.

Les femmes cependant, sœurs, mères et cousines,
Pleuraient et frémissaient un peu, conformément
À l'usage, tout en se disant : « Le vieux ment. »

Et les hommes fumaient et crachaient dans la cendre.

Et lui qui quelquefois voulait bien condescendre
À parler discipline avec ces bons lourdauds
Se levait, à grands pas marchait, les mains au dos
Et racontait alors quelque fait politique
Dont il se proclamait le témoin authentique,
La Distribution des Aigles, les Adieux,
Le Sacre et ce Dix-huit Brumaire radieux[4],
Beau jour où le soldat qu'un bavard importune
Brisa du même coup orateurs et tribune,
Où le dieu Mars mis par la Chambre hors la Loi
Mit la Loi hors la Chambre et, sans dire pourquoi,
Balaya du pouvoir tous ces ergoteurs glabres,
Tous ces législateurs qui n'avaient pas de sabres[5] !

1. « Amour à la plus belle, / Honneur au plus vaillant » sont les derniers vers de *Partant pour la Syrie*, texte de Laborde, musique d'Hortense de Beauharnais (1810), composé à l'occasion de la campagne d'Égypte. Cet air devint l'hymne officiel du Second Empire en remplacement de *La Marseillaise*, interdite après le coup d'État du 2 décembre 1851. Dans l'*Album zutique*, on trouve un « Quatrain dans le goût de Pibrac » anonyme : « Un bonapartiste excellent / Assistait à l'hymen d'un bon sergent de ville. / Au dessert, il chanta d'une façon civile : / "Honneur à la plus belle, et gloire au plus vaillant !" »

Voir Variantes, p. 282-284.

Tel parlait et faisait le grognard précité
Qui mourut centenaire à peu près l'autre été.
Le maire conduisit son deuil au cimetière.
Un feu de peloton fut tiré sur sa bière
Par le garde champêtre et quatorze pompiers
Dont sept revinrent plus ou moins estropiés
À cause des mauvais fusils de la campagne.
Un tertre qu'une pierre assez grande accompagne
Et qu'orne un saule en pleurs est l'humble monument
Où notre héros dort perpétuellement.
De plus, suivant le vœu dernier du camarade,
On grava sur la pierre, après ses nom et grade,
Ces mots que tout Français doit lire en tressaillant :
« Amour à la plus belle et gloire au plus vaillant[1]. »

1. Dans *La Revue des lettres et des arts*, ce poème était pourvu d'une épigraphe (voir Variantes, p. 284) qui en explique les circonstances. Elle est tirée de « La voix de Guernesey » de Victor Hugo (recueilli sous le titre « Mentana » dans *Les Années funestes*), un poème publié en 1867 à Guernesey à la suite de la bataille de Mentana (3-4 novembre 1867) où les patriotes de Garibaldi furent décimés par les armées pontificales et françaises : six cents morts parmi les garibaldiens, deux parmi les Français, qui utilisaient pour la première fois le nouveau fusil de guerre « Chassepot » dont le général de Failly, commandant des troupes françaises venues au secours du pape, vanta les « merveilles » après la bataille. Verlaine reçut ce poème de Hugo lui-même fin novembre ou début décembre 1867 (voir sa lettre à Hugo du 10 janvier 1868, *Corr.*, p. 128). Il commence par ces vers : « Ces jeunes gens, ces fils de Brutus, de Camille, / De Thraséas, combien étaient-ils ? quatre mille. / Combien sont morts ? six cents. Six cents ! comptez, voyez, / Des bras rompus, des yeux troués et noirs, des ventres / Où fouillent en hurlant les loups sortis des antres, / De la chair mitraillée au milieu des buissons, / C'est là tout ce qui reste, après les trahisons. »

2. « Qui se déplace selon une direction qui n'est ni perpendiculaire, ni parallèle à l'horizon » (Tlf), le sens étymologique d'*oblique* étant « qui va de biais, de côté ».

3. Se dit de l'action de *rauquer* (tigre) ou de *rugir* (lion) (Rob. Dhlf ; 1822). Le mot n'est pas enregistré dans Acad., Littré, Lar. Gdu.

4. Hymne catholique chantée le jour des Rameaux, mais aussi chant, cri de triomphe, de joie (Rob.). Verlaine avait d'abord écrit *Te Deum* (voir Variantes, p. 284) ; dans « La voix de Guernesey » (v. 256-257), on lit : « Et cependant l'odeur des morts, affreux parfum / Qui se mêle à l'encens des tedeums superbes ».

5. Adj. : « étanchée, rassasiée ».

LES LOUPS[1]

Parmi l'obscur champ de bataille
Rôdant sans bruit sous le ciel noir
Les loups obliques[2] font ripaille
Et c'est plaisir que de les voir,

Agiles, les yeux verts, aux pattes
Souples sur les cadavres mous,
– Gueules vastes et têtes plates –
Joyeux, hérisser leurs poils roux.

Un rauquement[3] rien moins que tendre
Accompagne les dents mâchant
Et c'est plaisir que de l'entendre,
Cet hosannah[4] vil et méchant.

– « Chair entaillée et sang qui coule
Les héros ont du bon vraiment.
La faim repue et la soif soûle[5]
Leur doivent bien ce compliment.

« Mais aussi, soit dit sans reproche,
Combien de peines et de pas
Nous a coûtés leur seule approche,
On ne l'imaginerait pas.

« Dès que, sans pitié ni relâches,
Sonnèrent leurs pas fanfarons
Nos cœurs de fauves et de lâches,
À la fois gourmands et poltrons,

« Pressentant la guerre et la proie
Pour maintes nuits et pour maints jours

1. *Cf.* « Les vaincus », p. 169, v. 34.
2. *Cf.* Hugo, « La voix de Guernesey », v. 1 : « Ces jeunes gens… ». Voir *infra*, v. 94.
3. Le héros « fort et doux » est un *topos* (*cf.*, chez Verlaine, le « Prologue » des *Poèmes saturniens*, où les futurs poètes seront « orgueilleux et doux »), mais l'adjectif *doux* est, en fréquence absolue, le plus utilisé dans l'œuvre du poète jusqu'à *Sagesse* (*Poèmes saturniens, Fêtes galantes, La Bonne Chanson, Romances sans paroles, Sagesse : Concordances, index et relevés statistiques*, Larousse, « Documents pour l'étude de la langue littéraire », 1973, p. 236).
4. « Dignes de vénération ou de respect », mais si ces « héros » rappellent les garibaldiens dont le rêve est de prendre Rome, *auguste* prend ici un sens particulier.
5. Le combat pour la liberté, les chaînes brisées (voir « Les vaincus », p. 171, v. 53-55), l'amour pour le peuple et la chute des tyrans sont les thèmes de nombreux chants révolutionnaires. Hugo écrit dans « La voix de Guernesey » à propos des garibaldiens : « Ils défendaient l'honneur et le droit, ces chimères » (v. 13) ; « Ils voulaient affranchir, réparer, consoler » (v. 28).
6. G. Zayed (*La Formation littéraire de Verlaine*, p. 232) rapproche ce vers des « Djinns » de Hugo (*Les Orientales*, 1829) : « Ils sont passés ! – Leur cohorte / S'envole et fuit. »

Battirent de crainte et de joie
À l'unisson de leurs tambours.

« Quand ils apparurent ensuite
Tout étincelants de métal[1],
Oh, quelle peur et quelle fuite
Vers la femelle, au bois natal !

« Ils allaient fiers, les jeunes hommes[2],
Calmes sous leur drapeau flottant,
Et plus forts que nous ne le sommes
Ils avaient l'air très doux[3] pourtant.

« Le fer terrible de leurs glaives
Luisait moins encor que leurs yeux
Où la candeur d'augustes[4] rêves
Éclatait en regards joyeux.

« Leurs cheveux que le vent fouette
Sous leurs casques battaient, pareils
Aux ailes de quelque mouette,
Pâles avec des tons vermeils.

« Ils chantaient des choses hautaines !
Ça parlait de libres combats,
D'amour, de brisements de chaînes
Et de mauvais dieux mis à bas[5]. –

« Ils passèrent. Quand leur cohorte[6]
Ne fut plus là-bas qu'un point bleu,
Nous nous arrangeâmes en sorte
De les suivre en nous risquant peu.

« Longtemps, longtemps rasant la terre,
Discrets, loin derrière eux, tandis
Qu'ils allaient au pas militaire,
Nous marchâmes par rangs de dix,

1. Les *yeux de braise* sont un cliché (voir v. 5 : les loups ont « les yeux verts »). *Cf.* « L'incantation du loup » de Leconte de Lisle (*Poèmes tragiques*) : « Une braise rougit sa prunelle énergique. »

2. Les corbeaux sont présents sur tous les champs de bataille, charognards prêts au « festin horrible » (« Les vaincus », p. 169, v. 32 et p. 173, v. 77). *Cf.* « La voix de Guernesey », v. 61-63 : « Ô sinistre vieillard [Hugo parle du pape], te voilà responsable / Du vautour déterrant un crâne dans le sable / Et du croassement lugubre des corbeaux ! »

3. *Cf.* « L'angelus du matin », p. 159, v. 2-4 : « Une aurore de fin d'été / Tempétueusement éclate / À l'horizon ensanglanté. »

4. Tour familier à Verlaine : *cf.* « forêts prochaines » (huitième ariette, *Romances sans paroles*), « gares prochaines » (« Walcourt », *ibid.*). Emploi aujourd'hui sorti de l'usage au profit de *proche* et de *voisin* (Rob. Dhlf).

« Passant les fleuves à la nage
Quand ils avaient rompu les ponts,
Quelques herbes pour tout carnage,
N'avançant que par faibles bonds,

« Perdant à tout moment haleine...
Enfin une nuit ces démons
Campèrent au fond d'une plaine
Entre des forêts et des monts.

« Là nous les guettâmes à l'aise,
Car ils dormaient pour la plupart.
Nos yeux pareils à de la braise[1]
Brillaient autour de leur rempart,

« Et le bruit sec de nos dents blanches
Qu'attendaient des festins si beaux
Faisait cliqueter dans les branches
Le bec avide des corbeaux[2].

« L'aurore éclate[3]. Une fanfare
Épouvantable met sur pied
La troupe entière qui s'effare.
Chacun s'équipe comme il sied.

« Derrière les hautes futaies
Nous nous sommes dissimulés
Tandis que les prochaines haies[4]
Cachent les corbeaux affolés.

« Le soleil qui monte commence
À brûler. La terre a frémi.
Soudain une clameur immense
A retenti. C'est l'ennemi !

1. Dans la Grèce antique, « magistrat civil ou militaire chargé de l'administration des affaires militaires et du commandement en chef des armées » (Tlf).

« C'est lui, c'est lui ! Le sol résonne
Sous les pas durs des conquérants.
Les polémarques[1] en personne
Vont et viennent le long des rangs.

« Et les lances et les épées
Parmi les plis des étendards
Flambent entre les échappées
De lumières et de brouillards.

« Sur ce, dans ses courroux épiques
La jeune bande s'avança,
Gaie et sereine sous les piques,
Et la bataille commença.

« Ah, ce fut une chaude affaire :
Cris confus, choc d'armes, le tout
Pendant une journée entière
Sous l'ardeur rouge d'un ciel d'août.

« Le soir. – Silence et calme. À peine
Un vague moribond tardif
Crachant sa douleur et sa haine
Dans un hoquet définitif ;

« À peine, au lointain gris, le triste
Appel d'un clairon égaré.
Le couchant d'or et d'améthyste
S'éteint et brunit par degré.

« La nuit tombe. Voici la lune !
Elle cache et montre à moitié
Sa face hypocrite comme une
Complice feignant la pitié.

« Nous autres qu'un tel souci laisse
Et laissera toujours très cois,

1. Allusion au proverbe *La faim chasse le loup hors du bois*, « la faim, la nécessité amène à faire ce qui est contraire à son tempérament, à ses goûts, à sa volonté » (Tlf), pris ici au sens propre.
2. Propre à l'empereur, à l'empire (J.-H. Bornecque, son éd., p. 76).
3. Que représentent les *loups* ? Est-ce une allégorie de « la Force, qu'autrefois le Poète tenait / En bride, blanc cheval ailé qui rayonnait, / La Force, maintenant, la Force, c'est la Bête / Féroce et bondissante et folle et toujours prête / À tout carnage, à tout dévastement, à tout / Égorgement, d'un bout du monde à l'autre bout ! » (« Prologue », *Poèmes saturniens*) ?

Voir Variantes, p. 284-286.

Nous n'avons pas cette faiblesse
Car la faim nous chasse du bois[1],

« Et nous avons de quoi repaître
Cet impérial[2] appétit,
Le champ de bataille sans maître
N'étant ni vide ni petit.

« Or, sans plus perdre en phrases vaines
Dont quelque sot serait jaloux
Cette heure de grasses aubaines,
Buvons et mangeons, nous, les Loups[3] ! »

1. Jeanne d'Arc, « la Pucelle d'Orléans », née à Domremy (Vosges) en janvier 1412. Selon Lepelletier, ce poème aurait été composé en 1862, « Verlaine faisant sa rhétorique au lycée Bonaparte » (*Paul Verlaine*, p. 492).

2. Robert Caze (1853-1886), poète et romancier français. Il participa à la Commune, s'exila en Suisse et revint à Paris après l'amnistie. Il rencontra probablement Verlaine en 1883 (Caze collaborait à *La Nouvelle Rive gauche*) et lui consacra quelques lignes élogieuses dans le *Voltaire* en 1885. Robert Caze mourut le 28 mars 1886 des suites de blessures infligées par Charles Vignier lors d'un duel.

3. « Hésiter, faillir » (Littré), plus que « manifester son humeur par un geste ou une réaction » (Rob. Dhlf ; XVIIIe s.).

4. *Pâtour* est une variante dialectale (Centre et Ouest) de *pastour*, « berger », lui-même archaïque. On trouve ce mot dans *Valentine* de George Sand (1832).

5. Le roi Charles VII, sacré à Reims le 17 juillet 1429 par la volonté de Jeanne, l'abandonna à son sort après qu'elle fut condamnée au bûcher, le 30 mai 1431. L'absence de majuscule au mot *seigneur* n'exclut pas pour autant une lecture religieuse.

6. Compagnons d'armes de Jeanne : Jean, « le Bâtard d'Orléans » (1402-1468), comte de Dunois et futur Grand Chambellan de France, et Jean Poton de Xaintrailles (1400-1461), futur maréchal de France, étaient à ses côtés lors du siège d'Orléans par les Anglais (octobre 1428 – 8 mai 1429).

7. Le bûcher, auquel étaient condamnés les mécréants et les hérétiques, alors que la mission de Jeanne était inspirée par Dieu.

Voir Variantes, p. 286.

LA PUCELLE[1]

À Robert Caze[2]

Quand déjà pétillait et flambait le bûcher,
Jeanne qu'assourdissait le chant brutal des prêtres,
Sous tous ces yeux dardés de toutes ces fenêtres
Sentit frémir sa chair et son âme broncher[3].

Et semblable aux agneaux que revend au boucher
Le pâtour[4] qui s'en va sifflant des airs champêtres,
Elle considéra les choses et les êtres
Et trouva son seigneur[5] bien ingrat et léger.

C'est mal, gentil Bâtard, doux Charles, bon Xaintrailles[6],
De laisser les Anglais faire ces funérailles
À qui leur fit lever le siège d'Orléans.

Et la Lorraine, au seul penser de cette injure,
Tandis que l'étreignait la mort des mécréants[7],
Las ! pleura comme eût fait une autre créature.

1. Dans une lettre à Lepelletier du 23 mai 1873, Verlaine intitule ce poème « Prépucecul [*sic*] du matin », pour « Crépuscule du matin », titre déjà utilisé par Baudelaire pour un poème des *Fleurs du mal* avec lequel cette pièce présente de nombreuses analogies. L'*angélus* est la prière relative à l'Annonciation (« *Angelus Domini nuntiavit Mariae* », « l'ange du Seigneur fit l'annonce à Marie »), rappelée traditionnellement aux fidèles par les cloches de l'église le matin (6 h), à midi (12 h) et le soir (18 h). C'est un thème littéraire et figuratif (l'illustration la plus célèbre, le tableau de Jean-François Millet, est un angélus du soir) récurrent au XIXe s., quoique le poème de Verlaine soit, dans l'espèce, un contre-angélus.
2. Léon Vanier (1847-1896), libraire et éditeur parisien, spécialisé dans l'édition des écrivains modernes « décadents » et « symbolistes », et éditeur en titre de Verlaine à partir de 1884 (*Les Poètes maudits*). Vanier vint très souvent en aide au poète sans le sou, lequel ne lui sut pas toujours gré de sa parcimonieuse générosité. Verlaine consacra à Vanier une notice pour la série des *Hommes d'aujourd'hui* en 1888 et divers poèmes (*Dédicaces*, 2e éd., 1894). Les archives de Vanier furent publiées par Charles Donos après la mort de l'éditeur (*Verlaine intime*, Vanier, 1898).
3. Rare adverbe formé sur *tempétueux,* déjà employé par Balzac dans *La Peau de chagrin* (1831).
4. Voir « Les loups », p. 151, v. 73. L'horizon *ensanglanté* est une métaphore récurrente chez Verlaine : *cf.* « La mort de Philippe II » (*Poèmes saturniens*), « Simples fresques I » (*Romances sans paroles*), « Bournemouth » (*Amour*).
5. *Cf. Sagesse*, I, III, v. 42 : « Un beau vice à tirer comme un sabre au soleil ».
6. Qui n'est pas sans annoncer tel « Paysage belge » des *Romances sans paroles*, quoique le *vague* appartienne à la sensibilité et à la poétique de Verlaine depuis les *Poèmes saturniens* (on compte 14 occurrences de *vague* et de ses dérivés dans son œuvre jusqu'à *Sagesse* ; voir aussi « Art poétique », p. 83, v. 3).
7. Dans le sens d'« abondamment » et non de « en extrême abondance » (seule acception donnée par Littré, Rob. et Tlf pour *à foison*, mais le sens étymologique n'est pas à exclure : de *fundere*, se répandre).

L'ANGELUS DU MATIN[1]

À Léon Vanier[2]

Fauve avec des tons d'écarlate
Une aurore de fin d'été
Tempétueusement[3] éclate
À l'horizon ensanglanté[4].

La nuit rêveuse, bleue et bonne
Pâlit, scintille et fond en l'air,
Et l'ouest dans l'ombre qui frissonne
Se teinte au bord de rose clair.

La plaine brille au loin et fume.
Un oblique rayon venu
Du soleil surgissant allume
Le fleuve comme un sabre nu[5].

Le bruit des choses réveillées
Se marie aux brouillards légers
Que les herbes et les feuillées
Ont subitement dégagés.

L'aspect vague du paysage[6]
S'accentue et change à foison[7].
La silhouette d'un village
Paraît. – Parfois une maison

Illumine sa vitre et lance
Un grand éclair qui va chercher
L'ombre du bois plein de silence.
Çà et là se dresse un clocher.

1. *Cf.* Baudelaire, « Le crépuscule du matin » (*Les Fleurs du mal*) : « Comme un sanglot coupé par un sang écumeux / Le chant du coq au loin déchirait l'air brumeux. »
2. « C'était l'heure où parmi le froid et la lésine… » (*ibid.*).
3. « Les maisons çà et là commençaient à fumer » (*ibid.*).
4. « L'aurore grelottante en robe rose et verte / S'avançait lentement sur la Seine déserte, / Et le sombre Paris, en se frottant les yeux, / Empoignait ses outils, vieillard laborieux » (*ibid.*).
5. Amphibologie : *franche d'injures*, « exempte d'injures », ou *aubade franche*, « qui dit ouvertement ce qu'elle pense », c'est-à-dire des *injures*. Le mot *aubade* rapporté au *Dieu d'amour* est par ailleurs ironique, qui désigne ordinairement « un morceau de musique donné sous la fenêtre d'une personne, en général une femme ou une jeune fille, le matin » (Rob.).

Voir Variantes, p. 286.

Cependant, la lumière accrue
Frappe dans les sillons les socs
Et voici que claire, bourrue,
Despotique, la voix des coqs[1]

Proclamant l'heure froide et grise[2]
Du pain mangé sans faim, des yeux
Frottés que flagelle la bise
Et du grincement des moyeux,

Fait sortir des toits la fumée[3],
Aboyer les chiens en fureur,
Et par la pente accoutumée
Descendre le lourd laboureur[4],

Tandis qu'un chœur de cloches dures
Dans le grandissement du jour
Monte, aubade franche d'injures[5]
À l'adresse du Dieu d'amour !

1. Joris-Karl Huysmans (1848-1907), romancier naturaliste (*En ménage,* 1880 ; *À vau-l'eau,* 1882), puis spiritualiste (*En rade,* 1887 ; *Là-bas,* 1891), révéla Verlaine à la nouvelle génération dans le chapitre XIV de *À rebours* (1884). Verlaine lui en sut gré et lui dédia cette pièce « naturaliste » dans *Jadis et naguère*. Ils se rencontrèrent quelquefois, surtout à partir de 1887 ; Huysmans aida le poète en difficulté et celui-ci lui dédia « Un conte » dans *Amour* (1888) et lui consacra un portrait dans *Dédicaces* (1890). Après la mort de Verlaine, Huysmans préfaça un choix de ses « Poésies religieuses » (1904).
2. « Sarrau de toile ou de cotonnade que certains ouvriers mettent par-dessus leurs vêtements pour les préserver » et, par métonymie, « la classe ouvrière » (Lar. Gdu).
3. Voir « L'auberge », p. 91, v. 7 et n. 5.
4. Ce vieux mot peut indiquer un coffre, une huche (où l'on met le pain) ou un « meuble ancien en forme d'armoire » (Littré) ; dans l'argot des ouvriers, il signifie « les meubles en général » (Delvau).
5. *Conchier*, « souiller d'excréments », n'est pas enregistré dans Acad., Bescherelle et Littré. Lar. Gdu le donne comme « bas et peu usité ».
6. *Cf.* Baudelaire, « La géante » (*Les Fleurs du mal*) : « J'eusse aimé [...] / Deviner si son cœur couve une sombre flamme / Aux humides brouillards qui nagent dans ses yeux » et Verlaine, « Le pinson d'E... » (*Dédicaces*, 2e éd., 1894) : « Et tes yeux éteignant soudain leur sombre flamme ».
7. Péjoratif, « ensemble confus de (personnes) » (Rob. Dhlf).

LA SOUPE DU SOIR

À J. K. Hüysmans[1]

Il fait nuit dans la chambre étroite et froide où l'homme
Vient de rentrer, couvert de neige, en blouse[2], et comme
Depuis trois jours il n'a pas prononcé deux mots
La femme a peur et fait des signes aux marmots[3].

Un seul lit, un bahut[4] disloqué, quatre chaises,
Des rideaux jadis blancs conchiés[5] des punaises,
Une table qui va s'écroulant d'un côté, –
Le tout navrant avec un air de saleté.

L'homme, grand front, grands yeux pleins d'une sombre
[flamme[6],
A vraiment des lueurs d'intelligence et d'âme
Et c'est ce qu'on appelle un solide garçon.
La femme, jeune encore, est belle à sa façon.

Mais la Misère a mis sur eux sa main funeste,
Et perdant par degrés rapides ce qui reste
En eux de tristement vénérable et d'humain,
Ce seront la femelle et le mâle, demain.

Tous se sont attablés pour manger de la soupe
Et du bœuf, et ce tas[7] sordide forme un groupe
Dont l'ombre à l'infini s'allonge tout autour
De la chambre, la lampe étant sans abat-jour.

Les enfants sont petits et pâles, mais robustes
En dépit des maigreurs saillantes de leurs bustes
Qui disent les hivers passés sans feu souvent
Et les étés subis dans un air étouffant.

1. Souvent utilisé par Verlaine (voir « Intérieur », p. 67, v. 3 et n. 2), ce mot qui signifie « lieu où l'on se retire » peut avoir une connotation péjorative au sens de « lieu d'aisances ». Ainsi, répondant à l'envoi des *Poèmes saturniens* en décembre 1866, Sainte-Beuve écrivait à Verlaine : « Il y a limite à tout. Je ne puis admettre ce mot *retrait* [dans « Sérénade »] qui décèle une mauvaise odeur » (*Corr.*, p. 102).
2. Bescherelle et Littré n'enregistrent que l'acception « qui porte à la tête, en parlant des vins » ; Lar. Gdu ajoute « qui produit une sorte d'ivresse morale, de surexcitation : *rien n'est capiteux comme une discussion sur l'être, l'espace et le temps* ». Le *Nouveau Larousse illustré* (1904) précise enfin : « qui produit la surexcitation des sens ou de l'esprit : *femme capiteuse* ».
3. Petit couteau grossier, à manche de bois (Littré) ; « couteau, dans l'argot du peuple » (Delvau).

Voir Variantes, p. 287.

Non loin d'un vieux fusil rouillé qu'un clou supporte
Et que la lampe fait luire d'étrange sorte,
Quelqu'un qui chercherait longtemps dans ce retrait[1]
Avec l'œil d'un agent de police verrait

Empilés dans le fond de la boiteuse armoire,
Quelques livres poudreux de « science » et « d'histoire »,
Et sous le matelas, cachés avec grand soin,
Des romans capiteux[2] cornés à chaque coin.

Ils mangent cependant. L'homme, morne et farouche,
Porte la nourriture écœurante à sa bouche
D'un air qui n'est rien moins nonobstant que soumis,
Et son eustache[3] semble à d'autres soins promis.

La femme pense à quelque ancienne compagne,
Laquelle a tout, voiture et maison de campagne,
Tandis que les enfants, leurs poings dans leurs yeux clos,
Ronflant sur leur assiette imitent des sanglots.

1. Les deux premières parties de ce poème ont paru en 1867 (sous le titre « Les poètes ») et une nouvelle fois en 1869, avant la chute de l'Empire. À la suite de Lepelletier (*Paul Verlaine*, p. 493), la plupart des commentateurs s'accordent pour penser que les vers 41-80, inédits, furent écrits après la Commune et peut-être à Londres, en 1872. En 1884, un tel titre, « Les vaincus », pouvait évoquer deux défaites importantes : celle de la guerre franco-prussienne (1870), toujours vivante, et celle de la Commune de Paris (1871). Mais du point de vue de la poésie et des « Poètes », Verlaine développe et renverse le propos du « Prologue » des *Poèmes saturniens*, fondé sur le divorce entre la poésie et l'action.

2. Louis-Xavier de Ricard (1843-1911), poète (*Les Chants de l'aube,* 1862), journaliste républicain, fondateur de la *Revue du progrès moral, littéraire, scientifique et artistique* où Verlaine publia en 1863 son premier poème, « Monsieur Prudhomme » (*Poèmes saturniens*). C'est dans le salon de sa mère, la marquise de Ricard, que se rencontrèrent de nombreux opposants à l'Empire et de futurs membres de la Commune, dont Verlaine. Celui-ci consacra à L.-X. de Ricard une notice dans la série des *Hommes d'aujourd'hui* en 1891.

3. *Cf.* le « Prologue » des *Poèmes saturniens* : « – Aujourd'hui, l'Action et le Rêve ont brisé / Le pacte primitif par les siècles usé, / Et plusieurs ont trouvé funeste ce divorce / De l'Harmonie immense et bleue et de la Force. [...] Le Poète, l'amour du Beau, voilà sa foi, / L'Azur, son étendard, et l'Idéal, sa loi ! »

LES VAINCUS[1]

À Louis-Xavier de Ricard[2]

I

La Vie est triomphante et l'Idéal est mort[3],
Et voilà que, criant sa joie au vent qui passe,
Le cheval enivré du vainqueur broie et mord
Nos frères, qui du moins tombèrent avec grâce,

Et nous que la déroute a fait survivre, hélas !
Les pieds meurtris, les yeux troubles, la tête lourde,
Saignants, veules, fangeux, déshonorés et las,
Nous allons, étouffant mal une plainte sourde,

Nous allons, au hasard du soir et du chemin,
Comme les meurtriers et comme les infâmes,
Veufs, orphelins, sans toit, ni fils, ni lendemain,
Aux lueurs des forêts familières en flammes !

Ah, puisque notre sort est bien complet, qu'enfin
L'espoir est aboli, la défaite certaine,
Et que l'effort le plus énorme serait vain,
Et puisque c'en est fait, même de notre haine,

Nous n'avons plus, à l'heure où tombera la nuit,
Abjurant tout risible espoir de funérailles,
Qu'à nous laisser mourir obscurément, sans bruit,
Comme il sied aux vaincus des suprêmes batailles.

1. Voir « L'angelus du matin », p. 159, v. 1-4.
2. Comme celui des « Loups », p. 147 (voir *infra* les v. 77-78).
3. « Est-ce que le Trouvère héroïque n'eut pas / Comme le Preux sa part auguste des combats ? » (« Prologue », *Poèmes saturniens*.)
4. L'expression *fins espions* qualifiait les Allemands dans « Les renards » (1870, *OpC*, p. 213).

II

Une faible lueur palpite à l'horizon
Et le vent glacial qui s'élève redresse
Le feuillage des bois et les fleurs du gazon ;
C'est l'aube ! tout renaît sous sa froide caresse.

De fauve l'Orient devient rose, et l'argent
Des astres va bleuir dans l'azur qui se dore ;
Le coq chante, veilleur exact et diligent ;
L'alouette a volé stridente : c'est l'aurore[1] !

Éclatant, le soleil surgit : c'est le matin !
Amis, c'est le matin splendide dont la joie
Heurte ainsi notre lourd sommeil, et le festin
Horrible des oiseaux et des bêtes de proie[2].

Ô prodige ! en nos cœurs le frisson radieux
Met à travers l'éclat subit de nos cuirasses,
Avec un violent désir de mourir mieux,
La colère et l'orgueil anciens des bonnes races.

Allons, debout ! allons, allons ! debout, debout !
Assez comme cela de hontes et de trêves !
Au combat, au combat[3] ! car notre sang qui bout
A besoin de fumer sur la pointe des glaives !

III

Les vaincus se sont dit dans la nuit de leurs geôles :
Ils nous ont enchaînés, mais nous vivons encor.
Tandis que les carcans font ployer nos épaules,
Dans nos veines le sang circule, bon trésor.

Dans nos têtes nos yeux rapides avec ordre
Veillent, fins espions[4], et derrière nos fronts

1. *Cf.* « Ils [les républicains] voulaient le devoir et le droit absolus » (« Des morts » [1872], *OpC*, p. 18).
2. On pense aux quatre cavaliers de l'Apocalypse (6, 1-8), mais l'allusion à la poésie épique et le renvoi du vers suivant à un épisode du *Roland furieux* de l'Arioste (1516-1532) nous portent peut-être vers l'hippogriffe, ce « grand cheval ailé / Qui porte dans les airs un cavalier armé » (*Roland furieux*, IV, 4). Voir aussi *Les Uns et les Autres*, p. 120, v. 192.
3. Au chant XXIX du *Roland furieux*, Roland s'empare de la jument d'Angélique, l'épuise à mort et la traîne ensuite derrière lui par monts et par vaux. Au chant XXX, le héros s'empare du cheval d'un berger qui avait refusé de l'échanger contre sa jument morte.
4. *Cf.* « Votre mort, en dépit des serments d'allégeance, / Fut-elle pas pleurée, admirée et plus tard / Vengée, et vos vengeurs sont-ils pas sans vengeance ? / Ils gisent, vos vengeurs, à Montmartre, à Clamart » (« Des morts » [1872], *OpC*, p. 19).

Notre cervelle pense, et s'il faut tordre ou mordre,
Nos mâchoires seront dures et nos bras prompts.

Légers, ils n'ont pas vu d'abord la faute immense
Qu'ils faisaient, et ces fous qui s'en repentiront
Nous ont jeté le lâche affront de la clémence.
Bon ! la clémence nous vengera de l'affront.

Ils nous ont enchaînés ! Mais les chaînes sont faites
Pour tomber sous la lime obscure et pour frapper
Les gardes qu'on désarme, et les vainqueurs en fêtes
Laissent aux évadés le temps de s'échapper.

Et de nouveau bataille ! Et victoire peut-être,
Mais bataille terrible et triomphe inclément,
Et comme cette fois le Droit [1] sera le maître
Cette fois-là sera la dernière, vraiment !

IV

Car les morts, en dépit des vieux rêves mystiques,
Sont bien morts, quand le fer a bien fait son devoir
Et les temps ne sont plus des fantômes épiques
Chevauchant des chevaux spectres sous le ciel noir [2],

La jument de Roland et Roland sont des mythes [3]
Dont le sens nous échappe et réclame un effort
Qui perdrait notre temps, et si vous vous promîtes
D'être épargnés par nous vous vous trompâtes fort.

Vous mourrez de nos mains, sachez-le, si la chance
Est pour nous. Vous mourrez, suppliants, de nos mains.
La justice le veut d'abord, puis la vengeance [4],
Puis le besoin pressant d'opportuns lendemains.

Et la terre, depuis longtemps aride et maigre,
Pendant longtemps boira joyeuse votre sang

1. Voir « Les loups », p. 147.

Voir Variantes, p. 287-288.

Dont la lourde vapeur savoureusement aigre
Montera vers la nue et rougira son flanc,

Et les chiens et les loups et les oiseaux de proie
Feront vos membres nets et fouilleront vos troncs[1],
Et nous rirons, sans rien qui trouble notre joie
Car les morts sont bien morts et nous vous
[l'apprendrons.

À LA MANIÈRE DE PLUSIEURS

1. Verlaine reprend à son compte la légende de Bérénice (*cf.* Racine, *Bérénice*, et Corneille, *Tite et Bérénice*, 1670). Dans une lettre à Léon Valade du 14 juillet 1871 (*Corr.*, p. 205), il se proposait de « décliner [...] le verbe créé par Bandore [Théodore de Banville] », auteur d'une série de vingt sonnets intitulée « Les Princesses » publiée dans *Les Exilés* en 1867 : « J'ai tenté, écrivait Banville dans sa préface, d'évoquer [...] les images de ces princesses aux lèvres de pourpre et aux prunelles mystérieuses, qui ont été à travers les âges le désir et les délices de tout le genre humain. » Verlaine a donné une autre version de ce poème dans une lettre à Blémont du 22 juillet 1871 (voir Appendice, p. 252).
2. Jacques Madeleine (1859- ?), poète (*La Richesse de la muse*, 1882 ; *Idylle éternelle*, 1884) et fondateur de *Paris moderne* (« revue littéraire et artistique » parue du 1er mars 1881 au 25 mars 1883), qu'il dirige avec Georges Courteline (voir p. 178, n. 2) : c'est dans cette revue éditée par Léon Vanier que Verlaine, alors presque tombé dans l'oubli, publia les premiers « Poèmes de jadis et de naguère ».
3. Titus, fils de Vespasien et futur empereur romain qui s'éprit de Bérénice lors du siège de Jérusalem en 69.
4. Bérénice était la fille d'Hérode Agrippa Ier, roi de Judée.
5. Pressé par la loi et malgré son amour pour Bérénice, Titus est contraint de se séparer d'elle : « L'hymen chez les Romains n'admet qu'une Romaine » (Racine, *Bérénice*, I, v).
6. Phénice, confidente de Bérénice, dans la tragédie de Racine.
7. J. Robichez (son éd., p. 648) rapproche avec raison ces vers de la suite saphique de Verlaine, *Les Amies* (1867). Le poème, entièrement en rimes féminines comme ceux des *Amies,* prend aussi pour cible l'érotisme diffus des « Princesses » de Banville.

Voir Variantes, p. 288.

I

LA PRINCESSE BÉRÉNICE[1]

À Jacques Madeleine[2]

Sa tête fine dans sa main toute petite,
Elle écoute le chant des cascades lointaines,
Et dans la plainte langoureuse des fontaines,
Perçoit comme un écho béni du nom de Tite[3].

Elle a fermé ses yeux divins de clématite
Pour bien leur peindre, au cœur des batailles hautaines,
Son doux héros, le mieux aimant des capitaines,
Et, Juive[4], elle se sent au pouvoir d'Aphrodite.

Alors un grand souci la prend d'être amoureuse,
Car dans Rome une loi bannit, barbare, affreuse,
Du trône impérial toute femme étrangère[5].

Et sous le noir chagrin dont sanglote son âme,
Entre les bras de sa servante la plus chère[6],
La reine, hélas ! défaille et tendrement se pâme[7].

1. Verlaine s'est peut-être inspiré d'un poème de Coppée intitulé « Langueur » (*La Revue des lettres et des arts*, 27 janvier 1868, recueilli sans titre dans *Intimités*), mais on ne compte pas moins de onze occurrences du mot « langueur » dans son œuvre poétique avant *Jadis et naguère*, ce qui pourrait laisser supposer que ce poème est écrit à la manière de… Verlaine. « Langueur » a eu une fortune singulière : pris en exemple par la jeunesse poétique en 1883, le sonnet servit de bannière au décadentisme naissant et contribua à la fortune du mot « décadence ».
2. Georges Courteline (1858-1929), pseudonyme de Georges Moinaux. Avant de devenir un auteur à succès (*Les Gaietés de l'escadron*, 1886 ; *Messieurs les ronds-de-cuir*, 1893), Courteline avait fréquenté les milieux artistes de la Rive gauche. En 1882, date à laquelle il rencontra Verlaine, il dirigeait la revue *Paris moderne* avec Jacques Madeleine (voir « La princesse Bérénice », p. 176, n. 2).
3. Allusion au Bas-Empire romain, menacé par les invasions barbares et près de s'écrouler (Ve s.).
4. Poème dont les lettres extrêmes, lues verticalement, forment un mot ou une expression.
5. Archaïsme pour « toute seule ». *Cf.* « mort seulette » (deuxième ariette, *Romances sans paroles*).
6. Dans le sens d'« indolent ». *Cf.* « paysage lent » (*Sagesse*, III, IX).
7. Bathylle était un mime célèbre dans l'Antiquité ; esclave affranchi né à Alexandrie, il passe pour le créateur de la pantomime comique. Jean Lorrain avait publié un poème ouvertement homosexuel intitulé « Bathylle » dans *Le Chat noir* du 1er juillet 1882 (recueilli dans *Le Sang des dieux*, 1882, section « Les Éphèbes »).
8. *Cf.* troisième ariette, *Romances sans paroles* : « Quelle est cette langueur / Qui pénètre mon cœur ? […] C'est bien la pire peine / De ne savoir pourquoi / Sans amour et sans haine, / Mon cœur a tant de peine ! »

Voir Variantes, p. 289.

II

LANGUEUR[1]

À Georges Courteline[2]

Je suis l'Empire à la fin de la décadence[3],
Qui regarde passer les grands Barbares blancs
En composant des acrostiches[4] indolents
D'un style d'or où la langueur du soleil danse.

L'âme seulette[5] a mal au cœur d'un ennui dense.
Là-bas on dit qu'il est de longs combats sanglants.
Ô n'y pouvoir, étant si faible aux vœux si lents[6],
Ô n'y vouloir fleurir un peu cette existence !

Ô n'y vouloir, ô n'y pouvoir mourir un peu !
Ah ! tout est bu ! Bathylle[7], as-tu fini de rire ?
Ah ! tout est bu, tout est mangé ! Plus rien à dire !

Seul, un poème un peu niais qu'on jette au feu,
Seul, un esclave un peu coureur qui vous néglige,
Seul, un ennui d'on ne sait quoi qui vous afflige[8] !

1. Le *pantoum* est un poème en strophes de quatre vers distribués comme suit : le second et le quatrième vers de chaque strophe deviennent respectivement le premier et le troisième vers de la strophe suivante, le premier vers du poème revenant en clausule. Du point de vue du contenu, le sens des deux premiers et des deux derniers vers de chaque strophe doit être poursuivi indépendamment dans l'ensemble du poème. Le *pantoum* de Verlaine, *négligé*, ne respecte pas ces consignes. Il parodie les poèmes des *Amoureuses* d'Alphonse Daudet consacrés à la petite enfance (1858 et 1865). On trouve une autre parodie de Daudet dans l'*Album zutique*, due à Charles Cros, qui se moque des mêmes traits : « Joujou, pipi, caca, dodo… / Do, ré, mi, fa, sol, la, si, do… » (*Le Coffret de santal*, 1873). Le poème de Verlaine fut publié par Léon Valade dans *La Renaissance littéraire et artistique* du 10 août 1872 sous la signature de Daudet avec cette précision : « Nous ne voyons aucune invraisemblance à ce que ces vers soient réellement de M. Alphonse Daudet ; mais nous ne saurions nous porter garants de leur authenticité. »
2. Ce vers est littéralement le « cri que l'on pousse en se frappant trois fois le derrière sur le plancher, à certains jeux de pénitence » (Lar. Gdu).
3. « Jeu d'enfant dans lequel à la question "Monsieur le curé n'aime pas les os. Que lui donneriez-vous à manger ?" il faut répondre par un mot qui ne contienne pas la lettre ou le son *o* » (*ibid.*). Ce sont les trois derniers mots de la formule qui sont répétés, [palezo], et, en dépit de la pénitence, le poète se plaît à accumuler les rimes en [zo] dans le reste du poème.
4. La berceuse bien connue est ancienne ; Chateaubriand la cite dans les *Mémoires d'outre-tombe* (t. 1, 1848), elle fait le refrain d'une chanson de Béranger (« Ma nourrice »), etc.
5. « Instrument de bois tourné qui sert à tordre et à enrouler le fil, lorsqu'on file à la quenouille » (Littré).
6. « Au milieu de ». Littré le donne comme « terme vieilli » et ajoute : « Ce mot, bien employé, trouverait sa place dans le style actuel » (Suppl.).

Voir Variantes, p. 289.

III

PANTOUM NÉGLIGÉ[1]

Trois petits pâtés, ma chemise brûle[2].
Monsieur le curé n'aime pas les os[3].
Ma cousine est blonde, elle a nom Ursule,
Que n'émigrons-nous vers les Palaiseaux.

Ma cousine est blonde, elle a nom Ursule.
On dirait d'un cher glaïeul sur les eaux
Vivent le muguet et la campanule !
Dodo, l'enfant do[4], chantez, doux fuseaux[5].

Que n'émigrons-nous vers les Palaiseaux.
Trois petits pâtés, un point et virgule ;
On dirait d'un cher glaïeul sur les eaux
Vivent le muguet et la campanule.

Trois petits pâtés, un point et virgule
Dodo, l'enfant do, chantez, doux fuseaux.
La libellule erre emmi[6] les roseaux.
Monsieur le Curé, ma chemise brûle.

1. Ce poème faisait partie, avec « Dizain mil huit cent trente » (p. 69), de la série des « Vieux Coppées » de *Cellulairement* (voir p. 68, n. 1).
2. L'ex-femme de Verlaine, qui évoque ce poème dans ses *Mémoires* et se rappelle une promenade dont elle garda « un doux souvenir », conteste cette affirmation « mensongère » (p. 157).
3. Première occurrence enregistrée en français dans le sens d'« étaler » (« par métaphore » suivant Rob. Dhlf qui date cet emploi de 1884, mais « Paysage » a été écrit en 1874) ; le terme est peut-être appelé par *rôtie* (« tranche de pain grillé ») au vers suivant.
4. *Cf.* Rimbaud, « Ouvriers » (*Illuminations*) : « Nous faisions un tour dans la banlieue. Le temps était couvert, et ce vent du Sud excitait toutes les vilaines odeurs des jardins ravagés et des prés desséchés. »
5. Le siège de Paris par les Prussiens, du 19 septembre 1870 au 28 janvier 1871. Dans la version de la lettre à Lepelletier du 22 août 1874, Verlaine avait écrit : « C'était vingt mois après "*le siège*" », avec cette précision en note : « *21*, en juillet 72, juste 8 jours avant mon fameux départ », c'est-à-dire avant sa fuite avec Rimbaud, le 7 juillet 1872 (*Corr.*, p. 368).
6. Du 21 au 24 janvier 1871, à la fin du siège, Saint-Denis fut soumis à un bombardement ininterrompu de la part des batteries allemandes : plusieurs milliers d'obus tombèrent sur la ville et sur les fortifications.

Voir Variantes, p. 289-290.

IV

PAYSAGE[1]

Vers Saint-Denis c'est bête et sale la campagne.
C'est pourtant là qu'un jour j'emmenai ma compagne.
Nous étions de mauvaise humeur et querellions[2].
Un plat soleil d'été tartinait[3] ses rayons
Sur la plaine séchée ainsi qu'une rôtie[4].
C'était pas trop après le Siège[5] : une partie
Des « maisons de campagne » était à terre encor
D'autres se relevaient comme on hisse un décor,
Et des obus tout neufs encastrés aux pilastres
Portaient écrit autour : SOUVENIR DES DÉSASTRES[6].

1. Littré parle de *conte falot*, « plaisant, drôle, grotesque », mais le sens moderne de « insignifiant et quelque peu ridicule » (Rob., *œuvre falote*) n'est pas à exclure ici, par autodérision.
2. Raoul Ponchon (1848-1937), poète haut en couleur (*La Muse au cabaret*, 1920 ; *La Muse gaillarde*, 1937), fit partie du groupe des Vivants et rencontra Verlaine vers 1872 (ils participèrent tous deux à l'*Album zutique*). Verlaine retrouva Ponchon après 1880 (au *Chat noir*, entre autres) ; sa réputation de grand buveur a peut-être poussé notre poète à lui dédier cette pièce (voir aussi « Sur Raoul Ponchon », *Dédicaces*, 1890).
3. *Brûler,* dans le sens d'« enflammer d'un désir très violent », de « rendre très passionné et fortement épris » (Tlf).
4. Voir « Intérieur », p. 66, n. 6. En 1874, Verlaine pense probablement aux conséquences désastreuses de son propre mariage.
5. Archaïsme (XVIe s.) : « quelque chose » (Ch. Bruneau, *Verlaine*, CDU, 1952, p. 19). Sur la relation de Verlaine avec l'alcool, voir entre autres « Amoureuse du diable », p. 245-247, v. 89-95.
6. Cette expression n'est pas enregistrée dans les dictionnaires. On la trouve dans une version de « Au clair de la lune » : « Je n'prête pas ma plume / À un boulanger / Qui porte la lune / Dans son tablier », et dans le *Journal* de Jules Renard (1904) à propos du caractère de Ch.-L. Philippe : « toujours un peu lourd de secrets : il porte la lune dans son tablier ».
7. Voir « Vendanges », p. 99, v. 3.
8. Allusion possible à Genèse 3, 15 : Yahvé maudit le serpent (le diable) : « Je mettrai une hostilité entre toi et la femme, entre ton lignage et le sien. Il t'écrasera la tête et tu l'atteindras au talon. » *Cf.* « Via dolorosa » (*Cellulairement* puis *Sagesse*, III, II) : « "Vipère des bois, / Encor sur ma route ? / Cette fois tu mords." / Laisse cette bête. »
9. *Cf. Sagesse*, III, XI (intitulé « Printemps » dans *Cellulairement*) : « C'est délicieux de marcher / À travers ce brouillard léger / Qu'un vent taquin parfois retrousse. »
10. « *Carpe diem* » (Horace, *Odes*, I, XI). Voir *Les Uns et les Autres*, IX, p. 134, v. 378 et n. 1.
11. Parodie de *Candide* : « Tout est pour le mieux dans le meilleur des mondes. »

V

CONSEIL FALOT[1]

À Raoul Ponchon[2]

Brûle[3] aux yeux des femmes
Et garde ton cœur,
Mais crains la langueur
Des épithalames[4].

Bois pour oublier !
L'eau-de-vie est une[5]
Qui porte la lune
Dans son tablier[6].

L'injure des hommes
Qu'est-ce que ça fait ?
Va, notre cœur sait
Seul ce que nous sommes.

Ce que nous valons
Notre sang le chante[7] !
L'épine méchante
Te mord aux talons[8] ?

Le vent taquin[9] ose
Te gifler souvent ?
Chante dans le vent
Et cueille la rose[10] !

Va, tout est au mieux
Dans ce monde pire[11] !

1. Dans la mythologie antique, le séjour aux enfers des âmes des héros et des hommes vertueux.
2. Saint Georges et saint Michel ont combattu le dragon (symbole du mal), l'épée à la main.
3. La palme est le symbole du martyre dans l'iconographie chrétienne.
4. « Un tour familier, que le français littéraire connaît peu, consiste à employer *c'est* suivi de *de* et d'un infinitif pour exprimer ce qu'il faut faire » (Damourette et Pichon, *Des mots à la pensée*, t. IV, d'Artrey, p. 548).

Surtout laisse dire,
Surtout sois joyeux

D'être une victime
À ces pauvres gens :
Les dieux indulgents
Ont aimé ton crime !

Tu refleuriras
Dans un élysée[1].
Âme méprisée,
Tu rayonneras !

Tu n'es pas de celles
Qu'un coup de destin
Dissipe soudain
En mille étincelles.

Métal dur et clair,
Chaque coup t'affine
En arme divine
Pour un dessein fier.

Arrière la forge !
Et tu vas frémir
Vibrer et jouir
Au poing de saint George

Et de saint Michel[2],
Dans des gloires calmes
Au vent pur des palmes[3]
Sous l'aile du ciel !...

C'est d'être[4] un sourire
Au milieu des pleurs,
C'est d'être des fleurs
Au champ du martyre,

1. D'où l'étincelle est prête à jaillir (*cf.* R. Rolland, *Jean-Christophe*, 1911 : « Le miracle est partout, comme le feu dans la pierre : un choc le fait jaillir »).
2. « Conseil falot » est le premier poème ouvertement religieux de *Jadis et naguère* : placé dans *Cellulairement* juste avant « Via dolorosa » (*Sagesse*, III, II), il y symbolisait l'élan vers la spiritualité.

Voir Variantes, p. 290.

C'est d'être le feu
Qui dort dans la pierre[1],
C'est d'être en prière[2],
C'est d'attendre un peu !

1. Un titre (ou une note) dans la version de ce poème révélée par Ch. Donos (voir Variantes, p. 290) fait référence à une chambre qu'occupa Rimbaud à Paris du 8 janvier au 8 avril 1872 et qui servit aussi de refuge à Verlaine et à Forain. Verlaine prévoira de reprendre ce poème dans une nouvelle édition de *Parallèlement* avec « Luxures » (voir p. 97) et d'autres textes au contenu sexuel plus ou moins explicite (lettre à Cazals du 10 septembre 1889, dans G. Zayed, *Lettres inédites de Verlaine à Cazals*, p. 220). Quoique le dialogue entre « le poète » et « la muse » fasse allusion aux « Nuits » de Musset, il ne présente aucun rapprochement avec ces vers célèbres.
2. Voir la variante du titre, p. 290.
3. Dans le sens général de « saleté », *crasse* est au féminin singulier en français courant ; il pourrait s'agir ici d'un emploi régional (Nord, Belgique romane) encore utilisé par Verlaine dans « J.-K. Huysmans » (*Dédicaces*, 1890) : « Humanité, crasses et cacas ! »
4. Larchey donne « cicatrice », mais l'acception scatologique fournie par Delvau semble s'accorder au contexte : « trace que les faubouriens se plaisent à laisser de leur passage dans certains *lieux* ».
5. *Loger en garni*, dans une chambre qui se loue garnie de meubles.
6. « Qui a été ordonné par le destin, en parlant des choses » (Littré), français classique, comme *avoir regret à* pour « regretter », au vers suivant.
7. *Cf. Sagesse*, I, II : « J'avais peiné comme Sisyphe / Et comme Hercule travaillé / Contre la chair qui se rebiffe. » Dans la langue verte, l'*Hercule* est un « fouteur capable d'accomplir les douze travaux… ou même un peu moins, ce qui n'est déjà pas mal » (A. Delvau, *Dictionnaire érotique moderne*, 1864).
8. Vers cité en épigraphe de « Explication » (*Parallèlement*, 1889) : « Le bonheur de saigner sur le cœur d'un ami, […] Le rêve de rester ensemble sans dessein ! »

Voir Variantes, p. 290.

VI

LE POÈTE ET LA MUSE[1]

La Chambre[2], as-tu gardé leurs spectres ridicules
Ô pleine de jour sale et de bruits d'araignées,
La Chambre, as-tu gardé leurs formes désignées
4 Par ces crasses[3] au mur et par quelles virgules[4] !

Ah fi ! Pourtant, chambre en garni[5] qui te recules
En ce sec jeu d'optique aux mines renfrognées
Du souvenir de trop de choses destinées[6],
8 Comme ils ont donc regret aux nuits, aux nuits
[d'Hercules[7] !

Qu'on l'entende comme on voudra, ce n'est pas ça.
Vous ne comprenez rien aux choses, bonnes gens.
11 Je vous dis que ce n'est pas ce que l'on pensa[8].

Seule, ô chambre qui fuis en cônes affligeants
Seule, tu sais ! mais sans doute combien de nuits
14 De noce auront dévirginé leurs nuits depuis !

1. L'aube, ou *point du jour*, pointe à l'est ; or « Le Point-du-Jour, mais c'est l'Ouest de Paris ! » (v. 9).

2. Louis Dumoulin (1860-1921), artiste peintre et beau-frère d'Edmond Lepelletier, le plus ancien ami de Verlaine. La correspondance du poète nous apprend qu'il avait l'intention de faire des vers (un quatrain ?) sur un tableau de Dumoulin (lettres à Lepelletier du [14 janvier 1883] et s.d., 1883, *Corr.*, p. 784 et p. 792). Selon M. Pakenham, ce sonnet serait une transposition du *Point-du-jour*, tableau de Louis Dumoulin présenté au Salon de 1883 (*ibid.*, p. 784). Ce quartier populaire de Paris a en tous les cas inspiré Verlaine, qui composa de « Nouvelles variations sur le Point-du-jour » (*Parallèlement*, 1889).

3. « Le Point-du-jour s'étend à l'extrémité occidentale de Paris (XVIe arr.) entre les fortifications, la Seine et Auteuil. On y trouve, sur le bord de la Seine, de nombreuses guinguettes, où abondent les amateurs de friture » (Lar. Gdu).

4. Dans « Auteuil » (*Les Mémoires d'un veuf*, 1886), Verlaine décrit « les cafés-concerts gais et tristes, plutôt gais », qu'on entend « beugler » du Point-du-Jour et « le monde », « pas très irréprochable », des « jeunes gens équivoques, et des femmes pas du tout équivoques, elles » qu'on y rencontre (*OprC*, p. 76).

5. De « caricature ». Une variante (voir p. 291) rendait ce vers plus explicite.

6. Le fleuve est *sourd*, c'est-à-dire « insensible ». La *litharge* est un composé chimique (protoxyde de plomb) employé pour falsifier les vins rouges ; on attendrait *vin lithargé*.

7. Peut-être celui qui est rapporté dans « Nouvelles variations sur le Point-du-Jour » (*Parallèlement*, 1889) : « Le Point-du-jour, aurore des paris ! », c'est-à-dire l'endroit où fleurit le bonneteau « "dessur" la berge ».

8. « Cette localité [le Point-du-Jour] a pris beaucoup d'extension et de vie depuis qu'elle est traversée par le chemin de fer de ceinture et qu'elle est reliée à Paris par un service actif de mouches ou de bateaux à vapeur » (Lar. Gdu).

9. *Fringuer*, « sautiller en dansant », est donné comme populaire par Littré.

Voir Variantes, p. 291.

VII

L'AUBE À L'ENVERS[1]

À Louis Dumoulin[2]

Le Point-du-Jour[3] avec Paris au large,
Des chants, des tirs, les femmes qu'on « rêvait »[4],
La Seine claire et la foule qui fait
Sur ce poème un vague essai de charge[5].

On danse aussi, car tout est dans la marge
Que fait le fleuve à ce livre parfait,
Et si parfois l'on tuait ou buvait
Le fleuve est sourd et le vin est litharge[6].

Le Point-du-Jour, mais c'est l'Ouest de Paris !
Un calembour a béni son histoire[7]
D'affreux baisers et d'immondes paris.

En attendant que sonne l'heure noire
Où les bateaux-omnibus et les trains[8]
Ne partent plus, tirez, tirs, fringuez[9], reins !

1. « Sale, vilain » (Littré). Le mot, issu de *podagre*, « qui a la goutte aux pieds », s'est maintenu « dans un langage familier, aujourd'hui archaïque, pour désigner une personne sale, physiquement et moralement » (Rob. Dhlf). On le trouve aussi sous la plume de Rimbaud : « Pouacre / Boit » (« Cocher ivre », *Album zutique*, 1871).
2. Voir « L'auberge », p. 90, n. 1.
3. *Cf.* « Nuit du Walpurgis classique » (*Poèmes saturniens*), v. 29-32 : « – Ces spectres agités, sont-ce donc la pensée / Du poète ivre, ou son regret, ou son remords, / Ces spectres agités en tourbe cadencée, / Ou bien tout simplement des morts ? »
4. Affaibli par l'âge. On parle aussi d'une *voix cassée*, qu'on a du mal à entendre.
5. Familier. Du refrain des chansons populaires.
6. « Le mot a désigné un bon vivant et, avec une valeur péjorative, un débauché, une personne rouée dont il faut se méfier, une personne méprisable » (Rob. Dhlf ; 1718).
7. Du surnom donné à un personnage de comédie du XVIIe s., employé « pour désigner un comédien de la foire qui débite des plaisanteries de mauvais goût, et par extension, un mauvais plaisant » (Rob. Dhlf).
8. « Amusant, grotesque, dans l'argot du peuple » (Delvau). Voir « Le soldat laboureur », p. 141, v. 63 et n. 10.
9. « Enfant » (Bescherelle et Littré : familier et méprisant) et « gamin, homme sans conséquence » (Delvau).
10. Dans le langage familier, *aller se faire lanlaire* signifie, depuis le XVIIIe s, « aller au diable » ; on lit cette expression en contexte populaire chez Balzac (*Le Colonel Chabert*, 1832) et chez Hugo (*Les Misérables*, 1862).

Voir Variantes, p. 291-292.

VIII

UN POUACRE[1]

À Jean Moréas[2]

Avec les yeux d'une tête de mort
Que la lune encore décharne
Tout mon passé, disons tout mon remord
Ricane à travers ma lucarne[3].

Avec la voix d'un vieillard très cassé[4],
Comme l'on n'en voit qu'au théâtre,
Tout mon remords, disons tout mon passé
Fredonne un tralala[5] folâtre.

Avec les doigts d'un pendu déjà vert
Le drôle[6] agace une guitare
Et danse sur l'avenir grand ouvert
D'un air d'élasticité rare.

« Vieux turlupin[7], je n'aime pas cela.
Tais ces chants et cesse ces danses. »
Il me répond avec la voix qu'il a :
« C'est moins farce[8] que tu ne penses,

Et quant au soin frivole, ô doux morveux[9],
De te plaire ou de te déplaire
Je m'en soucie au point que, si tu veux,
Tu peux t'aller faire lanlaire[10]. »

1. « Compliment ingénieux en quelques vers », écrit Banville (*Petit traité de poésie française*, 1872), qui ajoute : « un bon madrigal est cent fois plus rare qu'un bon ami, car le moyen d'être neuf et original en comparant une femme à une rose ? » Ce *madrigal* par antiphrase est à rapprocher de « Birds in the night » et de « Child wife » (*Romances sans paroles*), poèmes où Verlaine disait son acrimonie pour sa femme, dont il n'était pas encore séparé officiellement.
2. L'automne 1872, pendant lequel Mathilde obtient une séparation de corps, demandée auprès du tribunal de la Seine (ordonnance du 13 novembre 1872).
3. De Bruxelles, où il se trouvait avec Rimbaud, Verlaine adressa un billet à sa femme qui avait tenté de le ramener à Paris : « Misérable fée carotte, princesse souris, punaise qu'attendent les dix doigts et le pot, vous m'avez fait tout, vous avez peut-être tué le cœur de mon ami ; je rejoins Rimbaud » (*Corr.*, p. 238). Il utilisera encore ce sobriquet dans « Laeti et errabundi » (*Parallèlement*, 1889) : « Certaine princesse Souris, / Une sotte qui tourna pire… »
4. *Souris,* synonyme archaïque de *sourire*, usuel au XVIe s., a été éliminé progressivement par *sourire* au XVIIe s. (Rob. Dhlf), mais on le retrouve souvent chez Baudelaire (quatre occurrences dans *Les Fleurs du mal*).
5. Du nom « auguste » de Mathilde, née Mauté de Fleurville (voir *La Bonne Chanson*, VIII).
6. Les ruptures syntaxiques et l'exclamation pastichent peut-être le style de Mallarmé (v. 8-11), « en admettant que Verlaine ne se soit pas amusé à pratiquer une incohérence systématique » (J. Robichez, son éd., p. 653).

Voir Variantes, p. 292.

IX

MADRIGAL[1]

Tu m'as, ces pâles jours d'automne blanc[2], fait mal
À cause de tes yeux où fleurit l'animal,
Et tu me rongerais, en princesse Souris[3],
Du bout fin de la quenotte de ton souris[4],
Fille auguste[5] qui fis flamboyer ma douleur
Avec l'huile rancie encor de ton vieux pleur !
Oui, folle, je mourrais de ton regard damné.
Mais va (veux-tu ?) l'étang là dort insoupçonné
Dont du lys, nef qu'il eût fallu qu'on acclamât,
L'eau morte a bu le vent qui coule du grand mât.
T'y jeter, palme[6] ! et d'avance mon repentir
Parle si bas qu'il faut être sourd pour l'ouïr.

NAGUÈRE

1. « Obscures, qui ne sont pas encore parfaitement connues ou éclairées » (Lar. Gdu). Dans sa lettre à Lepelletier du 24-28 novembre 1873, Verlaine parle de « récits plus ou moins diaboliques », mais à l'époque, il ne s'était pas encore converti.
2. Dans *Cellulairement*, « Crimen amoris » portait la mention : *vision*.
3. La *Vérité* des Évangiles : « Je suis le Chemin, la Vérité et la Vie » (Jean 14, 6).
4. Le Dantec (son éd., p. 983) rapproche ce vers de « Comédie de la soif » de Rimbaud (1872) : « J'aime autant, mieux, même, / Pourrir dans l'étang, / Sous l'affreuse crème, / Près des bois flottants. »
5. L'*hymne* (le plus souvent au féminin) est, dans la tradition chrétienne, un « poème qui célèbre la gloire de Dieu et qui, dans la liturgie romaine, est un élément de l'office divin ou de la messe » (Tlf).

Voir Variantes, p. 292.

PROLOGUE

Ce sont choses crépusculaires[1],
Des visions[2] *de fin de nuit.*
Ô Vérité[3], *tu les éclaires*
Seulement d'une aube qui luit

Si pâle dans l'ombre abhorrée
Qu'on doute encore par instants
Si c'est la lune qui les crée
Sous l'horreur des rameaux flottants[4]

Ou si ces fantômes moroses
Vont tout à l'heure prendre corps
Et se mêler au chœur des choses
Dans les harmonieux décors

Du soleil et de la nature ;
Doux à l'homme et proclamant Dieu
Pour l'extase de l'hymne pure[5]
Jusqu'à la douceur du ciel bleu.

1. Ce titre proviendrait de Properce (*Élégies*, II, 30, v. 24) : « *Hoc si crimen erit, crimen Amoris erit* », « Si faute il y a, c'est la faute de l'Amour » (Cl. Cuénot, *Le Style de Paul Verlaine*, p. 56).
2. Auguste Villiers de l'Isle-Adam (1838-1889), dramaturge (*Elën*, 1865 ; *Axël*, posth.), conteur et romancier (*Isis,* 1866 ; *Contes cruels*, 1883 ; *Tribulat Bonhomet*, 1887), lié avec Baudelaire, Banville, Mendès. Il collabora, comme Verlaine, au *Parnasse contemporain* de 1866. Verlaine consacra à son aîné, qu'il admirait beaucoup, une notice élogieuse pour *Les Hommes d'aujourd'hui* (1886) et il inséra Villiers parmi ses *Poètes maudits* (2e éd., 1888). Après la mort de Villiers, Verlaine salua sa mémoire dans un sonnet, « À Villiers de l'Isle-Adam » (*Dédicaces*, 1890).
3. Ancienne capitale de la Médie, puis de l'Empire perse, réputée pour sa magnificence. Décrite par Hérodote, elle était formée de sept enceintes concentriques s'élevant jusqu'au palais royal qui en formait le centre.
4. *Faire litière d'une chose* signifie « la prodiguer, la répandre avec profusion » (Acad. 1835, Littré), mais aussi « sacrifier misérablement » (Littré). Verlaine semble être seul à employer cette locution avec la préposition *à* (voir *Les Uns et les Autres*, p. 111, v. 69).
5. Les sept péchés mortels : envie, avarice, luxure, colère, gourmandise, paresse et orgueil.
6. Voir « Intérieur », p. 66, n. 6.
7. *Cf.* Baudelaire, « Les litanies de Satan » (*Les Fleurs du mal*) : « Ô toi, le plus savant et le plus beau des Anges, / Dieu trahi par le sort et privé de louanges ». La tradition critique reconnaît Rimbaud sous les traits de ce personnage (qui avait seize ans lorsque Verlaine le rencontra pour la première fois), notamment à travers les propos tenus par « l'époux infernal » dans *Une saison en enfer* (« Délires I »). Sur l'angélisme de Rimbaud selon Verlaine, voir « Arthur Rimbaud », dans *Les Poètes maudits* (1884) : « l'homme [...] au visage parfaitement ovale d'ange en exil » et « À Arthur Rimbaud » dans *Dédicaces* (2e éd., 1894) : « Mortel, ange ET démon, autant dire Rimbaud ».

CRIMEN AMORIS[1]

À Villiers de l'Isle Adam[2]

Dans un palais, soie et or, dans Ecbatane[3],
De beaux démons, des Satans adolescents,
Au son d'une musique mahométane
Font litière[4] aux Sept Péchés de leurs cinq sens.

C'est la fête aux Sept Péchés[5] : ô qu'elle est belle !
Tous les Désirs rayonnaient en feux brutaux ;
Les Appétits, pages prompts que l'on harcelle,
Promenaient des vins roses dans des plateaux ;

Des danses sur des rhythmes d'épithalames[6]
Bien doucement se pâmaient en longs sanglots
Et de beaux chœurs de voix d'hommes et de femmes
Se déroulaient, palpitaient comme des flots,

Et la bonté qui s'en allait de ces choses
Était puissante et charmante tellement
Que la campagne autour se fleurit de roses
Et que la nuit paraissait en diamants.

Or le plus beau d'entre tous ces mauvais anges[7]
Avait seize ans sous sa couronne de fleurs.
Les bras croisés sur les colliers et les franges,
Il rêve, l'œil plein de flammes et de pleurs.

En vain la fête autour se faisait plus folle,
En vain les Satans, ses frères et ses sœurs,
Pour l'arracher au souci qui le désole
L'encourageaient d'appels de bras caresseurs,

1. « La césure hésitant à chaque vers entre le cinquième et le sixième pied donne aux seconds hémistiches un élan extraordinaire, mais participant de l'hésitation de la fuite » (Gide, *Journal 1889-1939*, Gallimard, coll. « Bibliothèque de la Pléiade », 1940, p. 927-928).
2. Gant de cuir garni de métal qui servait aux athlètes antiques dans les combats de pugilat.
3. Sens archaïque de « qui est ravi en extase » (Rob. Dhlf).
4. *Cf.* Rimbaud, « Matinée d'ivresse » (*Illuminations*) : « On nous a promis d'enterrer dans l'ombre l'arbre du bien et du mal, de déporter les honnêtetés tyranniques, afin que nous amenions notre très pur amour. »
5. Les trois vertus théologales : charité, espérance et foi (voir aussi p. 202, n. 5).

Il résistait à toutes câlineries
Et le chagrin mettait un papillon noir
À son beau front tout chargé d'orfèvreries.
Ô l'immortel et terrible désespoir !

Il leur disait : ô vous, laissez-moi tranquille !
Puis les ayant tous baisés bien tendrement
Il s'évada d'avec eux d'un geste agile,
Leur laissant aux mains des pans de vêtements [1].

Le voyez-vous sur la tour la plus céleste
Du haut palais avec une torche au poing ?
Il la brandit comme un héros fait d'un ceste [2].
D'en bas on croit que c'est une aube qui point.

Qu'est-ce qu'il dit de sa voix profonde et tendre
Qui se marie au claquement clair du feu
Et que la lune est extatique [3] d'entendre ?
« Ô je serai celui-là qui sera Dieu !

« Nous avons tous trop souffert, anges et hommes,
« De ce conflit entre le Pire et le Mieux [4].
« Humilions, misérables que nous sommes,
« Tous nos élans dans le plus simple des vœux.

« Ô vous tous ! ô nous tous, ô les Pécheurs tristes,
« Ô les doux Saints, pourquoi ce schisme têtu ?
« Que n'avons-nous fait, en habiles artistes,
« De nos travaux la seule et même vertu ?

« Assez et trop de ces luttes trop égales !
« Il va falloir qu'enfin se rejoignent les
« Sept Péchés aux Trois Vertus Théologales [5],
« Assez et trop de ces combats durs et laids !

« Et pour réponse à Jésus qui crut bien faire
« En maintenant l'équilibre de ce duel,

1. Terme d'héraldique, pour qualifier un aigle aux ailes étendues.
2. Verlaine accorde *tout* en genre avec le substantif principal (« brasier » et, au vers 64, « flocons ») selon un usage classique, mais rare.
3. *Cf.* v. 11.
4. Qui est du feu, de la nature du feu (terme didactique : Bescherelle, Acad., Littré).
5. Français classique : « manière ».
6. On pense au *Dom Juan* de Molière (V, VI) : « Le tonnerre tombe, avec un grand bruit et de grands éclairs, sur Dom Juan ; la terre s'ouvre et l'abîme ; et il sort de grands feux de l'endroit où il est tombé. »

« Par moi l'Enfer dont c'est ici le repaire
« Se sacrifie à l'Amour universel ! »

La torche tombe de sa main éployée[1],
Et l'incendie alors hurla s'élevant,
Querelle énorme d'aigles rouges noyée
Au remous noir de la fumée et du vent.

L'or fond et coule à flots et le marbre éclate ;
C'est un brasier tout[2] splendeur et tout ardeur,
La soie en courts frissons comme de la ouate
Vole à flocons tout ardeur et tout splendeur.

Et les Satans mourants chantaient dans les flammes
Ayant compris, comme ils s'étaient résignés !
Et de beaux chœurs de voix d'hommes et de femmes[3]
Montaient parmi l'ouragan des bruits ignés[4].

Et lui, les bras croisés d'une sorte[5] fière,
Les yeux au ciel où le feu monte en léchant
Il dit tout bas une espèce de prière
Qui va mourir dans l'allégresse du chant.

Il dit tout bas une sorte de prière
Les yeux au ciel où le feu monte en léchant...
Quand retentit un affreux coup de tonnerre[6]
Et c'est la fin de l'allégresse et du chant.

On n'avait pas agréé le sacrifice,
Quelqu'un de fort et de juste assurément
Sans peine avait su démêler la malice
Et l'artifice en un orgueil qui se ment.

Et du palais aux cent tours aucun vestige,
Rien ne resta dans ce désastre inouï,
Afin que par le plus effrayant prodige
Ceci ne fût qu'un vain songe évanoui...

1. Voir « Circonspection », p. 93, v. 8.
2. *S'essorer* est un ancien terme de fauconnerie (« se dit de l'oiseau qui s'écarte, et qui revient difficilement sur le poing », Littré) qui était encore utilisé au XVIe s. dans le sens de « s'élancer dans l'air » ; récupéré au XIXe s., notamment par Verlaine et Rimbaud (« Bottom », dans les *Illuminations*). Sur ce vers, *cf.* Rimbaud, « Villes I » (*Illuminations*) : « Des cortèges de Mabs en robes rousses, opalines, montent des ravines. »
3. *Cf.* « Un crucifix » (*Amour*, 1888) : « Par les lèvres le souffle expirant dit : "Clémence !" / [...] Et les bras grands ouverts prouvent le Dieu clément. »

Voir Variantes, p. 292-295.

Et c'est la nuit, la nuit bleue aux mille étoiles.
Une campagne évangélique s'étend
Sévère et douce, et vagues comme des voiles,
Les branches d'arbre ont l'air d'ailes s'agitant,

De froids ruisseaux coulent sur un lit de pierre,
Les doux hiboux nagent vaguement dans l'air[1]
Tout embaumé de mystère et de prière ;
Parfois un flot qui saute lance un éclair ;

La forme molle au loin monte des collines
Comme un amour encore mal défini
Et le brouillard qui s'essore des ravines[2]
Semble un effort vers quelque but réuni.

Et tout cela, comme un cœur et comme une âme,
Et comme un verbe, et d'un amour virginal
Adore, s'ouvre en une extase et réclame
Le Dieu clément[3] qui nous gardera du mal.

1. Armand Silvestre (1837-1901), employé au ministère des Finances, poète (*Les Renaissances*, 1869 ; *La Chanson des heures*, 1878), conteur humoristique et grivois prolifique (*Les Farces de mon ami Jacques*, 1881), était journaliste au *Gil Blas* quand Verlaine fit sa rentrée littéraire après 1880. Verlaine lui a consacré une notice pour *Les Hommes d'aujourd'hui* en 1886 et un poème dans *Dédicaces* (1890).
2. Au Moyen Âge, les *cours d'amour* réunissaient poètes, troubadours, dames et chevaliers qui jugeaient les attitudes des amants selon les règles de l'amour courtois.
3. Dans le sens figuré d'« épreuve cruelle », en référence à la Passion du Christ (Rob. Dhlf).

LA GRÂCE

À Armand Silvestre[1]

Un cachot. Une femme à genoux, en prière.
Une tête de mort est gisante par terre,
Et parle, d'un ton aigre et douloureux aussi.
D'une lampe au plafond tombe un rayon transi.

« Dame Reine. – Encor toi, Satan ! – Madame Reine.
– « Ô Seigneur, faites mon oreille assez sereine
« Pour ouïr sans l'écouter ce que dit le Malin ! »
– « Ah ! ce fut un vaillant et galant châtelain
« Que votre époux ! Toujours en guerre ou bien en fête,
« (Hélas ! j'en puis parler puisque je suis sa tête),
« Il vous aima, mais moins encore qu'il n'eût dû.
« Que de vertu gâtée et que de temps perdu
« En vains tournois, en cours d'amour[2] loin de sa dame
« Qui belle et jeune prit un amant, la pauvre âme ! » –
– « Ô Seigneur, écartez ce calice[3] de moi ! » –
– « Comme ils s'aimèrent ! Ils s'étaient juré leur foi
« De s'épouser sitôt que serait mort le maître
« Et le tuèrent dans son sommeil d'un coup traître. »
– « Seigneur, vous le savez, dès le crime accompli,
« J'eus horreur, et prenant ce jeune homme en oubli,
« Vins au roi, dévoilant l'attentat effroyable,
« Et, pour mieux déjouer la malice du diable,
« J'obtins qu'on m'apportât en ma juste prison
« La tête de l'époux occis en trahison :
« Par ainsi le remords, devant ce triste reste,
« Me met toujours aux yeux mon action funeste,
« Et la ferveur de mon repentir s'en accroît ;
« Ô Jésus ! mais voici : le Malin qui se voit
« Dupe et qui voudrait bien ressaisir sa conquête

1. Conformément à son sujet, Verlaine utilise des tours et un lexique aux accents médiévaux (voir v. 5 : « Dame Reine », v. 7 : « ouïr », v. 24 : « occis » et v. 48 : « Oyez »).
2. L'inversion du pronom personnel est archaïque. *Cf.* « Don Juan pipé », p. 231, v. 10 et n. 4.
3. La *flûte* est, dans certaines traditions démoniaques, un instrument du Diable.
4. La démonologie subdivise l'armée des diables en six légions de soixante-six cohortes chacune, elles-mêmes formées de six cent soixante-six compagnies.
5. *Cf.* Baudelaire, « Le voyage » (*Les Fleurs du Mal*) : « Nous voulons [...] / Plonger au fond du gouffre, Enfer ou Ciel, qu'importe ? »
6. Latinisme prisé par Verlaine et signifiant « nourricier » (*cf. alma mater*), mais qui a ici le sens de « doux » ou de « calme » comme dans « À Clymène » (*Fêtes galantes*), où Verlaine parle d'« almes cadences ».

« S'en vient-il pas loger dans cette pauvre tête
« Et me tenir de faux propos insidieux ?
« Ô Seigneur, tendez-moi vos secours précieux ! »
– « Ce n'est pas le démon, ma Reine, c'est moi-même,
« Votre époux, qui vous parle en ce moment suprême,
« Votre époux qui, damné (car j'étais en mourant
« En état de péché mortel) vers vous se rend,
« Ô Reine, et qui, pauvre âme errante, prend la tête
« Qui fut la sienne aux jours vivants pour interprète
« Effroyable de son amour épouvanté. »
– « Ô blasphème hideux, mensonge détesté !
« Monsieur Jésus[1], mon maître adorable, exorcise
« Ce chef horrible et le vide[2] de la hantise
« Diabolique qui n'en fait qu'un instrument
« Où souffle Belzébuth fallacieusement
« Comme dans une flûte[3] on joue un air perfide ! »
– « Ô douleur, une erreur lamentable te guide,
« Reine, je ne suis pas Satan, je suis Henry ! » –
– « Oyez, Seigneur, il prend la voix de mon mari !
« À mon secours, les Saints, à l'aide, Notre Dame ! » –
– « Je suis Henry ; du moins, Reine, je suis son âme
« Qui, par la volonté, plus forte que l'Enfer,
« Ayant su transgresser toute porte de fer
« Et de flamme, et braver leur impure cohorte[4],
« Hélas ! vient pour te dire avec cette voix morte
« Qu'il est d'autres amours encor que ceux d'ici,
« Tout immatériels et sans autre souci
« Qu'eux-mêmes, des amours d'âmes et de pensées.
« Ah, que leur fait le Ciel ou l'Enfer[5]. Enlacées,
« Les âmes, elles n'ont qu'elles-mêmes pour but !
« L'Enfer pour elles c'est que leur amour mourût,
« Et leur amour de son essence est immortelle !
« Hélas, moi je ne puis te suivre aux cieux, cruelle,
« Et *seule* peine en ma damnation. Mais toi,
« Damne-toi ! Nous serons heureux à deux, la loi
« Des âmes, je te dis, c'est l'alme[6] indifférence
« Pour la félicité comme pour la souffrance

1. *Cf. Sagesse*, III, VIII (mêmes rimes) : « Qu'est-ce que c'est que ce délice, / Qu'est-ce que c'est que ce supplice, / Nous les damnés et vous les Saints ? »

« Si l'amour partagé leur fait d'intimes cieux.
« Viens afin que l'Enfer jaloux voie, envieux,
« Deux damnés ajouter, comme on double un délice,
« Tous les feux de l'amour à tous ceux du supplice [1],
« Et se sourire en un baiser perpétuel ! »
– « Âme de mon époux, tu sais qu'il est réel
« Le repentir qui fait qu'en ce moment j'espère
« En la miséricorde ineffable du Père
« Et du Fils et du Saint-Esprit ! Depuis un mois
« Que j'expie, attendant la mort que je te dois,
« En ce cachot trop doux encor, nue et par terre,
« Le crime monstrueux et l'infâme adultère
« N'ai-je pas, repassant ma vie en sanglotant,
« Ô mon Henry, pleuré des siècles cet instant
« Où j'ai pu méconnaître en toi celui qu'on aime ?
« Va, j'ai revu, superbe et doux, toujours le même,
« Ton regard qui parlait délicieusement
« Et j'entends, et c'est là mon plus dur châtiment,
« Ta noble voix, et je me souviens des caresses !
« Or si tu m'as absoute et si tu t'intéresses
« À mon salut, du haut des cieux, ô cher souci,
« Manifeste-toi, parle, et déments celui-ci
« Qui blasphème et vomit d'affreuses hérésies ! » –
– « Je te dis que je suis damné ! Tu t'extasies
« En terreurs vaines, ô ma Reine. Je te dis
« Qu'il te faut rebrousser chemin du Paradis,
« Vain séjour du bonheur banal et solitaire
« Pour l'amour avec moi ! Les amours de la terre
« Ont, tu le sais, de ces instants chastes et lents.
« L'âme veille, les sens se taisent somnolents,
« Le cœur qui se repose et le sang qui s'affaisse
« Font dans tout l'être comme une douce faiblesse,
« Plus de désirs fiévreux, plus d'élans énervants,
« On est des frères et des sœurs et des enfants,
« On pleure d'une intime et profonde allégresse,
« On est les cieux, on est la terre, enfin on cesse
« De vivre et de sentir pour s'aimer *au-delà*,

1. Bescherelle ne le donne que comme masculin ; Acad. note : « quelques-uns le font masculin » et Littré : « plusieurs, même dans le langage technique, le font masculin. »

« Et c'est l'éternité que je t'offre, prends-la !
« Au milieu des tourments nous serons dans la joie
« Et le Diable aura beau meurtrir sa double proie,
« Nous rirons, et plaindrons ce Satan sans amour.
« Non, les Anges n'auront dans leur morne séjour
« Rien de pareil à ces délices inouïes ! » –

La Comtesse est debout, paumes épanouies.
Elle fait le grand cri des amours surhumains,
Puis se penche, et saisit avec ses pâles mains
La tête qui, merveille ! a l'aspect de sourire.
Un fantôme de vie et de chair semble luire
Sur le hideux objet qui rayonne à présent
Dans un nimbe languissamment phosphorescent.
Un halo clair, semblable à des cheveux d'aurore
Tremble au sommet et semble au vent flotter encore
Parmi le chant des cors à travers la forêt.
Les noirs orbites[1] ont des éclairs, on dirait
De grands regards de flamme et noirs. Le trou farouche
Au rire affreux, qui fut, Comte Henry, ta bouche
Se transfigure rouge aux deux arcs palpitants
De lèvres qu'auréole un duvet de vingt ans,
Et qui pour un baiser se tendent savoureuses...
Et la Comtesse à la façon des amoureuses
Tient la tête terrible amplement, une main
Derrière et l'autre sur le front, pâle, en chemin
D'aller vers le baiser spectral, l'âme tendue,
Hoquetant, dilatant sa prunelle perdue
Au fond de ce regard vague qu'elle a devant...
Soudain elle recule, et d'un geste rêvant
(Ô femmes, vous avez ces allures de faire !)
Elle laisse tomber la tête qui profère
Une plainte, et roulant sonne creux et longtemps :
– « Mon Dieu, mon Dieu, pitié ! Mes péchés pénitents
« Lèvent leurs pauvres bras vers ta bénévolence,
« Ô ne les souffre pas criant en vain ! Ô lance
« L'éclair de ton pardon qui tuera ce corps vil !

1. Latinisme (*fluere*) prisé par Verlaine : « flotte ».
2. Archaïsme (XIIIe s.) : « palpiter » (en parlant du cœur) ; Bescherelle le donne encore au figuré dans le sens de « tressaillir ».

Voir Variantes, p. 295-297.

« Vois que mon âme est faible en ce dolent exil
« Et ne la laisse pas au Mauvais qui la guette !
« Ô que je meure ! »
Avec le bruit d'un corps qu'on jette,
La Comtesse à l'instant tombe morte, et voici :
Son âme en blanc linceul, par l'espace éclairci
D'une douce clarté d'or blond qui flue[1] et vibre
Monte au plafond ouvert désormais à l'air libre
Et d'une ascension lente va vers les cieux.

....

La tête est là, dardant en l'air ses sombres yeux
Et sautèle[2] dans des attitudes étranges :
Telles dans les Assomptions des têtes d'anges,
Et la bouche vomit un gémissement long,
Et des orbites vont coulant des pleurs de plomb.

1. En théologie, *mourir dans l'impénitence finale* signifie sans confession ni repentir de ses fautes. On doit à Bossuet un célèbre sermon sur l'impénitence finale ; G. Zayed (*La Formation littéraire de Verlaine*, p. 301) signale que « L'impénitence finale » est aussi le titre d'un chapitre de *L'Amour impossible* de Barbey d'Aurevilly (1841).
2. Catulle Mendès (1841-1909), écrivain prolifique, fondateur de *La Revue fantaisiste* en 1861, contribua à la création du *Parnasse contemporain*. Verlaine, qui admirait beaucoup ses premières poésies (*Philoméla*, 1863), le rencontra en 1864. Mendès fit un portrait grinçant de Verlaine dans sa *Légende du Parnasse contemporain* (1884), aussitôt repris – et critiqué – dans *Lutèce* ; c'est peut-être à cette occasion et pour renouer leurs relations que Verlaine lui dédia cette pièce.
3. L'engouement du grand public pour la peinture du XVIIIe s. et spécialement pour Watteau date de l'ouverture de la galerie La Caze au Louvre en 1870, mais Verlaine avait déjà stigmatisé le « goût Watteau » dans ses *Fêtes galantes*. Voir aussi *Les Uns et les Autres*, p. 107, n. 1.
4. « Elle aime quelqu'un d'autre », expression précieuse que l'on rencontre entre autres dans *L'Astrée* d'Honoré d'Urfé (« ce berger aime ailleurs »).
5. Exclusif et très mondain, le Jockey-Club, situé à l'angle du boulevard des Capucines et de la rue Scribe, est décrit à l'époque par P. Larousse comme le cercle du « viveur aristocratique, gros joueur et coureur d'aventures et de frivolités » (Lar. Gdu).
6. Verlaine, friand de calembours, utilise encore cette tournure dans les « Vieux Coppées » de *Cellulairement* : « Parfois je me dis à part moi : "L'eusses-tu cru ?" »
7. « Femme entretenue, que la Nature a douée d'autant de bêtise que de beauté, et qui abuse de celle-ci pour faire accepter celle-là » (Delvau).
8. « *O tempora ! o mores !* » (Cicéron, *Catilinaires*, I, 2).
9. Le couvent des Oiseaux, à l'angle de la rue de Sèvres et du boulevard des Invalides, abritait un pensionnat destiné à l'éducation des jeunes filles de l'aristocratie.
10. Argot : sa « fortune » et non son « épouse légitime » (Larchey, qui donne l'expression « manger sa légitime »).

L'IMPÉNITENCE FINALE[1]

À Catulle Mendès[2]

La petite marquise Osine est toute belle,
Elle pourrait aller grossir la ribambelle
Des folles de Watteau[3] sous leur chapeau de fleurs
Et de soleil, mais comme on dit, elle aime ailleurs[4].
Parisienne en tout, spirituelle et bonne
Et mauvaise à ne rien redouter de personne,
Avec cet air mi-faux qui fait que l'on vous croit,
C'est un ange fait pour le monde qu'elle voit,
Un ange blond, et même on dit qu'il a des ailes.

Vingt soupirants, brûlés du feu des meilleurs zèles
Avaient en vain quêté leur main à ses seize ans,
Quand le pauvre marquis, quittant ses paysans
Comme il avait quitté son escadron, vint faire
Escale au Jockey[5] ; vous connaissez son affaire
Avec la grosse Emma de qui – l'eussions-nous cru[6] ?
Le bon garçon était absolument féru,
Son désespoir après le départ de la grue[7],
Le duel avec Gontran, c'est vieux comme la rue ;
Bref il vit la petite un jour dans un salon,
S'en éprit tout d'un coup comme un fou ; même l'on
Dit qu'il en oublia si bien son infidèle
Qu'on le voyait le jour d'ensuite avec Adèle.
Temps et mœurs[8] ! La petite (on sait tout aux Oiseaux[9])
Connaissait le roman du cher, et jusques aux
Moindres chapitres : elle en conçut de l'estime.
Aussi quand le marquis offrit sa légitime[10]
Et sa main contre sa menotte, elle dit : oui,
Avec un franc parler d'allégresse inouï.
Les parents, voyant sans horreur ce mariage

1. *Signer à*, mettre sa signature comme témoin à : *vous signerez au contrat* (Lar. Gdu).
2. *La Vierge à la quenouille*, tableau célèbre attribué à Léonard de Vinci.
3. Chambre qui se loue garnie de meubles. Voir « Le poète et la muse », p. 190, n. 5.
4. Voir *Prologue*, p. 201, v. 2 et n. 2.
5. *Sion* (le *s* régularise la rime), nom primitif du site de Jérusalem, et qui désigne la Jérusalem céleste pour les chrétiens.
6. Voir « La grâce », p. 219, v. 145 et n. 1. L'encens, le cinnamome et l'ambre étaient des parfums utilisés par les anciens dans les cérémonies religieuses.

(Le marquis était riche et pouvait passer sage)
Signèrent au[1] contrat avec laisser-aller.
Elle qui voyait là quelqu'un à consoler
Ouït la messe dans une ferveur profonde.

Elle le consola deux ans. Deux ans du monde !

Mais tout passe !
Si bien qu'un jour qu'elle attendait
Un autre et que cet autre atrocement tardait,
De dépit la voilà soudain qui s'agenouille
Devant l'image d'une Vierge à la quenouille[2]
Qui se trouvait là, dans cette chambre en garni[3],
Demandant à Marie, en un trouble infini,
Pardon de son péché si grand, – si cher encore
Bien qu'elle croie au fond du cœur qu'elle l'abhorre.

Comme elle relevait son front d'entre ses mains
Elle vit Jésus-Christ avec les traits humains
Et les habits qu'il a dans les tableaux d'église.
Sévère, il regardait tristement la marquise.
La vision[4] flottait blanche dans un jour bleu
Dont les ondes voilant l'apparence du lieu,
Semblaient envelopper d'une atmosphère élue
Osine qui tremblait d'extase irrésolue
Et qui balbutiait des exclamations.
Des accords assoupis de harpes de Sions[5]
Célestes descendaient et montaient par la chambre
Et des parfums d'encens, de cinnamome et d'ambre
Fluaient[6], et le parquet retentissait des pas
Mystérieux de pieds que l'on ne voyait pas,
Tandis qu'autour c'était, en cadences soyeuses,
Un grand frémissement d'ailes mystérieuses.
La marquise restait à genoux, attendant,
Toute admiration peureuse, cependant.

1. Familier : mignon, gentil (ici sans connotation péjorative).
2. « Dérivé savant du latin *matutinus*, “du matin”, rare avant la fin du XVIIIe s. » (Rob. Dhlf).
3. « Dont on a pris l’habitude » ; néologisme utilisé par Verlaine dans un « Vieux Coppée » de *Cellulairement* (« l’œil habitueux ») et dans *Les Mémoires d’un veuf* (1886) : « [les épreuves], ces compagnes habitueuses de nos nuits ».

Et le Sauveur parla.

« Ma fille le temps passe,
Et ce n'est pas toujours le moment de la grâce.
Profitez de cette heure, ou c'en est fait de vous. »

La vision cessa.

Oui certes, il est doux,
Le roman d'un premier amant. L'âme s'essaie,
C'est un jeune coureur à la première haie.
C'est si mignard[1] qu'on croit à peine que c'est mal.
Quelque chose d'étonnamment matutinal[2].
On sort du mariage habitueux[3]. C'est comme
Qui dirait la lueur aurorale de l'homme
Et les baisers parmi cette fraîche clarté
Sonnent comme des cris d'alouette en été.
Ô le premier amant ! Souvenez-vous, mesdames !
Vagissant et timide élancement des âmes
Vers le fruit défendu qu'un soupir révéla...
Mais le second amant d'une femme, voilà !
On a tout su. La faute est bien délibérée
Et c'est bien un nouvel état que l'on se crée,
Un autre mariage à soi-même avoué.
Plus de retour possible au foyer bafoué.
Le mari, débonnaire ou non, fait bonne garde
Et dissimule mal. Déjà rit et bavarde
Le monde hostile et qui sévirait au besoin.
Ah, que l'aise de l'autre intrigue se fait loin !
Mais aussi cette fois comme on vit, comme on aime,
Tout le cœur est éclos en une fleur suprême.
Ah, c'est bon ! Et l'on jette à ce feu tout remords,
On ne vit que pour *lui*, tous autres soins sont morts,
On est à lui, on n'est qu'à lui, c'est pour la vie,
Ce sera pour après la vie, et l'on défie
Les lois humaines et divines, car on est

1. « Substance visqueuse et transparente qui découle de certains arbres » (Littré).
2. Nom donné au Christ dans les Évangiles.
3. *Cf.* « *Per amica silentia* » (*Les Amies*) : « Les longs rideaux de blanche mousseline. [...] Les grands rideaux du grand lit d'Adeline ».

Folle de corps et d'âme, et l'on ne reconnaît
Plus rien, et l'on ne sait plus rien, sinon qu'on l'aime !

Or cet amant était justement le deuxième
De la marquise, ce qui fait qu'un jour après,
– Ô sans malice et presque avec quelques regrets –
Elle le revoyait pour le revoir encore.
Quant au miracle, comme une odeur s'évapore,
Elle n'y pensa plus bientôt que vaguement.

Un matin, elle était dans son jardin charmant,
Un matin de printemps, un jardin de plaisance.
Les fleurs vraiment semblaient saluer sa présence,
Et frémissaient au vent léger, et s'inclinaient,
Et les feuillages, verts tendrement, lui donnaient
L'aubade d'un timide et délicat ramage
Et les petits oiseaux volant à son passage,
Pépiaient à plaisir dans l'air tout embaumé
Des feuilles, des bourgeons et des gommes[1] de mai.
Elle pensait à *lui*, sa vue errait, distraite,
À travers l'ombre jeune et la pompe discrète
D'un grand rosier bercé d'un mouvement câlin,
Quand elle vit Jésus en vêtements de lin
Qui marchait, écartant les branches de l'arbuste
Et la couvait d'un long regard triste. Et le Juste[2]
Pleurait. Et tout en un instant s'évanouit.
Elle se recueillait.

Soudain un petit bruit
Se fit. On lui portait en secret une lettre,
Une lettre de *lui*, qui lui marquait peut-être
Un rendez-vous.

Elle ne put la déchirer.

....

Marquis, pauvre marquis, qu'avez-vous à pleurer
Au chevet de ce lit de blanche mousseline[3] ?

1. *Ramer* en parlant des *mains*, « imiter le mouvement d'une rame qu'on manœuvre » (Tlf, qui date la première acception de 1894).

Voir Variantes, p. 297-299.

Elle est malade, bien malade.
« Sœur Aline,
A-t-elle un peu dormi ? »
– Mal, monsieur le marquis. »
Et le marquis pleurait.
« Elle est ainsi depuis
« Deux heures, somnolente et calme. Mais que dire
« De la nuit ? Ah, monsieur le marquis, quel délire !
« Elle vous appelait, vous demandait pardon
« Sans cesse, encor, toujours, et tirait le cordon
« De sa sonnette. »
Et le marquis frappait sa tête
De ses deux poings et, fou dans sa douleur muette
Marchait à grands pas sourds sur les tapis épais.
(Dès qu'elle fut malade, elle n'eut pas de paix
Qu'elle n'eût avoué ses fautes au pauvre homme
Qui pardonna.) La sœur reprit pâle. « Elle eut comme
« Un rêve, un rêve affreux. Elle voyait Jésus,
« Terrible sur la nue et qui marchait dessus,
« Un glaive dans la main droite, et de la main gauche
« Qui ramait[1] lentement comme une faux qui fauche,
« Écartant sa prière, et passait furieux. »
....
Un prêtre, saluant les assistants des yeux,
Entre.
Elle dort.
Ô ses paupières violettes !
Ô ses petites mains qui tremblent maigrelettes !
Ô tout son corps perdu dans les draps étouffants !
Regardez, elle meurt de la mort des enfants.

Et le prêtre anxieux, se penche à son oreille.
Elle s'agite un peu, la voilà qui s'éveille,
Elle voudrait parler, la voilà qui s'endort
Plus pâle.
Et le marquis : « Est-ce déjà la mort ? »
Et le docteur lui prend les deux mains, et sort vite.

On l'enterrait hier matin. Pauvre petite !

1. D'Espagne dont elle est issue (*El Burlador de Sevilla y convidado de piedra* de Tirso de Molina, 1630), la légende de Don Juan est passée en Italie et en France au XVIIe s. (entre autres *Le Festin de pierre* de Dorimond, 1658, et *Dom Juan ou le Festin de pierre* de Molière, 1665) et a donné lieu à d'innombrables œuvres de tous genres, de l'opéra au poème en passant par le roman et la chanson. Le Don Juan de Verlaine est *pipé*, c'est-à-dire « trompé, leurré », mais aussi « séduit, enjôlé » (du langage des joueurs de cartes et de dés).
2. François Coppée (1842-1908), poète lié au milieu parnassien (*Le Reliquaire*, 1866 ; *Intimités,* 1869 ; *Les Humbles*, 1872), proche de Verlaine à la fin des années 1860, cible de parodies zutistes écrites sous le nom de « Coppées » ou de « Vieux Coppées » par Rimbaud, Verlaine et Nouveau (voir « Dizain mil huit cent trente », p. 69 et « Paysage », p. 183). Verlaine consacra à Coppée une notice des *Hommes d'aujourd'hui* (1885) et un poème nostalgique, « À François Coppée » (*Dédicaces*, 1890).
3. Comme le « Don Juan aux enfers » de Baudelaire (*Les Fleurs du mal*).
4. Inversion classique du pronom personnel complément de l'infinitif, tour emprunté à l'italien au XVIe s.
5. Allusion à la chanson de Mignon (personnage des *Années d'apprentissage de Wilhelm Meister* de Goethe) dans la version d'Ambroise Thomas (*Mignon*, opéra-comique en trois actes, paroles de Carré et Barbier, 1866) : « Connais-tu le pays où fleurit l'oranger, / Le pays des fruits d'or et des roses vermeilles ? »
6. Payé, qui reçoit un salaire (« payé par des gages » ; *cf.* les derniers mots de Sganarelle dans le *Dom Juan* de Molière : « Mes gages ! mes gages ! mes gages ! »).

DON JUAN PIPÉ[1]

À François Coppée[2]

Don Juan qui fut grand Seigneur en ce monde
Est aux enfers[3] ainsi qu'un pauvre immonde.
Pauvre, sans la barbe faite, et pouilleux,
Et si n'étaient la lueur de ses yeux
Et la beauté de sa maigre figure,
En le voyant ainsi quiconque jure
Qu'il est un gueux et non ce héros fier
Aux dames comme aux poètes si cher
Et dont l'auteur de ces humbles chroniques
Vous va parler[4] sur des faits authentiques.

Il a son front dans ses mains et paraît
Penser beaucoup à quelque grand secret.
Il marche à pas douloureux sur la neige,
Car c'est son châtiment que rien n'allège
D'habiter seul et vêtu de léger
Loin de tous lieux où fleurit l'oranger[5]
Et de mener ses tristes promenades
Sous un ciel veuf de toutes sérénades
Et qu'une lune morte éclaire assez
Pour expier tous ses soleils passés.
Il songe. Dieu peut gagner, car le Diable
S'est vu réduire à l'état pitoyable
De tourmenteur et de geôlier gagé[6]
Pour être las trop tôt, et trop âgé.
Du Révolté de jadis il ne reste
Plus qu'un bourreau qu'on prie et qu'on moleste
Si bien qu'enfin la cause de l'Enfer
S'en va tombant, comme un fleuve à la mer,

1. L'Ancienne Alliance, ou le pacte de Dieu avec Adam, Noé, Abraham et Moïse.
2. Langage biblique ; *cf. Sagesse*, II, II : « Et tous ces bons efforts vers les croix et les claies, / Comme je l'invoquais, Elle [la Vierge] en ceignit mes reins. »

Au sein de l'alliance primitive[1].
Il ne faut pas que cette honte arrive.

Mais lui, don Juan, n'est pas mort, et se sent
Le cœur vif comme un cœur d'adolescent
Et dans sa tête une jeune pensée
Couve et nourrit une force amassée ;
S'il est damné c'est qu'il le voulut bien,
Il avait tout pour être un bon chrétien,
La foi, l'ardeur au ciel, et le baptême,
Et ce désir de volupté lui-même,
Mais s'étant découvert meilleur que Dieu,
Il résolut de se mettre en son lieu.
À cet effet, pour asservir les âmes
Il rendit siens d'abord les cœurs des femmes.
Toutes pour lui laissèrent là Jésus,
Et son orgueil jaloux monta dessus
Comme un vainqueur foule un champ de bataille.
Seule la mort pouvait être à sa taille.
Il l'insulta, la défit. C'est alors
Qu'il vint à Dieu sans peur et sans remords.
Il vint à Dieu, lui parla face à face
Sans qu'un instant hésitât son audace.

Le défiant, Lui, son Fils et ses saints !
L'affreux combat ! Très calme et les reins ceints[2]
D'impiété cynique et de blasphème,
Ayant volé son verbe à Jésus même,
Il voyagea, funeste pèlerin,
Prêchant en chaire et chantant au lutrin,
Et le torrent amer de sa doctrine,
Parallèle à la parole divine,
Troublait la paix des simples et noyait
Toute croyance et, grossi, s'enfuyait.
Il enseignait : « Juste, prends patience.
« Ton heure est proche. Et mets ta confiance
« En ton bon cœur. Sois vigilant pourtant,

1. Molière, *Dom Juan*, III, II (Dom Juan à un pauvre) : « je m'en vais te donner un louis d'or tout à l'heure, pourvu que tu veuilles jurer. »
2. Au sens religieux de « transgresser » (la loi divine) ; « mot qui n'apparaît guère en français que dans les traductions de livres saints », note Cl. Cuénot (*Le Style de Paul Verlaine*, p. 55).
3. Le sens traditionnel et familier (« âne » ou « personne stupide ») n'est pas satisfaisant ; le mot est peut-être à rattacher à l'expression *tourner en bourrique*, « s'abrutir, ne plus savoir ce que l'on fait » (Delvau).
4. Voir « Luxures » (p. 97, v. 1) : « Chair ! ô seul fruit mordu des vergers d'ici-bas. »
5. La femme de Samarie qui, convaincue par les prophéties de Jésus, reconnaît en lui le Messie (Jean 4).
6. La prostituée qui, dans la maison d'un pharisien, mouille de ses larmes les pieds de Jésus, les essuie avec ses cheveux, les baise et les oint de parfum (Luc 7, 36-50).

« Et ton salut en sera sûr d'autant.
« Femmes, aimez vos maris et les vôtres
« Sans cependant abandonner les autres...
« L'amour est un dans tous et tous dans un,
« Afin qu'alors que tombe le soir brun
« L'ange des nuits n'abrite sous ses ailes
« Que cœurs mi-clos dans la paix fraternelle. »

Au mendiant errant dans la forêt
Il ne donnait un sol que s'il jurait[1].
Il ajoutait : « De ce que l'on invoque
« Le nom de Dieu, celui-ci ne s'en choque,
« Bien au contraire, et tout est pour le mieux.
« Tiens, prends, et bois à ma santé, bon vieux. »
Puis il disait : « Celui-là prévarique[2]
« Qui de sa chair faisant une bourrique[3]
« La subordonne au soin de son salut
« Et lui désigne un trop servile but.

« La chair est sainte ! Il faut qu'on la vénère.
« C'est notre fille, enfants, et notre mère,
« Et c'est la fleur du jardin d'ici-bas[4] !
« Malheur à ceux qui ne l'adorent pas !
« Car, non contents de renier leur être,
« Ils s'en vont reniant le divin maître,
« Jésus fait chair qui mourut sur la croix,
« Jésus fait chair qui de sa douce voix
« Ouvrait le cœur de la Samaritaine[5],
« Jésus fait chair qu'aima la Madeleine[6] ! »

À ce blasphème effroyable, voilà
Que le ciel de ténèbres se voila,
Et que la mer entrechoqua les îles.
On vit errer des formes dans les villes,
Les mains des morts sortirent des cercueils,
Ce ne fut plus que terreurs et que deuils,

1. Archaïsme (Xe s.) : mauvaise, méchante.
2. *Cf.* « L'impénitence finale », p. 223, v. 57-58.
3. Dans la légende, Don Juan invite à souper la statue du Commandeur qu'il a tué quelque temps auparavant ; la statue l'exhorte au repentir mais, devant son refus, l'entraîne en enfer.
4. Rare en construction absolue : réprimé, maîtrisé.
5. Paroles, attitudes de fanfaron (de Rodomont, personnage du *Roland furieux* de l'Arioste).

Et Dieu voulant venger l'injure affreuse
Prit sa foudre en sa droite furieuse
Et maudissant don Juan, lui jeta bas
Son corps mortel, mais son âme, non pas !

Non pas son âme, on l'allait voir ! Et pâle
De male[1] joie et d'audace infernale,
Le grand damné, royal sous ses haillons,
Promène autour son œil plein de rayons,
Et crie : « À moi l'Enfer ! ô vous qui fûtes
« Par moi guidés en vos sublimes chutes,
« Disciples de don Juan, reconnaissez
« Ici la voix qui vous a redressés.
« Satan est mort, Dieu mourra dans la fête.
« Aux armes pour la suprême conquête !

« Apprêtez-vous, vieillards et nouveau-nés,
« C'est le grand jour pour le tour des damnés. »
Il dit. L'écho frémit et va répandre
L'appel altier, et don Juan croit entendre
Un grand frémissement de tous côtés[2].
Ses ordres sont à coup sûr écoutés :
Le bruit s'accroît des clameurs de victoire,
Disant son nom et racontant sa gloire.
« À nous deux, Dieu stupide, maintenant ! »
Et don Juan a foulé d'un pied tonnant

Le sol qui tremble et la neige glacée
Qui semble fondre au feu de sa pensée...
Mais le voilà qui devient glace aussi
Et dans son cœur horriblement transi
Le sang s'arrête, et son geste se fige.
Il est statue, il est glace. Ô prodige
Vengeur du Commandeur assassiné[3] !
Tout bruit s'éteint et l'Enfer réfréné[4]
Rentre à jamais dans ses mornes cellules.
« Ô les rodomontades[5] ridicules »,

1. Le Dantec (son éd., p. 992) signale l'emploi de ce pronom par Baudelaire, pour désigner le Diable, dans « L'imprévu » (*Les Fleurs du mal*) : « Et puis, Quelqu'un paraît, que tous avaient nié... »
2. « Tu ne tenteras pas le Seigneur, ton Dieu » (Deutéronome 6, 16).

Voir Variantes, p. 299-300.

Dit du dehors *Quelqu'un*[1] qui ricanait,
« Contes prévus ! farces que l'on connaît !
« Morgue espagnole et fougue italienne !
« Don Juan, faut-il, afin qu'il t'en souvienne,
« Que ce vieux Diable, encor que radoteur,
« Ainsi te prenne en délit de candeur ?
« Il est écrit de ne tenter... personne[2].
« L'Enfer ni ne se prend ni ne se donne.
« Mais avant tout, ami, retiens ce point :
« On est le Diable, on ne le devient point. »

1. La rencontre de Verlaine et de Mallarmé (1842-1898) date de 1871, mais les deux poètes sont en relation épistolaire depuis leur collaboration au premier *Parnasse contemporain*, en 1866. Mallarmé est un des premiers collègues avec qui Verlaine reprend contact en 1881 ; ce dernier contribuera à défendre et à diffuser l'œuvre de Mallarmé dans *Les Poètes maudits* (1884) et lui consacrera une notice importante pour la série *Les Hommes d'aujourd'hui* (1886).
2. *Cf.* « Une grande dame » (*Poèmes saturniens*) : « Belle à "damner les saints" […] / Elle parle […] / Italien, avec un léger accent russe ». Le diable parle italien (voir aussi v. 86, v. 134 et v. 139) dans *Le Diable amoureux* de Cazotte (1772).
3. Converti en monnaie.

AMOUREUSE DU DIABLE

À Stéphane Mallarmé[1]

Il parle italien avec un accent russe[2].
Il dit : « Chère, il serait précieux que je fusse
« Riche, et seul, tout demain et tout après-demain.
« Mais riche à paver d'or monnayé[3] le chemin
« De l'Enfer, et si seul qu'il vous va falloir prendre
« Sur vous de m'oublier jusqu'à ne plus entendre
« Parler de moi sans vous dire de bonne foi :
« Qu'est-ce que ce monsieur Félice ? Il vend de quoi ? »

Cela s'adresse à la plus blanche des comtesses.

Hélas ! toute grandeurs, toute délicatesses,
Cœur d'or, comme l'on dit, âme de diamant,
Riche, belle, un mari magnifique et charmant
Qui lui réalisait toute chose rêvée,
Adorée, adorable, une Heureuse, la Fée,
La Reine, aussi la Sainte, elle était tout cela,
Elle avait tout cela.
Cet homme vint, vola
Son cœur, son âme, en fit sa maîtresse et sa chose
Et ce que la voilà dans ce doux peignoir rose
Avec ses cheveux d'or épars comme du feu,
Assise, et ses grands yeux d'azur tristes un peu.

Ce fut une banale et terrible aventure.
Elle quitta de nuit l'hôtel. Une voiture
Attendait. Lui dedans. Ils restèrent six mois
Sans que personne sût où ni comment. Parfois
On les disait partis à toujours. Le scandale
Fut affreux. Cette allure était par trop brutale

1. Aux vers 2-8.

Aussi pour que le monde ainsi mis au défi
N'eût pas frémi d'une ire énorme et poursuivi
De ses langues les plus agiles l'insensée.
Elle, que lui faisait ? Toute à cette pensée,
Lui, rien que *lui*, longtemps avant qu'elle s'enfuît,
Ayant réalisé son avoir (sept ou huit
Millions en billets de mille qu'on liasse
Ne pèsent pas beaucoup et tiennent peu de place.)
Elle avait tassé tout dans un coffret mignon
Et le jour du départ, lorsque son compagnon
Dont du rhum bu de trop rendait la voix plus tendre
L'interrogea sur ce colis qu'il voyait pendre
À son bras qui se lasse, elle répondit : « Ça
C'est notre bourse. »
Ô tout ce qui se dépensa !
Il n'avait rien que sa beauté problématique
(D'autant pire) et que cet esprit dont il se pique
Et dont nous parlerons, comme de sa beauté,
Quand il faudra... Mais quel bourreau d'argent ! Prêté,
Gagné, volé ! Car il volait à sa manière,
Excessive, partant respectable en dernière
Analyse, et d'ailleurs respectée, et c'était
Prodigieux la vie énorme qu'il menait
Quand au bout de six mois ils revinrent.

Le coffre
Aux millions (dont plus que quatre) est là qui s'offre
À sa main. Et pourtant cette fois – une fois
N'est pas coutume – il a gargarisé sa voix
Et remplacé son geste ordinaire de prendre
Sans demander, par ce que nous venons d'entendre[1].
Elle s'étonne avec douceur et dit : « Prends tout
Si tu veux. »
Il prend tout et sort.

Un mauvais goût
Qui n'avait de pareil que sa désinvolture

1. Gautier avait imaginé un « Belzébuth dandy » dans *Albertus* (1832, CXIV, CXV) : « C'était un élégant / Portant l'impériale et la fine moustache, / Faisant sonner sa botte et siffler sa cravache / Ainsi qu'un merveilleux du boulevard de Gand », et Baudelaire en fit un être « d'un sexe ambigu », aux « belles manières insinuantes, [à la] beauté délicate et parfumée » (« Les tentations ou Éros, Plutus et la gloire », *Petits poèmes en prose*).
2. « Ce qui donne aux actions, aux manières, une apparence comparée à celle des objets vernis » (Littré).
3. Note de Verlaine dans la lettre à Lepelletier du 8 septembre 1874 (*Corr.*, p. 383) : « variantes à l'usage des gens que de telles coupes scandaliseraient : "Je suis le plus poli des hommes, mais tenez, / Ça m'exaspère assez pour vous le dire au nez,…" » (v. 87-88).

Semblait pétrir le fond même de sa nature,
Et dans ses moindres mots, dans ses moindres clins d'yeux,
Faisait luire et vibrer comme un charme odieux.
Ses cheveux noirs étaient trop bouclés pour un homme,
Ses yeux très grands, tout verts, luisaient comme à Sodome [1].
Dans sa voix claire et lente un serpent s'avançait,
Et sa tenue était de celles que l'on sait :
Du vernis [2], du velours, trop de linge, et des bagues.
D'antécédents, il en avait de vraiment vagues
Ou pour mieux dire, pas. Il parut un beau soir
L'autre hiver, à Paris, sans qu'aucun pût savoir
D'où venait ce petit monsieur, fort bien du reste
Dans son genre et dans son outrecuidance leste.
Il fit rage, eut des duels célèbres et causa
Des morts de femmes par amour dont on causa.
Comment il vint à bout de la chère comtesse,
Par quel philtre ce gnome insuffisant qui laisse
Une odeur de cheval et de femme après lui
A-t-il fait d'elle cette fille d'aujourd'hui ?
Ah, ça, c'est le secret perpétuel que berce
Le sang des dames dans son plus joli commerce,
À moins que ce ne soit celui du DIABLE aussi.
Toujours est-il que quand le tour eut réussi
Ce fut du propre !
                                        Absent souvent trois jours sur quatre,
Il rentrait ivre, assez lâche et vil pour la battre,
Et quand il voulait bien rester près d'elle un peu,
Il la martyrisait, en manière de jeu,
Par l'étalage de doctrines impossibles.

....

« *Mia*, je ne suis pas d'entre les irascibles,
« Je suis le doux par excellence, mais, tenez,
« Ça m'exaspère, et je le dis à votre nez [3],
« Quand je vous vois l'œil blanc et la lèvre pincée,
« Avec je ne sais quoi d'étroit dans la pensée
« Parce que je reviens un peu soûl quelquefois.

1. « Tout ce qu'il y a de plus vulgaire », selon Ch. Bruneau (*Verlaine*, CDV, 1950, p. 42). *Licher* signifie « manger et boire à s'en *lécher* les lèvres » (Delvau), mais Verlaine pense peut-être à *lichette*, petite quantité de quelque chose (*ibid.*).
2. « Verres à pied » ; terme non marqué dans Littré, Lar. Gdu. *Cf.* Gautier, *Albertus* (1832) : un page « versa de haut le vin dans les verres à pattes ».
3. Note de Verlaine sur la coupe (voir *supra*, p. 244, n. 3) : « Et qu'un ivrogne est une espèce de gourmand ».
4. « Oublie, très petit pain mince et rond dont on se sert pour cacheter des lettres » (Lar. Gdu).
5. Note de Verlaine sur la coupe (voir *supra*, p. 244, n. 3) : « J'y renonce !! on ne peut contenter tout le monde et son père ! »
6. Argot : qui revient (Larchey).
7. « Promesse illusoire, mauvaise défaite, espérance très incertaine de choses qui n'arriveront peut-être pas » (Bescherelle).

« Vraiment, en seriez-vous à croire que je bois
« Pour boire, pour licher[1], comme vous autres chattes,
« Avec vos vins sucrés dans vos verres à pattes[2]
« Et que l'Ivrogne est une forme du Gourmand[3] ?
« Alors l'instinct qui vous dit ça ment plaisamment
« Et d'y prêter l'oreille un instant, quel dommage !
« Dites, dans un bon Dieu de bois est-ce l'image
« Que vous voyez et vers qui vos vœux vont monter ?
« L'Eucharistie est-elle un pain à cacheter[4]
« Pur et simple, et l'amant d'une femme, si j'ose
« Parler ainsi, consiste-t-il en cette chose[5]
« Unique d'un monsieur qui n'est pas son mari
« Et se voit de ce chef tout spécial chéri ?
« Ah, si je bois c'est pour me soûler, non pour boire.
« Être soûl, vous ne savez pas quelle victoire
« C'est qu'on remporte sur la vie, et quel don c'est !
« On oublie, on revoit, on ignore et l'on sait ;
« C'est des mystères pleins d'aperçus, c'est du rêve
« Qui n'a jamais eu de naissance et ne s'achève
« Pas, et ne se meut pas dans l'essence d'ici ;
« C'est une espèce d'autre vie en raccourci,
« Un espoir actuel, un regret qui "rapplique[6]",
« Que sais-je encore ? Et quant à la rumeur publique,
« Au préjugé qui hue un homme dans ce cas,
« C'est hideux, parce que bête, et je ne plains pas
« Ceux ou celles qu'il bat à travers son extase,
« Ô que nenni !

....

« Voyons, l'amour, c'est une phrase
« Sous un mot, – avouez, un écoute-s'il-pleut[7],
« Un calembour dont un chacun prend ce qu'il veut,
« Un peu de plaisir fin, beaucoup de grosse joie
« Selon le plus ou moins de moyens qu'il emploie,
« Ou pour mieux dire, au gré de son tempérament,
« Mais, entre nous, le temps qu'on y perd ! Et comment !
« Vrai, c'est honteux que des personnes sérieuses
« Comme nous deux, avec ces vertus précieuses

1. Dans une lettre à Charles de Sivry du 6 février [1881], Verlaine demande à son ex-beau-frère de s'assurer si « *diletta* (bien-aimée) est italien. Sinon remplacer par *mio cuor* (ou *cuor mio*, j'iguenore), si c'est italien toutefois ; sinon encore colle un italianisme dans ce goût de 3 pieds… » (*Corr.*, p. 693).
2. Verlaine se cite lui-même : « Pierrot qui d'un saut / De puce / Franchit le buisson » (« Colombine », dans les *Fêtes galantes*).
3. *Cf.* Vigny, *Éloa*, I, v. 19-20 (voir l'épigraphe dans les Variantes, p. 300) : « Fils de l'homme et sujet aux maux de la naissance, / Il les commençait tous par le plus grand, l'absence », et *La Bonne Chanson*, X : « Oh ! l'absence ! le moins clément de tous les maux ! »

Voir Variantes, p. 300-302.

« Que nous avons, du cœur, de l'esprit, – de l'argent,
« Dans un siècle que l'on peut dire intelligent,
« Aillent !... »
....
Ainsi de suite, et sa fade ironie
N'épargnait rien de rien dans sa blague infinie.
Elle écoutait le tout avec les yeux baissés
Des cœurs aimants à qui tous torts sont effacés,
Hélas !
L'après-demain et le demain se passent.
Il rentre et dit : « *Altro !* que voulez-vous que fassent
« Quatre pauvres petits millions contre un sort ?
« Ruinés, ruinés, je vous dis ! C'est la mort
« Dans l'âme que je vous le dis. »
Elle frissonne
Un peu, mais *sait* que c'est arrivé.
– « Ça, personne,
« Même vous, *diletta*[1], ne me croit assez sot
« Pour demeurer ici dedans le temps d'un saut
« De puce.[2] »
Elle pâlit très fort et frémit presque,
Et dit : « Va, je sais tout. » – « Alors c'est trop grotesque
Et vous jouez là sans atouts avec le feu. »
– « Qui dit non ? » – « Mais JE SUIS SPÉCIAL à ce jeu. »
– « Mais si je veux, exclame-t-elle, être damnée ? »
– « C'est différent, arrange ainsi ta destinée,
Moi je sors. » – « Avec moi ! » – « Je ne puis
[*aujourd'hui.* »
Il a disparu sans autre trace de lui
Qu'une odeur de soufre et qu'un aigre éclat de rire.
Elle tire un petit couteau.
Le temps de luire
Et la lame est entrée à deux lignes du cœur.
Le temps de dire, en renfonçant l'acier vainqueur :
« À toi, je t'aime ! » et la JUSTICE la recense.

Elle ne savait pas que l'Enfer c'est l'absence[3].

5e volume.
N° 244. — 10 c.
Un an : 6 fr.
LES HOMMES D'AUJOURD'HUI
DESSIN D'EMILE COHL
TEXTE DE PAUL VERLAINE
Bureaux : Librairie Vanier, 19, quai Saint-Michel, Paris
PAUL VERLAINE
'ΑΝΆΓΚΗ.
Emile Cohl

APPENDICE

INVOCATION[1]

Chair ! ô seul fruit mordu des vergers d'ici-bas,
Fruit âcrement sucré qui jutes aux dents seules
Des affamés du seul Amour, – bouches ou gueules,
Que fait ? – Ô Chair, dessert des forts et leur repas !

Amour ! l'unique émoi de ceux que n'émeut pas
L'horreur de vivre, Amour, qui blutes sous tes meules
Les scrupules des libertins et des bégueules,
Pour le pain des Damnés qu'élisent les Sabbats !

Chair ! Amour ! ô *tous les appétits* vers l'Absence,
Toute la délivrance et toute l'innocence
Toi qui nous es si bonne et toi qui m'es si cher,

Je vous supplie, et je vous défie, et je pleure
Et je ris de connaître, en ignorant qu'épeure
Le doute, votre énigme effroyable, Amour, Chair.

*

---

1. Texte de la lettre à Lepelletier du 16 mai 1873. Voir « Luxures », p. 97.

BÉRÉNICE[1]

Son front mignard parmi sa main toute petite,
Elle rêve, au bruit clair des cascades lointaines,
Et dans la plainte langoureuse des fontaines
Perçoit comme un écho charmant du nom de Tite.

Elle revoit, fermant ses yeux de clématite
Qui font songer à ceux des biches thibétaines,
Son doux héros, le mieux aimant des capitaines,
Et, Juive, elle se sent au pouvoir d'Aphrodite.

Alors un grand souci la prend d'être amoureuse
Car dans Rome une loi bannit, barbare, affreuse,
Du rang impérial toute reine étrangère.

Ah ! Ne pas être une humble esclave qu'Il épouse !
Et dans l'épanchement de sa douleur jalouse
La Reine hélas soupire et doucement défaille.

*

CRIMEN AMORIS[2]
mystère

Dans un palais, soie et or, dans Ecbatane,
De beaux démons, des Satans adolescents,
Au son d'une musique mahométane
Font litière aux sept péchés de leurs cinq sens.

---

1. Texte de la lettre à Émile Blémont du 22 juillet 1871, précédé d'un surtitre : Les Princesses, CXXV. Voir « La princesse Bérénice », p. 177.
2. Ms. autographe, Tajan, *Autographes et manuscrits*, vente du mardi 25 mai 2004, n° 80, 80 premiers vers ; copie de Rimbaud pour les cinq dernières strophes. Voir « Crimen amoris », p. 203.

C'est la fête aux sept Péchés, ô qu'elle est belle !
Ô les Désirs rayonnaient en feux brutaux.
Les Appétits, pages prompts que l'on harcèle
Promenaient des vins roses dans des cristaux.

Visages d'or, corps de marbre et pieds d'argile
Jetaient leur ombre immense sur les tapis.
Ô qui dira dignement la danse agile
Et les plaisirs aux yeux des femmes tapis ?

Et la bonté qui s'essorait de ces choses
Était vraiment singulière, tellement
Que la campagne autour se fleurit de roses
Et que le ciel paraissait en diamants. –

– Or le plus beau d'entre tous ces mauvais anges
Avait seize ans sous sa couronne de fleurs.
Croisant ses bras sur ses colliers et ses franges
Il songeait, l'œil plein de flammes et de pleurs.

En vain, la joie alentour était immense
En vain les Satans ses frères et ses sœurs
Pour dissiper cette morose démence
Le consolaient avec des mots caresseurs.

Il résistait à toutes câlineries
Et le souci mettait un papillon noir
À son beau front chargé de bijouteries.
Ô l'immortel et terrible désespoir !

Il s'écriait : « Ô vous laissez-moi tranquille ! »
Puis les ayant baisés tous bien tendrement
Il s'évada d'avec eux d'un geste agile
Leur laissant aux mains des pans de vêtement.

– Le voyez-vous sur la tour la plus céleste
Du haut palais, avec une torche au poing ?

Il la brandit comme un héros fait d'un ceste.
D'en bas on croit que c'est une aube qui point.

Qu'est-ce qu'il dit de sa voix profonde et tendre
Qui se marie aux claquements clairs du feu
Et que la Lune est extatique d'entendre ?
– « Ô je serai celui-là qui créera Dieu.

« Nous avons trop souffert, tous, anges et hommes,
« De cet exil aux si mornes désaveux.
« Humilions, misérables que nous sommes,
« Tous nos élans dans le plus simple des vœux.

« Ô les Pécheurs, ô les Saints ouvriers tristes,
« De vains travaux pour quelque maître têtu
« Que n'avez-vous fait en habiles artistes
« De vos efforts la seule et même vertu ?

« Vous le saviez qu'il n'est point de différence
« Entre ce que vous dénommez Bien et Mal.
« Qu'au fond des deux vous n'avez que la souffrance.
« Je veux briser ce Pacte trop anormal.

« Il ne faut plus de ce schisme abominable !
« Il ne faut plus d'enfer et de paradis !
« Il faut l'Amour ! meure Dieu ! meure le Diable !
« Il faut que le bonheur soit seul, je vous dis !

« Et pour répondre à Jésus qui crut bien faire
« En maintenant l'équilibre de ce duel,
« Par Moi, l'Enfer, dont c'est ici le repaire
« Se sacrifie à l'Amour universel.

« Sûr de renaître en des fraîcheurs aurorales,
« L'Enfer se brûle afin de voir réunis
« Les sept Péchés aux trois Vertus théologales
« Dans le ciel libre où monte le cri des nids ! »

– La torche tombe de sa main éployée.
Et l'incendie alors hurla s'élevant
Querelle énorme d'aigles rouges noyée
Au remous noir de la fumée et du vent.

Et les Satans mourant chantaient dans les flammes.
Ayant compris, ils étaient fiers et joyeux
Et ce beau chœur de voix d'hommes et de femmes
Flambait avec les pavillons somptueux.

Et lui, dont nul ne sait le nom ni l'histoire,
Droit sur la tour où le feu monte en léchant,
En attendant la mort, ivre de sa gloire,
Mêlait l'accent de son orgueil à ce chant.

Les bras tendus au ciel comme vers un frère,
Un grand sourire aux lèvres, il s'exaltait ;
Quant retentit un affreux coup de tonnerre.
Tout s'éteignit... Seul un rossignol chantait.

[On n'avait pas agréé le sacrifice.
Quelqu'un de fort et de juste assurément,
Au nom du ciel provoqué, faisant l'office
De justicier, envoyait ce châtiment.

Du haut palais aux cent tours, pas un vestige,
Rien ne resta dans ce désastre inouï.
Afin que par un formidable prestige
Ceci ne fut qu'un vain rêve évanoui.

Et dans la nuit, – doucement, dans une plaine,
Un petit bois agitait ses rameaux noirs.
De clair de lune au lointain l'herbe était pleine ;
De petits lacs luisaient comme des miroirs.

Le rossignol épanchait sa triste plainte
Répercutée au gazouillis des ruisseaux.
Ce paysage était d'une paix si sainte
Qu'on se fût mis à genoux dans les roseaux,

Sur les cailloux, parmi le sable des routes,
Attendri sous ce ciel immémorial,
Pour adorer dans toutes ses œuvres, toutes,
Le Dieu clément qui nous sauvera du mal].

*

L'IMPÉNITENCE FINALE[1]
(chronique parisienne)

La petite marquise Osine est toute belle.
Elle pourrait aller grossir la ribambelle
Des folles de Watteau sous leur chapeau de fleurs
Et de soleil, mais, comme on dit, elle aime ailleurs.
Parisienne en tout, spirituelle et bonne
Et mauvaise à ne rien regretter de personne,
Avec ces airs mi-faux qui font que l'on vous croit,
C'est un ange fait pour le monde qu'elle voit,
Un ange blond, et même on dit qu'elle a des ailes.
Vingt soupirants brûlés du feu des meilleurs zèles
En vain avaient quêté leur main à ses quinze ans,
Quand le pauvre marquis, quittant ses paysans
Comme il avait quitté son escadron, vint faire
Escale au Jockey. Vous connaissez son affaire
Avec Jane, de qui, – mon dieu, qui l'aurait cru ? –
Le cher garçon était absolument féru,
Son désespoir après le départ de la grue,
Son duel avec Gontran… c'est vieux comme la rue.
Bref il vit la mignonne un soir dans un salon.
Il l'aima comme un fou tout d'un coup. Même l'on
Sait qu'il en oublia si bien son infidèle
Qu'on le voyait le jour d'ensuite avec Adèle.
– Temps et mœurs ! – La petite (ô l'on jase aux Oiseaux)

1. Texte de la copie de Rimbaud (Bibliothèque littéraire Jacques-Doucet) ; voir « L'impénitence finale », p. 221.

Savait tout le roman du pauvre, jusques aux
Moindres chapitres : elle en conçut de l'estime.
Aussi, quand le marquis offrit sa légitime
Et son nom contre sa menotte, elle dit : oui
Avec un franc parler d'allégresse inouï.
Les parents voyant sans horreur ce mariage
(Le marquis était riche et pouvait passer sage)
Signèrent au contrat avec laisser-aller.
Elle, qui voyait là quelqu'un à consoler
Ouït la messe dans une ferveur profonde.

Elle le consola deux ans. Deux ans du monde !

Mais tout passe.
Si bien qu'un jour qu'elle attendait
L'Autre, et que le dit autre atrocement tardait,
De dépit la voilà soudain qui s'agenouille
Devant l'image de la Vierge à la quenouille
Qui se trouvait là dans cette chambre en garni,
Demandant à Marie, en son trouble infini,
Pardon de son péché si grand, si cher encore,
Bien qu'elle croie au fond du cœur qu'elle l'abhorre.

Comme elle relevait son front d'entre ses mains,
Elle vit **Jésus-Christ** avec les traits humains
Et les habits qu'il a dans les tableaux d'église.
Sévère, il regardait tristement la marquise.

La Vision flottait blanche dans un jour bleu
Dont les ondes voilant l'apparence du lieu,
Semblaient envelopper d'une atmosphère élue
Osine qui tremblait d'extase irrésolue,
Et qui balbutiait des exclamations.
Des accords assoupis de harpes de Sions
Célestes descendaient et montaient par la chambre
Et des parfums d'encens, de cinnamome et d'ambre
Fluaient, et le parquet retentissait de pas
Respectueux de pieds que l'on ne voyait pas

Tandis qu'autour bruyait en cadences soyeuses
Un grand frémissement d'ailes mystérieuses.

La marquise restait à genoux, attendant
Toute adoration, peureuse cependant.
Et le Sauveur parla.

« Ma fille, le temps passe,
« Et ce n'est pas toujours le moment de la grâce.
« Profitez de cette heure, ou c'en finit de vous. »

La vision cessa. –

Oui certes qu'il est doux
Le roman d'un premier amant : l'âme s'essaie.
Tel un jeune coureur à la première haie.
C'est si mignard qu'on croit à peine que c'est mal.
Quelque chose d'étonnamment matutinal !
On sort du mariage et de la nuit. C'est comme
Qui dirait la lueur aurorale de l'Homme,
Et les baisers parmi cette fraîche clarté
Sonnent comme des cris d'alouette en été.
Ô le premier amant, souvenez-vous, mesdames !
Vagissant et timide élancement des âmes
Vers le fruit défendu qu'un soupir révéla...
– Mais le second amant d'une femme, voilà !
On a tout su. La faute est bien délibérée
Et c'est bien un nouvel état que l'on se crée,
Un autre mariage à soi-même avoué.
Plus de retour possible au foyer bafoué.
Le mari, débonnaire ou non, fait bonne garde
Et dissimule mal. Déjà rit et bavarde
Le monde hostile et qui sévirait au besoin.
Ah ! que l'aise de l'autre intrigue se fait loin !
Mais aussi, cette fois, comme on vit, comme on aime !
Tout le cœur est éclos en une fleur suprême.
Ah ! c'est bon ! Et l'on jette à ce feu tout remords.
On ne vit que pour Lui, tous autres soins sont morts.

On est à Lui, on n'est qu'à Lui. C'est pour la vie,
Ce sera pour après la vie ! Et l'on défie
Les lois humaines et divines. Car on est
Folle d'âme et de corps, car on ne reconnaît
Plus rien et l'on ne sait plus rien sinon qu'on aime !

Or cet amant était justement le deuxième
De la marquise, – ce qui fait qu'un jour après
S'être juré d'en oublier tout, jusqu'aux traits,
Elle le revoyait pour le revoir encore.
Quant au miracle, comme une odeur s'évapore,
Elle n'y pensa plus bientôt que vaguement.

Un matin, elle était dans son jardin charmant ;
Un matin de printemps, un jardin de plaisance.
Les fleurs vraiment semblaient saluer sa présence
Et frémissaient au vent léger et s'inclinaient ;
Et les feuillages, verts tendrement, lui donnaient
L'aubade d'un timide et délicat ramage.
Et les petits oiseaux, volant sur son passage,
Pépiaient à loisir dans l'air tout embaumé
Des fleurs et des bourgeons et des gommes de mai.
Elle pensait à Lui : sa vue errait distraite
À travers l'ombre jeune et la pompe discrète
D'un grand rosier bercé d'un mouvement câlin.
Quand elle vit **Jésus** en longs habits de lin,
Qui marchait écartant les branches de l'arbuste
Et la couvrait d'un long regard fixe, et le Juste
Pleurait, et tout en un instant s'évanouit.

Elle, se recueillait. Soudain, un petit bruit
Se fit, on lui portait en secret une lettre
Une lettre de Lui, qui lui marquait peut-être
Un rendez-vous… Elle ne put la déchirer…
....
Marquis, pauvre marquis, qu'avez-vous à pleurer
Au chevet de ce lit de blanche mousseline ?
– Elle est malade, bien malade. « Sœur Aline,

A-t-elle un peu dormi ? – Mal, monsieur le marquis. »
Et le marquis pleurait. « Elle est ainsi depuis
Deux heures, somnolente et calme, mais que dire
De la nuit ? ô monsieur le marquis. Quel délire !
Elle vous appelait, vous demandait pardon
Sans cesse, encor, toujours, et cherchait le cordon
De sa sonnette… » – Et le marquis frappait sa tête
De ses deux poings, et fou, dans sa douleur muette
Marchait à grands pas sourds sur les tapis épais.
– Dès qu'elle fut malade elle n'eut pas de paix
Qu'elle n'eût avoué ses fautes au pauvre homme
Qui pardonna. – La Sœur, pâle, dit : « Elle eut comme
Un rêve, un rêve affreux. Elle voyait Jésus
Terrible, dans la nue et qui marchait dessus,
Un glaive dans la main droite et de la main gauche
Qui ramait lentement comme une faulx qui fauche,
Écartait sa prière, et passait furieux… »
– Elle dormait. Ô tour bleuâtre de ses yeux
Fermés à peine ! ô ses Paupières violettes !
Ô ses petites mains qui tremblent maigrelettes !
Ô tout son corps perdu dans les draps étouffants !
Regardez : elle meurt de la mort des enfants !

Un prêtre en blanc surplis se penche à son oreille ;
Elle s'agite un peu. La voilà qui s'éveille,
Elle voudrait parler… Mais elle se rendort
Plus pâle…
Et le marquis : « Est-ce déjà la mort ? »
Et le docteur lui prend les deux mains et sort vite.

On l'enterrait hier matin… Pauvre petite !

Brux. Août 1873.

*

DON JUAN PIPÉ [1]
mystère

Don Juan qui fut grand seigneur en ce monde
Est aux enfers ainsi qu'un pauvre immonde,
Habit de bure et nu-pieds et pouilleux,
Et si n'étaient la lueur de ses yeux
Et la beauté de sa maigre figure,
En le voyant ainsi quiconque jure
Qu'il est un gueux et non ce héros fier
Aux dames comme aux poètes si cher,
Et dont l'auteur de ces humbles chroniques
Va vous parler en termes canoniques.

Il a son front dans ses mains et paraît
Penser beaucoup à quelque grand secret.
Il marche à pas douloureux sur la neige,
Car c'est son châtiment que rien n'abrège
D'habiter seul et vêtu de léger
Loin du pays où fleurit l'oranger
Et de mener ses tristes promenades
Sous un ciel veuf de toutes sérénades
Et qu'une lune morte éclaire assez
Pour expier tous ses soleils passés.

Il pense : « Dieu peut gagner : car le Diable
« S'est vu réduire à l'état pitoyable
« De tourmenteur et de geôlier gagé
« Pour être las trop tôt et trop âgé ;
« Du Révolté de jadis il ne reste
« Plus qu'un bourreau qu'on paie et qu'on moleste
« Si bien qu'enfin la cause de l'Enfer
« S'en va tombant, comme un fleuve à la mer,

1. Copie de la main de Rimbaud (Tajan, *Autographes et manuscrits*, vente du mardi 25 mai 2004, n° 79) ; voir « Don Juan pipé », p. 231.

« Au sein de l'Alliance primitive :
« Il ne faut point que cette honte arrive !

« Or lui, Don Juan, n'est pas vieux : il se sent
« Le cœur vif comme un cœur d'adolescent
« Et dans sa tête une jeune pensée
« Couve et nourrit une force amassée.
« S'il est damné, c'est qu'il le voulut bien :
« Il avait tout pour être un bon chrétien,
« La foi, l'ardeur au ciel et le baptême ;
« Mais il brûlait d'un désir plus suprême,
« Et s'étant découvert meilleur que Dieu
« Lors résolut de se mettre en son lieu.

« À ce dessein, pour asservir les âmes,
« Il rendit siens d'abord les cœurs des femmes.
« Toutes pour lui laissèrent là Jésus,
« Et son orgueil jaloux marcha dessus
« Comme un vainqueur foule un champ de bataille.
« Seule la mort pouvait être à sa taille…
« Il l'insulta, la défit. C'est alors
« Qu'il vint à Dieu, sans peur et sans remords,
« Il vint à Dieu, lui parla face à face
« Sans qu'un instant hésitât son audace,

« Le défiant, Lui, son fils et ses Saints.
« L'affreux combat ! – Très calme et les reins ceints
« D'impiété cynique et de blasphème,
« Ayant volé son verbe à Jésus même,
« Il voyagea, funeste pèlerin,
« Prêchant en chaire et chantant au lutrin,
« Et le torrent amer de sa doctrine
« Parallèle à la parole divine
« Troublait la paix des simples et noyait
« Toute croyance, et, grossi, s'enfuyait.

« Il enseignait : – Juste, prends patience
« Ton heure est proche. Et mets ta confiance

« En ton bon cœur. Sois vigilant pourtant
« Et ton salut en sera sûr d'autant.
« Femmes, aimez vos maris et les vôtres
« Sans toutefois abandonner les autres ;
« L'Amour est un dans tous et tous dans un
« Afin qu'alors que tombe le soir brun
« L'Ange des nuits ne couve sous son aile
« Que cœurs éclos dans la paix fraternelle.

« Au mendiant errant dans la forêt
« Il ne donnait un sol que s'il jurait.
« Il ajoutait : De ce que l'on invoque
« Le nom de Dieu, celui-ci ne s'en choque ;
« Bien au contraire, et tout va pour le mieux.
« Tiens, prends et bois à ma santé, bon vieux.
« Puis il disait : celui-là prévarique
« Qui, de son corps faisant une bourrique,
« La subordonne aux soins de son salut
« Et lui désigne un trop servile but.

« La chair est sainte ! Il faut qu'on la vénère :
« C'est notre Femme, enfants, et notre Mère !
« Et c'est la fleur du jardin d'ici-bas.
« Malheur à ceux qui ne l'adorent pas !
« Car non contents de renier leur être
« Ils s'en vont reniant le divin Maître,
« Jésus fait chair qui mourut sur la croix,
« Jésus fait chair qui de sa douce voix
« Ouvrait le cœur de la Samaritaine,
« Jésus fait chair qu'aima la Madeleine !

« À ce blasphème effroyable, voilà
« Que le ciel de ténèbres se voila,
« Et que la mer entrechoqua les îles.
« On vit errer des larves dans les villes.
« Les mains des morts sortirent des cercueils.
« Ce ne fut plus que terreurs et que deuils !
« Et Dieu, voulant venger l'injure affreuse,

« Prit sa foudre en sa droite furieuse
« Et maudissant Don Juan lui jeta bas
« Son corps mortel, – mais son âme, non pas !

« Non pas son âme ! On l'allait voir. » Et pâle
De male joie et d'audace infernale
Le grand Damné, royal sous ses haillons,
Promène autour ses yeux plein de rayons,
Et crie : À moi l'Enfer ! ô vous qui fûtes
Par moi guidés dans vos sublimes chutes,
Disciples de don Juan, reconnaissez
Ici la voix qui vous a redressés :
Soulevez-vous ! Je suis le seul Prophète !
Satan est mort. Dieu mourra. Pour la fête

Apprêtez-vous, vieillards et nouveau-nés :
C'est le grand jour pour le tour des damnés !
– Il dit. L'écho frémit et va répandre
L'appel altier, et don Juan croit entendre
Un grand frémissement de tous côtés.
Ses ordres sont à coup sûr écoutés.
Le bruit s'accroît. Des clameurs de victoire
Disent son nom et racontent sa gloire.
« À nous deux, Dieu stupide, maintenant ! »
Et don Juan a foulé d'un pied tonnant

Le sol qui tremble et la neige glacée
Qui semble fondre au feu de sa pensée...
Mais le voilà qui devient glace aussi !
Et dans son cœur horriblement transi
Le sang s'arrête et son geste se fige.
Il est statue. Il est glace. Ô prodige
Vengeur du Commandeur assassiné !
Tout bruit se tait. – Et l'enfer réfréné
Rentre à jamais dans ses mornes cellules.
– Ô les rodomontades ridicules !

Dit du dehors Quelqu'un qui ricanait :
Complots prévus ! émeutes qu'on connaît !

Morgue espagnole et fougue italienne !
Don Juan, faut-il, afin qu'il t'en souvienne,
Que ce vieux Diable, encor que radoteur,
Ainsi te prenne en délit de candeur ?
Il est écrit de ne tenter personne.
L'Enfer ni ne se prend ni ne se donne.
Mais avant tout, ami, retiens ce point :
On est le Diable, on ne le devient point !

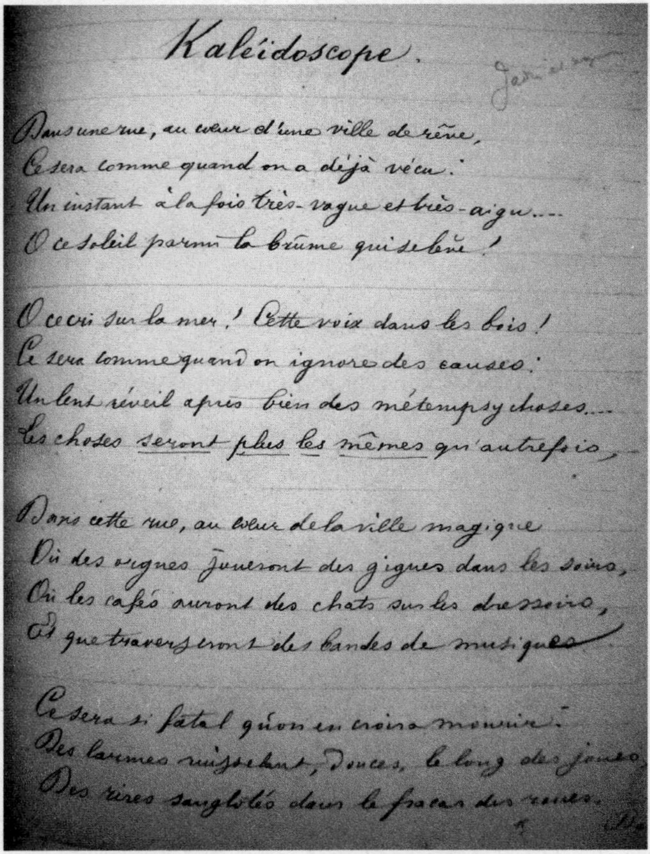

Kaléidoscope.

Dans une rue, au cœur d'une ville de rêve,
Ce sera comme quand on a déjà vécu :
Un instant à la fois très-vague et très-aigu...
Ô ce soleil parmi la brume qui se lève !

Ô ce cri sur la mer ! Cette voix dans les bois !
Ce sera comme quand on ignore des causes :
Un lent réveil après bien des métempsychoses...
Les choses seront plus les mêmes qu'autrefois,

Dans cette rue, au cœur de la ville magique
Où des orgues joueront des gigues dans les soirs,
Où les cafés auront des chats sur les dressoirs,
Et que traverseront des bandes de musique.

Ce sera si fatal qu'on en croira mourir.
Des larmes ruisselant, douces, le long des joues,
Des rires sanglotés dans le fracas des roues.

VARIANTES

Abréviations

(Pour les références complètes, voir p. 37-45.)

Dossier *Jadis et naguère*, Bibliothèque littéraire Jacques-Doucet : *D*
Jadis et naguère, nouvelle édition, Paris, Vanier, 1891 : *1891*

Titre : ~~Choses de~~ Jadis et ~~de~~ Naguère *D.*

JADIS

Prologue (p. 55)

- Ms. autographe, Doucet : *D*
- *La Revue critique*, 8 juin 1884 : *RC*
- Ms. autographe, The Pierpont Morgan Library : *P*
- *Choix de poésies* : *CP*

Surtitre : Deux prologues *RC // Titre :* Prologue pour Jadis *RC ;* Prologue ~~à Jadis~~ *P // Vers 1 :* troupe, *P ;* troupe : *CP // Vers 2 :* perdus : *CP // Vers 4 :* croupe, *P // Vers 6 :* de rêves *remplace deux autres mots biffés (*de brèves *?) P // Vers 10 :* enfin ! *D, RC ;* encore mais, enfin ! *P // Vers 11 :* palpite *remplace* s'agite *biffé P // Vers 12 :* divin. *CP // Vers 14 :* soleils *remplace* jours *biffé P // Vers 16 :* désespoirs. *CP // Vers 19 :* proies,

P ; proies.., *RC // Vers 20 :* aegri somnia *(non souligné) D ;* aegri somnia ! *(non souligné) P, RC // Date :* janvier 1883 *D, RC ;* ~~Janvier 83.~~ *P.*

SONNETS ET AUTRES VERS

Titre : autres vers *remplace* quatrains *biffé D*

À la louange de Laure et de Pétrarque (p. 59)

- *La Nouvelle Rive gauche*, 23 février – 2 mars 1883 : *RG*
- Coupure de *La Nouvelle Rive gauche* avec annotations manuscrites, Doucet : *D*

Titre : Le sonnet *RG ;* Sonnet *(ajouté, puis biffé)* à la louange de Laure et de Pétrarque *D // Vers 1 :* Shakespeare *(vers faux) RG // Vers 13 :* rythme *1891.*

Pierrot (p. 61)

- Ms. autographe, Bibliothèque municipale de Bordeaux : *B*
- *Paris moderne*, 10 novembre 1882 : *PM*
- *La Revue critique*, 3 février 1884 : *RC*
- *Lutèce*, 25 janvier – 1er février 1885 : *LU*
- *Choix de poésies* : *CP*

Surtitre : Poèmes de jadis et de naguère *B, PM ;* Jadis et naguère *LU // Vers 2 :* porte. *B ;* porte, *PM ;* porte : *RC // Vers 3 :* gaîté comme *B ;* gaieté *CP // Vers 7 :* béante, *1891, CP // Vers 8 :* ver *surcharge* vers *B // Vers 10 :* Les manches *PM, RC // Vers 12 :* Les yeux *RC // Vers 14 :* La face *RC // Date :* 1868 *B, PM.*

Kaléidoscope (p. 63)

- *Cellulairement*, Musée des lettres et manuscrits : *C*
- *La Nouvelle Rive gauche*, 26 janvier – 2 février 1883 : *RG*

Surtitre : Poèmes de jadis et de naguère *RG // Dédicace : absente dans C // Vers 5 :* mer ! Cette *C // Vers*

7 : métempsychoses… *C ;* métempsycoses : *1891 // Vers 8 :* seront plus les mêmes qu'autrefois, *C // Vers 12 :* musique *surcharge* musiques *C // Vers 14 :* ruisselant, douces, *C // Vers 16 : la virgule après* venir *remplace un point d'exclamation biffé C // Vers 17 :* fanées !!... *C // Vers 18 :* – Les *C // Vers 22 :* Dartre *RG // Vers 24 :* pétards….. *C // Vers 25 :* – Ce *C ;* s'éveille *C // Date :* Br[uxelles]. 8bre 1873. *C ;* 1873 *RG.*

Intérieur (p. 67)

- *Le Hanneton*, 3 octobre 1867 : *HA*
- Coupure du *Hanneton* avec annotations manuscrites, Vial, p. 153 : *AV*
- Coupure du *Hanneton* avec annotations manuscrites, Doucet : *D*
- *Lutèce*, 25 janvier – 1er février 1885 : *LU*

Surtitre : Jadis et naguère *LU // Dédicace :* à François Coppée *biffé AV ;* à Germain Nouveau *rajouté dans l'interligne D // Vers 1 :* tapisserie, *HA ; virgule après* tapisserie *biffée D // Vers 7 :* d'un secret *AV // Vers 8 :* Où l'esprit *AV.*

Dizain mil huit cent trente (p. 69)

- Lettre à Lepelletier du 22 août 1874 : *L*
- *Cellulairement*, Musée des lettres et manuscrits : *C*
- Ms. autographe, vente Le Breton : *LB*
- *La Nouvelle Lune*, 11 février 1883 : *NL*
- Coupure de *La Nouvelle Lune* avec annotations manuscrites, Doucet : *D*
- *Lutèce*, 25 janvier – 1er février 1885 : *LU*

Surtitre : Poèmes de jadis et de naguères I *NL ;* Jadis et naguère *LU // Titre :* Vieux Coppées VI *L // Vers 1 :* romantique, *C ;* j'eusse *remplace un autre mot biffé C // Vers 2 :* métal *C // Vers 3 :* brosse, *L, C // Vers 4 :* Hâblant *L ;* espanol *NL, LU, 1891 ;* español *D ;* féroce *NL ; virgule ajoutée après* féroce *D // Vers 5 :* défis ; *C ;* défis, *NL // Vers 7 :* homme *NL (point ajouté D) //*

Vers 8 : Pâle et maigre d'ailleurs et *L ;* jaune d'ailleurs *C // Vers 9 :* Infant *C ;* escurial – *L ;* Escurial. – *C // Vers 10 :* Et puis, *L, C // Date* : 1873 *LB, NL.*

À Horatio (p. 71)

- *Le Hanneton*, 8 août 1867 : *HA*
- Coupure du *Hanneton* avec annotations manuscrites, Vial, p. 151, 153 : *AV*
- *La Nouvelle Rive gauche*, 5-12 janvier 1883 : *RG*

Surtitre : Poèmes de jadis et de naguère *RG // Vers 3 :* pipes-aux-chapeaux *AV // Vers 4 :* gaîté trop bête *AV // Vers 6 :* grand briseur *HA // Vers 8 :* Cher cracheur *AV // Vers 9 :* venir, *HA ;* Elseneur, *HA, RG // Vers 10 :* notre honneur *AV // Vers 11 :* Ophélia, enfant *RG // Vers 12 :* impérieux. *HA // Vers 13 :* but, *HA ;* tonne. *RG // Date :* 1867 *RG.*

Sonnet boiteux (p. 73)

- Lettre à Lepelletier du [20 octobre ?] 1873 : *L*
- *Cellulairement*, Musée des lettres et manuscrits : *C*
- Ms. autographe, vente Le Breton (Le Dantec) : *LB*
- *La Nouvelle Lune*, 11 février 1883 : *NL*
- Coupure de *La Nouvelle Lune* avec annotations manuscrites, Doucet : *D*

Surtitre : Mon almanach pour 1874 *L ;* Almanach pour l'année passée *C ;* Poèmes de jadis et de naguères II *NL // Titre :* Hiver *L ; sans titre (pièce* IV*) C // Dédicace : absente dans L, C, NL (ajoutée à droite du titre dans D) // Vers 1 :* Ah, *C ;* triste, ah, *L, C ;* mal, *C ;* finit mal *(vers faux) NL (*trop *ajouté dans la marge D) // Vers 2 :* On n'a pas le droit d'être *L ;* infortuné *L ;* infortuné, *C // Vers 3 :* Ah vraiment *L ;* Ah, vraiment *C ;* animal, *NL (virgule biffée D) // Vers 4 :* fané *L ;* fané ! *C // Vers 5 :* crie, – o *L ;* crie, ô *C ;* crie, et *LB ;* Bible ! – *L // Vers 6 :* Le gaz est tout rouge et *L ;* vermeilles *L ;* vermeilles, *C // Vers 8 :* comme un tas noir de *L // Vers 9 :* affreux pays *LB ;* miaule, glapit *L // Vers 10 :* brouillard sale et jaune et rose des Sohos *(la majuscule surcharge une minuscule) L ;* Sohos *non souligné C // Vers 11 :* Avec des all rigts, et des indeeds et des hos ! hos ! *L ; les mots anglais ne sont pas soulignés C // Vers 12 :* Ah vraiment cela finit trop mal, vraiment c'est triste *L ;* Non, vraiment c'est *C // Vers 13 :* Comme un vers sans rime et comme un fusil sans portée *(*fusil *surcharge un autre mot) L ;* triste *C // Vers 14 :* Oh ! le *L // Date :* Br[uxelles]. 7 bre 1873. *C ;* Londres, 1873 *LB, NL.*

Le clown (p. 75)

- *Le Hanneton*, 25 juillet 1867 : *HA*
- Coupure du *Hanneton* avec annotations manuscrites, Vial, p. 151 : *AV*
- *La Nouvelle Rive gauche*, 5-12 janvier 1883 : *RG*
- Coupure de *La Nouvelle Rive gauche* avec annotations manuscrites, Doucet : *D*

Surtitre : Poèmes de jadis et de naguère *RG // Dédicace : absente dans HA, RG ;* à Edmond Lepelletier *biffé AV ;* à Laurent Tailhade *ajouté dans l'interligne D // Vers 1 :* Bonsoir, Paillasse, adieu Bobêche, arrière, Gille ! *HA ; virgule après* adieu *AV // Vers 2 :* vieillis au *HA (virgule après* vieillis *AV) ;* plaisantin *HA // Vers 3 :* Place, *HA (point d'exclamation après* Place *AV) ;* hautain *HA // Vers 4 :* Clown *AV ;* agile ! *HA ;* agile. *RG // Vers 5 :* Arlequin, *RG // Vers 6 :* satin ! *HA // Vers 7 :* clairs, *HA ;* Ses yeux mats sont pareils à des glaces sans tain ; *RG (*Vides et clairs ainsi que des miroirs *remplace* Ses yeux mats sont pareils à des glaces *biffé D) // Vers 8 :* argile ; *HA ;* Et dorment éveillés dans *RG (*Ses yeux ne vivent pas *remplace* Et dorment éveillés *biffé D) //Vers 10 :* les bras et le buste, *HA ;* buste élégants *RG // Vers 11 :* jambes ; *HA ;* jambes, *RG // Vers 12 :* Autour, *HA ;* Cependant qu'alentour le peuple

*RG (*Puis il sourit. Autour *remplace* Cependant qu'alentour *biffé D) // Vers 13 :* « sainte » des *Iambes*, *HA // Date :* 1869 *RG ; un* 7 *surcharge le* 9 *D*.

Écrit sur l'Album de Mme N. de V. (p. 77)

- Lettre à François Coppée du 17 août 1869 (dernier tercet seul) : *FC*
- Ms. autographe, Album de Nina de Villard : *NV*
- Ms. autographe, vente Blaizot : *BL*
- *Paris moderne*, 25 mars 1883 : *PM*
- Épreuve de *Paris moderne* avec annotations manuscrites, Doucet : *D*

Surtitre : Poèmes de jadis et de naguère *PM ; numéro* V *biffé D // Titre :* Portrait / à Mme Nina de Callias. *NV ;* À une pétroleuse *remplace* À Madame Nina de Callias *biffé BL ;* Mme N. de C. *(*V *remplace* C*) D // Vers 1 :* tête, *NV // Vers 2 :* Mürger. – *NV // Vers 4 :* façons d'alouette. *NV // Vers 5 :* poète, *PM ; virgule biffée après* poète *D // Vers 6 :* Ah ! quel *NV ; la virgule après* Dieux *remplace un point d'exclamation D // Vers 8 :* doux – Une bizarre fête ! *NV ;* fête !! *PM ; la majuscule de* Une fête !! *remplace une minuscule D // Vers 10 :* bijou *NV ;* Se plaque un barbare bijou *PM ; une virgule ajoutée après* bijou *D // Vers 11 :* Reine *NV ;* Fantoche *NV // Vers 12 :* Ange *NV // Vers 13 :* Oùs qu'est mon sonnet, dit Arvers, *FC ;* sonnet ? dit *PM, D ;* Arvers, *NV ;* Arvers. *PM // Date :* 1869 *PM*.

Le squelette (p. 79)

- Ms. autographe, vente Lenseigne : *HL*
- *Paris moderne*, 25 juillet 1882 : *PM*
- Coupure de *Paris moderne* avec annotations manuscrites, Doucet : *D*

Surtitre : Poèmes de jadis et de naguère I *PM // Vers 1 :* saouls courant les champs virent *HL ;* virent, *PM, D // Vers 2 :* profond une *HL // Vers 4 :* la structure à demi : *HL ;* la carcasse à demi. *PM ;* la carcasse *biffé et remplacé par* l'ossature *D // Vers 12 : virgule biffée après* Mais *HL // Date :* 1869 *HL, PM (biffé D).*

À *Albert Mérat* (p. 81)

- *Paris moderne*, 25 juillet 1882 : *PM*

Surtitre : Poèmes de jadis et naguère II *PM // Vers 3 :* légers, *PM // Vers 4 :* fond, qu'elle *PM // Date :* Juin 1882 *PM.*

Art poétique (p. 83)

- *Cellulairement*, Musée des lettres et manuscrits : *C*
- *Cellulairement,* Heilbrun : *CH*
- Lettre à Léon Valade, vendredi soir [janvier ? 1881] : *V*
- Ms. autographe, Doucet : *D*
- *Paris moderne*, 10 novembre 1882 : *PM*
- *Anthologie des poètes français* : *AL*
- *Album de vers et de prose* : *VP*
- *Choix de poésies* : *CP*

Titre : L'Art poëtique *C // Épigraphe :* "Mark it, Cesario ; it is old and plain : / The spinsters and the knitters in the sun, / And the free maids that weave their thread with bones / Do use to chaunt it ; it is silly sooth, / And dallies with the innocence of love / Like the old age." Shakspeare, (*Twelfth Night*) *C, CH ; donné dans une lettre de Verlaine à Morice du 15 octobre 1883 ; place (vide) indiquée dans D // Dédicace : absente dans C, CH, V, PM, AL, VP // Vers 1 :* Musique *PM ;* chose *D ;* chose ! *C, V, PM // Vers 2 : la majuscule d'*Impair *surcharge une minuscule V // Vers 3 :* vague *remplace* souple *biffé D ;* air *V, D, PM // Vers 4 :* pose *D ;* et qui pose. *C, CH, V, PM // Vers 8 : la minuscule initiale de* indécis *remplace une majuscule biffée C ;* précis *C // Vers 10 :* de *surcharge* d'un *C ;* midi *D ;* midi ; *PM // Vers 11 :* C'est par *V, CP ;* attiédi *V //*

Vers 12 : étoiles. *V // Vers 13 : la majuscule de* Nuance *surcharge une minuscule V // Vers 14 : la majuscule de* Couleur *surcharge une minuscule C ; la majuscule* de Nuance *surcharge une minuscule C ;* Nuance : *C ;* Nuance. *V ;* Nuance *D ;* Nuance ! *PM // Vers 15 :* O la *C, V ;* Nuance *C, V, D, PM // Vers 17 : la majuscule de* Pointe *surcharge une minuscule D // Vers 18 : la majuscule de* Esprit *surcharge une minuscule D ;* esprit *VP ;* rire *CP ;* impur *D, PM // Vers 20 :* – Et *C ;* cuisine. *V // Vers 21 :* Éloquence *C, V, D, PM, AL // Vers 22 :* énergie *D, PM // Vers 23 :* assagie : *C, V ;* assagie ; *PM // Vers 25 :* Oh ! qui *PM, CP ;* Rime ! *1891 // Vers 28 :* faux et creux *C, V ;* lime *PM // Vers 29 :* Musique *PM ;* toujours, *CH, V // Vers 30 :* Chose *C // Vers 32 :* Sous d'autres *CH, V ;* amours ! *C, CH, V, PM // Vers 35 :* thym !... *C, CH, V, PM // Date :* Mons, Avril 1874 *C ;* Mons, Avril 74 *CH ;* Avril 1874 *V, PM.*

Le pitre (p. 87)

- Ms. autographe, vente Le Breton (Le Dantec) : *LD*
- *Sonnets et eaux-fortes*, Paris, Lemerre, 1869 : *SE*
- Épreuve de *Sonnets et eaux-fortes* avec annotations manuscrites, Vial, p. 151 : *AV*
- *Paris magazine*, 17 janvier 1869 : *PG*
- Ms. autographe, Doucet : *D*
- *Choix de poésies* : *CP*

Dédicace : à Rajon *biffé AV // Vers 1 :* tréteau, *PG ;* secoue, *PG // Vers 3 :* Qui parade non sans un visible dédain *LD, SE (tiret après* parade*), PG (virgule et tiret après* parade*) ;* harangue, *CP ;* dédain, *CP // Vers 4 :* Des badauds s'enrhumant devant *LD, SE, PG // Vers 5 :* La courbe de ses reins et *LD, SE, PG // Vers 6 :* Excellent. Il *LD, SE, PG // Vers 7 :* pied *SE, PG ;* badin, *CP // Vers 8 :* énorme et *SE // Vers 9 :* Il accueille à merveille et rend bien les soufflets *LD, SE (point-virgule après* soufflets*), PG (id.) ; la majuscule de* Ses *surcharge* L[es] *D // Vers 11 :* jusqu'à l'excès *LD // Vers 12 :* ce qu'il faut louer hautement, *LD ;* Ce qui sied *CP ;* sied vraiment d'exalter, *SE, PG ;* à tous *surcharge* surtout *(anticipation) D // Vers 13 :* dresse sur sa tête *LD, SE (virgule après* dresse*), PG (id.).*

Allégorie (p. 89)

- *Le Hanneton*, 5 mars 1868 : *HA*
- *La Revue critique*, 3 février 1884 : *RC*
- Ms. autographe, Doucet : *D*

Dédicace : absente dans HA // Vers 3 : complice, *HA // Vers 5 :* lasse n'a *1891 // Vers 8 :* immobilité ! *HA // Vers 9 :* cigales, *RC //* guêpes çà et là *RC.*

L'auberge (p. 91)

- Ms. autographe (Montval) : *JM*
- *Le Hanneton*, 30 janvier 1868 : *HA*
- Coupure du *Hanneton* avec annotations manuscrites, Vial, p. 152 : *AV*
- Ms. autographe, Doucet : *D*

Dédicace : absente dans HA ; à Auguste Villiers de l'Isle Adam *ajouté puis biffé AV // Vers 3 :* enseigne : *HA // Vers 4 :* tendre et *HA ;* passeport *1891 // Vers 5 :* Ici l'on boit, ici l'on fume, ici l'on dort. *HA // Vers 10 :* teigne, *HA // Vers 8 :* tort. *HA ; un point d'exclamation remplace le point AV // Vers 9 :* salle, *HA // Vers 10 :* Malek-Adel et les Rois Mages, *non souligné HA // Vers 11 :* choux. *– AV //Vers 13 :* pouls… *HA // Date :* 10 septembre 1866 *JM.*

Circonspection (p. 93)

- *Le Hanneton*, 25 juillet 1867 : *HA*
- *La Revue critique*, 10 février 1884 : *RC*
- Coupure de *La Revue critique* sans annotation, Doucet : *D*

Dédicace : absente dans HA, RC, D // Vers 1 : et seyons-nous *HA ;* asseyons-nous, *RC // Vers 3 :* inégaux, dans la *HA // Vers 9 :* contenue *RC // Vers 14 :* La Nature, – ce *HA*.

Vers pour être calomnié (p. 95)

- Ms. autographe, *Sagesse* : *S*
- *La Revue critique*, 23 mars 1884 : *RC*
- Coupure de *La Revue critique* avec annotation manuscrite, Doucet : *D*

Titre : III, XI *S ;* calomniés *RC (*s *biffé D) // Dédicace : absente dans S, RC, D // Vers 1 :* sommeil : *S // Vers 4 :* Ah, *S // Vers 8 :* dors, moi, *1891 ;* Moi, *S ;* moi l'effroi *RC ;* éveille ! *S // Vers 9 :* Ah misère *S // Vers 10 :* comme on respire *1891 // Vers 13 :* l'autre rire *S ;* farouche !... *S, RC // Vers 14 :* Vite éveille-toi ! Dis ! L'âme *S*.

Luxures (p. 97)

- Lettre à Lepelletier du 16 mai 1873, Doucet : voir texte complet en appendice, p. 251.
- Carnet de Verlaine (Underwood) : *VU*
- Ms. autographe, coll. Gimpel (Borel) : *JB*
- *Lutèce*, 8-15 mars 1884 : *LU*
- Coupure de *Lutèce* avec annotation manuscrite, Doucet : *D*

Titre : sans titre VU ; Chair *JB // Dédicace : absente dans VU, D // Vers 1 :* ici-bas *VU, LU // Vers 3 :* gueules *VU // Vers 4 :* Forts *JB ;* leurs *1891 ;* repas. *VU // Vers 6 :* amour *VU ;* qui blûtes *VU // Vers 8 :* sabbats *VU // Vers 9 :* tu m'apparais encor *JB // Vers 11 :* Un soir d'hiver *JB ;* clair *VU // Vers 12 :* Or la fileuse *JB ;* Chair et *VU // Vers 13 :* rêve éteindra *LU (coquille corrigée dans D) ;* rêveuse – *VU // Vers 14 :* Ou non, *JB ;* extase Amour *VU ;* Chair ! *JB*.

Vendanges (p. 99)

- Lettre à Lepelletier du [20 octobre ?] 1873, Doucet : *L*
- *Cellulairement*, Musée des lettres et manuscrits : *C*

- *Lutèce*, 8-15 mars 1884 : *LU*
- Coupure de *Lutèce* sans annotation, Doucet : *D*

Surtitre : Mon almanach pour 1874 *L ;* Almanach pour l'année passée III *C // Titre :* Automne *L // Dédicace : absente dans L, C, D // Vers 1 :* Choses *C ;* tête, *C // Vers 2 :* absente, *remplace* partie *biffé L // Vers 3 :* Écoutez, *L, C ;* chante. *L // Vers 5 :* Écoutez, *L, C ;* pleure, *LU // Vers 6 :* enfuie, *LU ; Vers 6-7 : inversés L // Vers 8 :* tout à l'heure… *C // Vers 9 :* Frère du vin *L, C // Vers 10 :* Frère du sang *L, C // Vers 11 :* Ô Vin, ô Sang, *C // Vers 12 :* pleurez, chassez *L, C // Vers 13 :* âme et *L ;* ténèbres, *C // Vers 14 :* vertèbres ! *L, C.*

Images d'un sou (p. 101)

- Lettre à Lepelletier des 24-28 novembre 1873 (14 premiers vers), Doucet : *L*
- *Cellulairement*, Musée des lettres et manuscrits : *C*
- *La Revue critique*, 24 février 1884 : *RC*
- Épreuve de *La Revue critique* avec annotations manuscrites, Doucet : *D*

Titre : Le bon alchimiste *L // Dédicace : absente dans L, C // Vers 1 :* douces, *C // Vers 2 :* magies : *L // Vers 4 :* Pamplemousses, *C // Vers 5 :* folle par amour *C ;* folle-par-amour *D // Vers 6 :* touchante, *C // Vers 8 :* fiancée, *L, C // Vers 10 :* Qui trouve un *L // Vers 11 :* attente, *C, RC // Vers 12 :* palpitante, *C // Vers 14 :* méconnue, *C // Vers 15 :* ingénue. *RC // Vers 16 :* s'afflige, *C // Vers 20 :* filles, *C // Vers 22 :* Que *C, RC // Vers 23 :* avares *C, RC // Vers 24 :* sonneurs *remplace* joueurs *biffé C ;* guitares, *C ;* guitares : *RC // Vers 25 :* Et Maleck-Adel soupire *C, RC // Vers 26 :* La tendresse *1891 // Vers 28 :* doux empire, *C // Vers 29 :* pâme, *C // Vers 36 :* murmurantes, *1891 // Vers 40 :* comte *C // Vers 46 :* L'une jaune et l'autre noire *C ; le vers manque RC (ajouté en marge D) // Vers 47 :* pas, à tous risques, *C // Vers 48 :* Là-bas parmi *C // Vers 51 : entre parenthèses C ;* armes, *RC // Vers 56 :* Laissant, *C // Vers 57 :* Puissants, talismans *C ;* Subtiles *(vers faux) 1891 // Vers 59 :* rougies… *C, RC // Vers 61 :* Venez d'aucunes [.] *RC, 1891 // Vers 62 :* Entrrrez, *C // Vers 66 :* Allons, vite ! qu'on se presse !! – *C // Date :* Mons, X^bre^ 1873. *C.*

Les Uns et les Autres (p. 105)

- Ms. autographe, Doucet : *D*
- *Choix de poésies* : *CP*
- *Les Uns et les Autres*, Vanier, 1891 : *1891b*

Titre : Les Uns et les Autres. Comédie en un acte en vers, par Paul Verlaine *D // Dédicace : absente dans D.*

Personnages : MYRTIL, SYLVANDRE, MEZZETIN, CORYDON, UN BERGAMASQUE, ROSALINDE, CHLORIS, AMINTE, PHILLIS, BERGERS, MASQUES *1891b.*

Scène I

Vers 1-12 : en italique, suivis de ce passage intercalé entre les vers 12 et 13 dans 1891b :

PHILLIS, *à Mezzetin.*

Bien chanté ! Grand merci ! Vous m'êtes un délice…

MEZZETIN

Vous m'êtes un nectar…

UN BERGAMASQUE, *au Mezzetin.*

Je suis votre complice !

MEZZETIN, *à Phillis.*

Je suis bien.

PHILLIS

Je suis mienne…

MEZZETIN

Et quel est mon souci
De ne pouvoir trop vous le dire !

PHILLIS, *pirouettant.*

Nous aussi !

Vers 7 : ramenée, *D // Vers 12 :* corsages……. *D // Vers 13 :* cigale, *D // Vers 14 (didascalie) :* (Tous sortent, à l'exception des mêmes) *D // Vers 18 :* paix-là ! *1891*

Scène III
Vers 19 : De quoi voulez-vous donc *1891, CP, 1891b // Vers 23 :* caprice, *D // Vers 27 :* plaire *D // Vers 30 :* atroce *surcharge* affreuse *D // Vers 31 :* cesse ; *1891b // Vers 45 :* Savez *surcharge un autre mot D // Vers 52 :* de sots *remplace* d'affreux *biffé D // Vers 59 :* moi, *D ;* amie *1891b // Vers 68 :* rend *remplace* fait *biffé D // Vers 71 : les trois premières lettres de* mutinée *surchargent un autre mot D // Vers 75 :* grande encor qu'ancienne *D.*

Scène IV
Vers 77 : point d'exclamation biffé après pas *D ; didascalie suivant le vers :* Chloris, mutine, courant *D ; // Vers 80 :* fi, *D // Vers 81 :* il rit, il rit. *D // Vers 84 :* Jeunes et *1891b // Vers 85 :* Quelconques qui *D // Vers 89 :* rire obscurément *1891b // Vers 93 :* plaît ! *D // Vers 96 :* alors, *CP // Vers 98 :* vous à *D // Vers 102 :* bien-aimé ! *D // Vers 104 :* Et tenez *D ;* je vais dire mon caractère, *1891 (vers faux), 1891b (id.) ;* je vais vous dire *CP // Vers 107 :* ici ma *1891b ;* belle, *1891, CP // Vers 108 :* Or, celle *remplace* Celle *biffé D // Vers 116 :* je souffre encore ! *1891b (vers faux) // Vers 117 (didascalie suivant le vers) :* naïf *remplace* sincère *biffé D // Vers 118 :* Ah, *(la virgule remplace un point d'exclamation biffé) D ;* trop ! *D // Vers 120 :* plutôt, *1891, CP,*

1891b // Vers 122 : deux, bien *1891b // Vers 128 :* – c'est un fait – *remplace d'autres mots entre parenthèses biffés D // Vers 135 :* décoiffée *D // Vers 136 :* vaux ainsi *D // Vers 139 :* Non ! cent *D // Vers 140 : la majuscule de* Nature *surcharge une minuscule D // Vers 141 :* venez-vous de dire, *remplace* disiez-vous naguère, *biffé D // Vers 143 :* folie *D // Vers 144 :* pour deux ! *D // Vers 145 :* – tienne ! – *D // Vers 148 :* lasse : *D // Vers 154 :* indulgents, *1891b.*

Scène V

Vers 159 (didascalie suivant le vers) : Chloris à Sylvandre *D // Vers 160 :* Et quoi, *1891, CP, 1891b // Vers 161 :* moi..... *D.*

Scène VI

Vers 162 (didascalie précédant le vers) : Rosalinde, survenant, à Chloris, aigrement *ce dernier mot biffé D ;* Alors, qu'il *1891b (vers faux), virgules biffées après* faut *et après* décidément *D // Vers 164 :* roue ; *D // Vers 166 :* – les vrais *D // Vers 167 :* Chère !..... *D ; didascalie :* Rosalinde, amèrement *ce dernier mot biffé D // Vers 168 (didascalie suivant le vers) :* léger, à Rosalinde *ces deux mots biffés D // Vers 170 : une virgule biffée après* celle-là *D // Vers 175 :* nos griefs *D // Vers 180 :* connu *souligné D // Vers 187 :* roide, *D // Vers 188 :* Mais bah ! *D ;* Mais bah, *1891b // Vers 190 :* surtout c'est *D // Vers 196 :* sentirai tôt *1891 (vers faux), CP (id.), 1891b (id.) // Vers 197 :* taisez-vous et *1891 ;* m'aimez ! *D // Vers 199 :* toujours ! *1891, CP ;* Myrtil. *D ;* Sylvandre. *D ; pas de didascalie suivant le vers D.*

Scène VII

Vers 203 : offensée *remplace* irritée *biffé D // Vers 204 :* Non !.. L'autre... *D ;* Ah ! j'avais *D // Vers 211 :* (sur *D // Vers 212 : parenthèse fermante biffée après* Encore ! *D // Vers 213 :* événements), *D // Vers 217 :* parler. *D // Vers 218 :* vous rien celer *D // Vers 219 :*

d'une infidèle *D // Vers 226 :* votre *D // Vers 227 :* Oh oui ! *CP // Vers 230 :* Oh oui ! *CP*.

Scène VIII

Vers 247 : allez Sylvandre. *1891, CP, 1891b // Vers 248 : point d'interrogation biffé après* tort… *D // Vers 253 :* posément d'une *1891, CP, 1891b ;* part *D // Vers 258 :* Recueillir, quand *D // Vers 262 :* oui, *1891b // Vers 264 :* donc arrière *D // Vers 266 :* rire encore *D // Vers 267 :* Encore un coup, je ne ris pas ; *remplace* Je ne ris pas encore un coup ; *ces trois derniers mots biffés D // Vers 272 :* émules, *CP // Vers 274-275 : ajoutés dans la marge D // Vers 276 :* paroles *D // Vers 277 :* hagard *D // Vers 281 :* or. *D // Vers 282 :* croyez-vous *1891, CP, 1891b // Vers 288 :* Éclatant que *D // Vers 289 :* Elle ! Elle ! *CP ; point d'interrogation biffé après* Quoi *D // Vers 293 :* jaloux… ! *D // Vers 295 :* idée *1891, 1891b // Vers 297 : la virgule après* aussi *remplace un point d'exclamation biffé D // Vers 299 :* chose, *D ; didascalie suivant le vers :* minaudant *D // Vers 304 :* il paraît *remplace* paraît-il *biffé D // Vers 309 :* À vous, *D // Vers 310 :* couramment, *1891, 1891b // Vers 312 :* ingénue *D // Vers 314 :* moqueur *D // Vers 315 :* Myrtil infidèle. *D // Vers 316 :* aimerait ! *D // Vers 319 :* voilà ! *D*.

Scène IX

Vers 320 : Allons ! *D ; didascalie précédant le vers :* Chloris à Myrtil *D // Vers 322 :* vrai, *D // Vers 323 :* crûtes *remplace* plûtes *biffé D // Vers 326 :* Vous allait mal, ainsi *D ;* étroit ; *D // Vers 328 :* mystère, *D // Vers 329 :* deviné, *CP // Vers 331 :* Elle ! *souligné D ;* sincère, *D // Vers 335 :* Eh quoi, *D, CP ;* moi-même ! *D // Vers 337 :* deux, voyez-vous, si *D // Vers 340 :* Hélas il *D ;* Hélas ! *CP ;* frivole *surcharge un autre mot D ; la dernière lettre de* encore *est biffée D // Vers 341 :* pécha ! *D // Vers 342 :* Espérez ! Car *D // Vers 345 : après* Ô douleur ! *Verlaine a écrit* Scène X *biffé D //*

Vers 347 : son ire *surcharge* sa rage *D // Vers 349 :* prendra *D // Vers 350 :* tard ! *1891b // Vers 352 :* suprême, *D // Vers 353 :* Punissez-moi d'après *ce dernier mot biffé D // Vers 355 :* crimes ! – *D // Vers 360 :* tard. *1891b // Vers 363 :* Qui s'il *D ;* frivoles *D // Vers 364 :* parmi *remplace* malgré *biffé D ;* folles *D // Vers 365 :* toujours !) *D ;* toujours. *1891b // Vers 366 :* nuage et *D // Vers 372 :* belle ! *D // Vers 373 :* Ô *surcharge* Ah ! *D // Vers 378 : pas de didascalie après ce vers D // Vers 382 :* attiédi *D // Vers 384 :* belles *surcharge* bonnes *D.*

Scène X

X remplace XI *biffé D // Vers 389 :* meilleure, *1891, 1891b // Vers 394 :* et *surcharge* ou *D ;* morose : *D // Date :* Paris. 7bre 1871. *D.*

Vers jeunes

Titre : Vers jeunes *remplace* Jeunes vers *D.*

Le soldat laboureur (p. 139)

- *La Revue des lettres et des arts*, 23 février 1868 : *RL*
- *La Nouvelle Némésis*, 10 octobre 1868 : *NN (les vers, imprimés en italique, commencent tous par une minuscule sauf en début de phrase).*
- Ms. allographe, Doucet : *D*

Titre : Un grognard *RL, NN ;* Le soldat laboureur *remplace* Un grognard *biffé D // Dédicace : absente dans RL, NN ; ajoutée D // Vers 1 :* Or, *RL, NN // Vers 2 :* saignait ; *NN ;* l'autre chassieux *D // Vers 3 :* brosse. *NN ;* brosse, *D // Vers 5 :* crins. *NN, D // Vers 6 :* torse, *RL, NN // Vers 8 :* cambré contrariait *D ;* voûtées. *NN ;* voûtées *D // Vers 10 :* sabre imaginaire *RL, NN // Vers 11 :* Semblait s'embarrassant *D // Vers 12 :* marche, *RL ;* marche, et, *NN ;* moustache, *NN // Vers 13 :* La main gauche *NN // Vers 14 :* – Il *RL // Vers 16 :* à vingt ans

RL, NN, D ; prit : *NN ;* entière *RL, NN // Vers 17 :* Égypte ; *RL ;* Iéna *RL // Vers 18 :* virent ; *RL, NN ;* Espagne, *RL, NN ;* éborgna ; *NN // Vers 19 : pas de tirets RL, NN, D ;* bourse ; *NN // Vers 20 :* course ; *NN // Vers 21 :* Vers Ulm eut *RL, NN ;* cou ; *NN // Vers 22 :* Moscou ; *NN // Vers 24 :* France et *RL ;* gagna, dans ces fêtes, *NN // Vers 25 :* blessures ; plus, *NN // Vers 26 :* revenant ; *RL, NN // Vers 28 :* Cambronne ; *NN, 1891 // Vers 29 :* Puis, *RL, NN, 1891 ;* tombeau, *1891 // Vers 30 :* Chapeau, *RL // Vers 32 :* et quand l'on *NN ;* dissous, hélas ! *RL, NN ;* hélas ! dissous *remplace* dissous, hélas ! *D ;* Grande Armée, *NN // Vers 34 :* forcé, pendant un an, *NN // Vers 35 :* vivre ; *NN // Vers 36 :* sans le forcer *RL ;* réduire *remplace* forcer *biffé D ;* platitudes *D // Vers 37 :* hauts lieux, *RL // Vers 38 :* d'argent, ce qui fut fait, *RL ;* d'argent, *NN // Vers 39 :* Logea, *RL, NN ;* an, *RL, NN // Vers 41 :* fieux *en italique RL, NN ; les traits sous* fieux *biffés D // Vers 43 :* encore ; *RL // Vers 44 :* Vivait, *RL ;* vivait ; *NN // Vers 47 :* – Toujours *RL ;* bouche, *RL, NN // Vers 49 :* eau-de-vie, *RL, NN ;* s'enivrait. *NN // Vers 50 :* cabaret ; *NN // Vers 51 :* faisait, *NN ;* faute, *NN // Vers 52 :* hôte, *RL, NN // Vers 54 : un blanc après ce vers NN // Vers 55 :* – Le soir *RL ;* soir, *NN ;* pinçait *RL, NN // Vers 56 : entre tirets RL ;* d'ailleurs commune *RL, NN ;* soudrilles ; *NN // Vers 57 :* voix forte *1891 // Vers 59 :* Au coin de quelque feu de sarment qu'on entoure, *RL, NN // Vers 61 :* Vosgeois *RL ;* Vosgeois, *NN // Vers 62 :* narquois, *RL, NN // Vers 63 :* farce *en italique RL, NN ; pas de blanc après ce vers RL // Vers 64 :* – Canonnade *RL ;* éparse *D // Vers 67 :* officier, *NN ;* derrière *RL // Vers 68 :* insulte ; *NN // Vers 69 :* Monceau, les alliés *RL, NN // Vers 70 :* maraude ; *NN // Vers 73 :* cœur, après l'ébat, *RL, NN // Vers 74 :* Quand revient le sang-froid ou *RL, NN ;* Quand passe l'adjudant *D ;* et *remplacé par* ou *puis réécrit dans la marge D ;* bat. *NN // Vers 75 :* Et puis *NN (vers faux) ; pas de blanc après ce vers NN // Vers 77 :* entretiens *NN, D // Vers 79 :* poings *D // Vers 80 :* femmes, *NN // Vers 81 :* frémissaient, un peu *RL // Vers 84 :* Et lui, *RL, NN // Vers 85 :* lourdauds, *RL, NN // Vers 86 :* marchait les mains au dos, *RL ;* dos, *NN // Vers 87 :* quelques faits politiques *(les* s *sont biffés) D // Vers 88 :* authentique : *RL ;* proclamait *remplace* disait *biffé D // Vers 89 :* distribution *1891 // Vers 90 :* Le Sacre ou *RL, NN // Vers 91 :* – Beau *RL ;* soldat, qu'un discours importune, *NN // Vers 93 :* « Dieu mars » *RL ;* « Dieu Mars, » *NN ;* loi, *RL, NN // Vers 94 :* Chambre, *RL, NN ;* et sans dire pourquoi *D // Vers 96 :* sabres. *NN ; pas de blanc après ce vers RL, NN // Vers 97 :* – Tel *RL ;* précité, *RL ;* Grognard précité, *NN // Vers 98 :* près, *NN // Vers 99 :* Le maire accompagna son corps *NN ;* le deuil *1891 // Vers 100 :* la bière *RL, NN, 1891 // Vers 101 :* pompiers, *RL, NN // Vers 103 :* fusils, *D // Vers 105 :* Et qu'ombre un saule en pleurs, *RL, NN // Vers 110 : en italique RL, NN ;* vaillant ! *RL.*

Les loups (p. 147)

- Ms. autographe, Charleville-Mézières : *CM*
- *La Revue des lettres et des arts*, 15 décembre 1867 : *RL*
- Ms. autographe (vers 1-76) et allographe (vers 77-124), Doucet : *D*

Épigraphe : « Vaste mancenillier de la terre en démence, / Le carnage vermeil ouvrait sa fleur immense » Victor Hugo *RL // Vers 2 :* noir, *CM // Vers 3 :* ripaille, *CM // Vers 7 :* plates, – *CM // Vers 8 :* Joyeux hérisser *RL // Vers 10 :* mâchant, *CM, RL // Vers 11 :* entendre *RL // Vers 12 :* Ce Te Deum vil *CM ;* hosannah *RL ;* méchant : *RL, 1891 // Vers 13-16 : strophe biffée en marge CM // Vers 13 :* « Sang qui se fige et chair qui pue, *CM ;* coule, *RL // Vers 14 :* bon, vraiment ! *CM ;* vraiment : *RL // Vers 15 :* La soif soûle et la faim repue *CM // Vers 17 :* – soit dit sans reproche, – *RL ;* reproche *D, 1891 // Vers 18 :* peine et que de pas *CM, RL // Vers 19 :* a coûtés *remplace* coûtèrent *biffé CM // Vers 21 : pas de guillemets ouvrants en début de strophe jusqu'au vers 89 D ;* que sans *RL, D ;* relâches *CM, RL, D // Vers 22 :* pieds fanfarons, *CM, RL // Vers 23 :* lâches *D // Vers 25 :* proie *surcharge* joie *(anticipation) CM //* Vers *31 :* Oh ! *CM, RL // Vers 32 :* femelle au *RL, D ;* au bois natal *surcharge* dans le bois [*début d'un mot illisible*] *CM // Vers 33 :* hommes *D // Vers 34 :* flottant *D // Vers 35 :* Et, *CM ;* sommes, *CM // Vers 39 :* Où *surcharge un autre mot D ;* rêves, *RL // Vers 42 :* battaient pareils *CM // Vers 44 :* pâles, *RL // Vers 45 :* hautaines *CM // Vers 48 :* bas. *CM, D // Vers 50 :* bleu *CM // Vers 53 :* terre *CM, RL // Vers 55 :* militaire *CM, D // Vers 58 :* coupés les ponts, *CM // Vers 61 :* Perdant à chaque instant haleine… *CM // Vers 66 :* plupart *CM ;* plupart : *D // Vers 69 :* bruit clair *CM // Vers 72 :* corbeaux *CM ;* corbeaux. – *RL // Vers 73 :* éclate ; une *RL ;* éclate, une *D // Vers 74 :* épouvantable, *RL // Vers 75 :* entière *surcharge un autre mot CM ;* troupe *remplace un autre mot biffé D ;* s'effare ! *RL // Vers 78 :* dissimulés, *RL // Vers 81 :* surgit *remplace* monte *biffé CM //* Vers *82 :* brûler : *CM ;* brûler ; *RL ;* frémi *CM // Vers 84 :* Monte, fière : *remplace* A retenti : *CM ;* Monte et s'épand : c'est *RL // Vers 86 :* le pas dur des conquérants *CM ;* conquérants, *RL ;* conquérants *D // Vers 87 :* Et les généraux en personne *CM, RL, D // Vers 91 :* Luisent entre *CM // Vers 93 :* Sur ce, – dans *CM ;* Sur ce dans *D // Vers 94 : La* bande folle *CM ;* s'avança *RL, D // Vers 95 :* piques *D // Vers 97 : pas de guillemets ouvrants D ;* Ah ! *CM, RL ;* affaire. *RL // Vers 98 :* confus ; chocs d'armes ; *CM // Vers 99 :* entière, *RL // Vers 100 :* l'ardeur rouge *remplace* la fourn[*aise*] *biffé CM ;* août ! *CM // Vers 101 : pas de guillemets ouvrants D ;* Le soir – Silence et calme : à peine *CM ;* – À peine *RL // Vers 104 :* définitif. *CM //*

Vers 105 : pas de guillemets ouvrants D ; peine au *CM ;* gris le *CM // Vers 106 :* Rappel d'un *CM ;* égaré *CM ;* égaré. – *RL, D // Vers 107 :* d'or *suit* n'étant *biffé D // Vers 109 ; pas de guillemets ouvrants D ;* Lune, *CM ;* Lune ! *RL, D // Vers 110 :* moitié *surcharge* demi *CM // Vers 111 :* hypocrite, *CM // Vers 112 :* Complice *remplace* Personne *biffé CM // Vers 114 :* cois *CM // Vers 115 :* faiblesse, *RL // Vers 116 :* bois *CM // Vers 118 :* Notre impérial *CM // Vers 121 :* Or *surcharge* Oh *CM // Vers 122 :* quelque sot *surcharge un autre mot CM // Vers 123 :* aubaines *D.*

La pucelle (p. 157)

- *Le Parnasse contemporain*, 4e série, [décembre] 1869 : *PC*
- Ms. allographe, Doucet : *D*

Dédicace : absente dans PC, D // Vers 2 : Jeanne, *PC ;* prêtres *D // Vers 3 :* fenêtres, *PC // Vers 5 :* Et, *PC // Vers 9-11 : entre guillemets PC, 1891 // Vers 9 :* bâtard *D ;* bon *surcharge* doux *D // Vers 11 :* Orléans ! *PC // Vers 12 :* Lorraine au *D // Vers 14 :* pleura, *PC.*

L'angelus du matin (p. 159)

- *Le Parnasse contemporain*, 4e série, [décembre] 1869 : *PC*
- Ms. allographe, Doucet : *D*

Dédicace : absente dans PC ; ajoutée à droite et sous le titre dans D // Vers 1 : Fauve, *PC ;* écarlate, *PC // Vers 6 :* Pâlit scintille *D // Vers 7 :* ouest, *PC ;* frissonne, *PC // Vers 9 :* fume ; *PC // Vers 10 :* rayon, *PC // Vers 11 :* surgissant, *PC // Vers 25 :* Cependant la *PC, D // Vers 26 :* socs, *PC, D // Vers 28 :* Despotique la *D ;* coqs, *PC // Vers 32 :* moyeux *D.*

La soupe du soir (p. 163)

- *Le Parnasse contemporain*, 4e série, [décembre] 1869 : *PC*
- Ms. allographe, Doucet : *D*

Dédicace : absente dans PC ; un nom biffé dans D ; Huysmans *1891 // Vers 1 :* chambre *remplace un autre mot biffé D // Vers 2 :* rentrer couvert *PC, D // Vers 3 :* huit jours *PC ;* mots, *PC // Vers 5 :* disloqué quatre *D // Vers 6 :* souillés par les punaises, *PC, D // Vers 8 :* navrant, *PC // Vers 10 :* âme, *PC // Vers 13 :* funeste *D // Vers 14 :* Et, *PC // Vers 16 :* mâle demain *PC, D // Vers 17 :* Tous se sont attachés *D // Vers 18 :* bœuf et *D // Vers 20 :* lampe, *D // Vers 21 :* pâles mais *D ;* robustes, *PC // Vers 28 :* verrait, *PC, D // Vers 29 :* armoire *1891 // Vers 30 :* de science et d'histoire, *PC, D // Vers 33 :* farouche *D // Vers 36 :* promis *remplace* soumis *biffé D // Vers 39 :* enfants leurs *D // Vers 40 :* assiette, *PC.*

Les vaincus (p. 167)

- *La Gazette rimée*, 20 mai 1867 (les dix premières strophes) : *GR*
- *Le Parnasse contemporain*, 4e série, [décembre] 1869 (les dix premières strophes) : *PC*
- Ms. autographe, Doucet : *D*

Titre : Les Poètes *GR // Dédicace : absente dans GR, PC ;* à Léon Valade *biffé D // Vers 1 :* vie *PC ;* l'idéal est mort ! *PC // Vers 2 :* passe *D // Vers 4 :* frères qui *GR ;* grâce ; *GR ;* grâce. *PC // Vers 5 :* nous, *PC ;* hélas *D // Vers 6 :* yeux baissés, *PC // Vers 8 :* sourde ; *GR ;* sourde. *PC // Vers 9 :* allons au *GR ;* chemin *GR, D // Vers 11 :* sans fils, ni toit, *PC // Vers 12 :* flammes. *GR, PC // Vers 13 :* Ah ! *GR ;* Ah ! puisque cette fois l'heure a sonné, *PC // Vers 14 :* certaine *D // Vers 15 :* vain *D // Vers 16 :* fait même *RG, PC, D // Vers 19 :* mourir, *D ;* obscurément sans *RG // Vers 20 : pas de séparation après ce vers PC // Vers 21 : –* … Une *PC ;* horizon, *RG, PC // Vers 22 :* s'élève, *RG ;* qui se lève *PC // Vers 23 :* La cime des forêts et les fleurs du gazon, *PC ;* gazon. *D // Vers 24 :* aube : *RG // Vers 25 :* fauve, *PC ;* l'orient *suit* l'O *biffé D // Vers 26 :* dore. *RG // Vers 27 :* diligent. *RG ;* diligent, *PC // Vers 29 :* Éclatant le *RG ;* matin, *RG, PC // Vers 31 :* sommeil et *PC // Vers 32 :* fauves de proie. *PC // Vers 33 : la minuscule de* prodige *surcharge une majuscule D ;* en *remplace* En *biffé D // Vers 34 :* Met, *PC ; la virgule après* cuirasses *est biffée D // Vers 35 :* mieux *D // Vers 37 :* – Allons, *RG ;* Allons, debout, allons, allons, debout, debout ! *PC // Vers 39 :* Au combat ! *PC // Vers 40 :* glaives. *PC // Vers 43 :* épaules *D // Vers 44 :* trésor, *D // Vers 47 :* mordre *D // Vers 56 :* Laissent *surcharge un autre mot D // Vers 57 :* peut-être *D // Vers 60 :* dernière vraiment *D // Vers 68 :* nous, vous *D // Vers 70 :* nous, vous mourrez suppliants *D // Vers 72 :* lendemains *D // Vers 75 :* maigre *D // Vers 79 :* rirons sans *D.*

À LA MANIÈRE DE PLUSIEURS

I. La princesse Bérénice (p. 177)

- Lettre à Léon Valade du 14 juillet 1871 : *V*
- [Lettre à Émile Blémont du 22 juillet 1871 : voir texte complet en appendice, p. 252.]
- *Le Chat noir*, 26 mai 1883 : *CN*

Surtitre : Vers à la manière de plusieurs *CN // Titre :* Bérénice *V // Dédicace : absente dans V, CN // Vers 2 :* lointaines *V, CN // Vers 3 :* fontaines *V, CN // Vers 6 :* bien *surcharge* mieux *V ;* leur *remplace* se *biffé V ;* hautaines *CN // Vers 12 :* âme *V // Vers 13 :* chère *V // Vers 14 :* La Reine, *V ;* pâme ! *V.*

II. Langueur (p. 179)

- *Le Chat noir*, 26 mai 1883 : *CN*
- *Choix de poésies* : *CP*

Surtitre : Vers à la manière de plusieurs *CN // Dédicace : absente dans CN.*

III. Pantoum négligé (p. 181)

- Ms. autographe, *Album zutique* : *AZ*
- *La Renaissance littéraire et artistique*, 10 août 1872 : *RL*
- *Le Chat noir*, 26 mai 1883 : *CN*

Surtitre : Vers à la manière de plusieurs *CN // Vers 1 :* brûle ; *AZ, RL // Vers 2 :* Curé *RL ;* os ; *AZ // Vers 3 :* blonde : *AZ, RL ;* Ursule. *AZ // Vers 4 :* Palaiseaux ! *RL // Vers 5 :* Ursule : *RL // Vers 6 :* eaux. *AZ, RL // Vers 8 :* do ; *RL // Vers 9 :* Palaiseaux ! *RL // Vers 10 :* pâtés ; *AZ, RL ;* un point et virgule *surcharge* ma chemise brûle *AZ ;* virgule. *RL // Vers 11 :* eaux. *RL ;* eaux ; *1891 // Vers 12 :* campanule ! *AZ, RL // Vers 13 :* pâtés ; *AZ, RL ;* virgule ; *AZ, RL ;* virgule. *CN // Vers 14 :* Dodo l'enfant *AZ ;* do ; *RL ;* chantez doux fuseaux ! *AZ, RL // Vers 15 :* La demoiselle erre emmi les roseaux… *AZ, RL ;* des roseaux. *1891 // Vers 16 :* curé *AZ, CN ;* brûle ! *RL // Signature :* Alph. Daudet *AZ ;* Alphonse Daudet *RL.*

IV. Paysage (p. 183)

- Lettre à Lepelletier du 22 août 1874, Doucet : *L*
- *Cellulairement*, Musée des lettres et manuscrits : *C*
- *Cellulairement*, Heilbrun : *CH*
- *Le Chat noir*, 14 juillet 1883 : *CN*

Surtitre : Vers à la manière de plusieurs *CN // Titre :* Vieux Coppées III *L, C // Vers 1 :* c'est sale et bête la campagne ! *L, C // Vers 2 :* emmenais *CH ;* compagne *L ;* compagne : *C // Vers 3 :* humeur, et querellions ; *C ;*

querellions *L // Vers 5 :* rôtie ; *C // Vers 6 :* C'était vingt mois après « *le siège* ». *L ;* C'était deux ans *CH ;* longtemps *remplace* vingt mois *biffé C ;* « Siège » ; *C ;* siège *CN // Vers 7 :* par terre encor. *L ;* par terre encor ; *C // Vers 8 :* décor *L // Vers 10 :* « SOUVENIR DES DÉSASTRES » *L.*

V. Conseil falot (p. 185)

- *Cellulairement*, Heilbrun, les 10 premiers vers (Le Dantec) : *CH*
- *Le Chat noir*, 14 juillet 1883 : *CN*
- Coupure du *Chat noir* avec annotation manuscrite, Doucet : *D*

Surtitre : Vers à la manière de plusieurs *CN // Titre :* À qui de droit *CH // Dédicace : absente dans CH, CN ; ajoutée sous le titre dans l'interligne D // Vers 3 :* crains langueur *1891 (vers faux) // Vers 6 :* Bois. L'ivresse est une *CH // Vers 31 :* méprisée *CN // Vers 34 :* coup du Destin *1891 // Vers 40 :* un destin *1891 // Vers 48 :* Sur l'aile *1891 // Vers 51 :* fleurs, *1891.*

VI. Le poète et la muse (p. 191)

- Donos, *Verlaine intime* : *CD*
- Ms. autographe, Doucet : *D*

[Titre] : À propos d'une chambre, rue Campagne-Première à Paris, en janvier 1872 *CD // Vers 1 :* Ô chambre, *CD ;* La chambre, *1891 ;* les spectres *CD ;* ridicules, *CD, 1891 // Vers 2 :* araignées ? *CD, 1891 // Vers 3 :* Ô chambre *CD ;* La chambre, *1891 // Vers 4 :* des crasses *CD ;* virgules ? *CD, 1891 // Vers 6 :* renfrognées, *CD // Vers 7 :* de tant de choses dédaignées *CD // Vers 8 :* Pourtant ils ont regret *CD ;* hercules ! *CD ;* Hercules. *D,* Hercules ? *1891 // Vers 9 :* ça ! *CD ;* ça : *1891 // Vers 10 :* gens *D // Vers 13 :* Seule tu *D ;* tu sais ! *CD ;* doute, *CD // Vers 13 :* nos nuits *CD // Date :* [prison de Mons, 1874] *CD.*

VII. L'aube à l'envers (p. 193)

- *Le Chat noir*, 18 août 1883 : *CN*
- Ms. autographe, Doucet : *D*
- Ms. autographe, Berès : *PB*
- *Choix de poésies* : *CP*

Surtitre : Vers à la manière de plusieurs VI *CN // Dédicace : absente dans CN ; ajoutée sous le titre dans l'interligne D // Vers 2 :* « femmes » *CN, PB ;* « femmes *(un mot biffé dans l'interligne) D // Vers 3 :* claire, *PB // Vers 4 :* vague effet *CN // Vers 5 :* aussi : *PB // Vers 6 :* Qu'ouvre la rime à cet Éden parfait, *(*ouvre la rime *surcharge* fait le fleuve *biffé) PB // Vers 7 :* buvait, *CN, PB // Vers 8 :* Le fleuve est trouble *PB // Vers 9 :* ouest *D, PB, CP // Vers 11 :* Trop longue un peu pour femmes et maris. *PB // Vers 12 :* En attendant qu'arrive *CN ;* En attendant qu'advienne *PB // Vers 14 :* N'arrivent plus, *PB.*

VIII. Un pouacre (p. 195)

- Lettre à Lepelletier du [20 octobre ?] 1873, Doucet : *L*
- *Cellulairement*, Musée des lettres et manuscrits : *C*
- Ms. autographe, vente Le Breton (Le Dantec) : *LB*
- *Le Chat noir*, 18 août 1883 : *CN*
- Ms. autographe, Doucet : *D*

Surtitre : Vers à la manière de plusieurs VII *CN // Titre :* Le pouacre *L // Dédicace : absente dans L, C, CN // Vers 2 :* décharne, *L, C, CN // Vers 2 :* – disons tout mon remord – *C // Vers 4 :* lucarne *L // Vers 5 :* cassé *L, C, CN // Vers 7 :* remords *remplace* passé *biffé et* passé *surcharge* remords *D ;* – disons tout mon passé – *C ;* passé, *CN // Vers 8 :* un refrain trop folâtre. *L ;* tra-la-la *C // Vers 9 :* vert, *L, C // Vers 11 :* ouvert, *1891 // Vers 12 :* Avec une agilité rare. *L // Vers 13 :* – « Vieux *L, C ;* cela : *C ;* cela *D // Vers 14 :* ces danses. – *L ;* ces danses ! – *C // Vers 16 :* – « C'est *C ;* moins drôle *L, C ;* farce *surcharge* mouche *et remplace* drôle *biffé LB ;*

penses *D // Vers 17 :* cher morveux, *L, C, LB // Vers 18 :* déplaire, *L, CN, 1891 // Vers 20 :* lanlaire *L ;* lanlaire ! – *C // Date :* Br[uxelles] 7bre 73 *L, C ;* 1873 *LB.*

IX. Madrigal (p. 197)

- *Le Chat noir*, 18 août 1883 : *CN*

Surtitre : Vers à la manière de plusieurs VIII *CN // Vers 8 :* va, *CN.*

NAGUÈRE

Prologue (p. 201)

- Ms. autographe, Doucet : *D*
- *La Revue critique*, 8 juin 1884 : *RC*
- Ms. autographe, The Pierpont Morgan Library : *P*
- *Choix de poésies* : *CP*

Surtitre : Deux prologues *RC // Titre :* Prologue pour Naguère *RC ;* Prologue à ~~Naguère~~ *ces deux mots ajoutés dans un deuxième temps, puis biffés P // Vers 4 : virgule biffée après* luit *P // Vers 6 :* instant *P // Vers 7 :* Si *surcharge un autre mot D // Vers 9 :* moroses *remplace* prendre *biffé (anticipation) P // Vers 11 :* choses, *RC // Vers 13 :* nature, *RC, P ;* nature *1891 // Date :* Janvier 1883 *D, RC ;* Janvier 83 *ajouté dans un deuxième temps P.*

Crimen amoris (p. 203)

- [Ms. autographe, vente Tajan : voir texte en appendice, p. 252-256.]
- [Ms. allographe (copie de Rimbaud) : voir texte en appendice, p. 255-256.]
- *Cellulairement*, Musée des lettres et manuscrits : *C*
- Ms. autographe, Doucet (ex. *Cellulairement*) : *D*
- *La Libre Revue*, 1er-15 mars 1884 : *LR*
- *Le Chat noir*, 28 novembre 1885 : *CN*
- *Choix de poésies* : *CP*

Titre : Crimen amoris, vision *ce dernier mot ajouté dans un deuxième temps C // Épigraphe :* Non tentabis Dominum Deum tuum *surcharge* Vous ne tenterez pas le Seigneur Votre Dieu *C // Dédicace : absente dans C, LR, CN ; ajoutée sous le titre dans l'interligne D // Vers 2 :* satans *LR, CN, 1891 ;* adolescents *C // Vers 4 :* sept péchés *CP // Vers 5 :* Péchés, *C ;* Péchés. Ô *LR, CN ;* oh ! *CP // Vers 6 :* désirs *CP ;* brutaux. *D // Vers 7 : la majuscule d'*Appétits *surcharge une minuscule C ;* harcèle, *LR, CN, 1891 //* Vers *8 :* dans des cristaux ; *C, LR, CN ;* dans des cristaux. *1891 ;* plateaux. *D // Vers 9 :* danses, *CP ;* épithalames, *CP // Vers 10 :* sanglots, *C, LR, CN // Vers 12 :* flots *D ;* flots ; *C, LR, CN // Vers 13 :* s'en allait *remplace un autre mot biffé C // Vers 15 : le début de* fleurit *surcharge un autre mot D // Vers 16 :* diamant… *C, LR, CN ;* diamant. *1891 // Vers 17 :* Or, *LR, CN // Vers 18 :* seize ans. Sous *CP ;* fleurs ; *C, LR, CN ;* fleurs, *CP // Vers 19 :* franges *C // Vers 20 :* pleurs ; *C // Vers 21 :* folle *remplace un autre mot biffé D // Vers 22 :* satans *C, RL, CN, 1891 // Vers 23 :* désole, *LR, CN, 1891 // Vers 24 :* appels, *CP ;* caresseurs ; *(le point-virgule remplace un point d'exclamation biffé) C ;* caresseurs. *LR ;* caresseurs : *1891 // Vers 25 :* câlineries ; *C ;* câlineries, *1891 // Vers 26 :* chagrin *remplace* souci *biffé C // Vers 27 :* À son cher front tout brûlant d'orfèvreries : *C (*cher *remplace* beau *biffé), 1891 ;* À son cher front tout brûlant d'orfèvreries… *LR, CN // Vers 29 :* « Ô *C, 1891 ;* Ô *CP ;* tranquille ! » *C, D, LR, 1891 ;* tranquille *CP // Vers 30 :* baisés tous *C, LR, CN, 1891 ;* tendrement, *C, LR, CN // Vers 31 :* agile *CP // Vers 32 :* vêtement. *LR, CN, 1891, CP // Vers 34 :* poing *D ;* poing ; *CP // Vers 35 : le début de* comme *surcharge un autre mot D ;* ceste ; *C ;* ceste : *1891 // Vers 36 :* D'en bas, *CP // Vers 37 :* – Qu'est-ce *C // Vers 38 :* aux claquements clairs *C, LR, CN // Vers 39 :* entendre : *CP // Vers 40 :* – « Ô *C ;* Oh ! *1891 ;* qui créera Dieu ! *C, LR, CN, 1891 // Vers 45-48 : manquent dans D, LR, CP*

// *Vers 45 :* Ô vous tous, ô vous tous, *C ;* Ô vous tous, *1891 ;* pécheurs *1891 // Vers 46 :* gais Saints ! Pourquoi *1891 // Vers 47 :* Que n'avez-vous *C ;* artistes *C // Vers 48 :* De vos travaux *C ;* vertu ! *1891 // Vers 51 :* théologales. *D ;* théologales ! *C, LR, CN ;* Théologales ! *1891 // Vers 53 :* Jésus qui crut bien faire *remplace* une lutte inégale *biffé D // Vers 55 :* enfer *1891 // Vers 56 :* amour *C, LR, CN // Vers 58 :* s'élevant *C // Vers 61 :* flots, *LR, CN ;* éclate, *C, CP // Vers 62 :* ardeur. *LR, CN ;* ardeur ; *1891 // Vers 63 :* ouate, *C // Vers 64 :* tous ardeur et tous splendeur ! *C // Vers 65 :* satans *C, LR, CN, 1891 ; le* s *de* mourants *est biffé D ;* flammes : *C // Vers 66 :* compris comme *C, LR, C, CP ;* comme s'ils étaient résignés ! *1891 // Vers 68 :* parmi l'ouragan des bruits ignés. *remplace* avec les longs tourbillons ignés. *biffé C // Vers 69 :* fière *C // Vers 70 :* Les yeux *surcharge deux autres mots C ;* léchant, *LR, CN, CP // Vers 72 :* Qui va mourir *surcharge trois autres mots C ;* chant ! *LR, CN // Vers 73 :* une espèce de prière *(*espèce *surcharge* sorte*) C ;* une espèce de prière, *LR, CN, 1891 // Vers 75 : vers entre tirets C ;* tonnerre, *LR, CN // Vers 76 :* chant ! *LR, CN // Vers 77 :* ON *C, D, LR, CN ;* sacrifice. *C ;* sacrifice : *1891 // Vers 78 :* QUELQU'UN *C, D, LR, CN ;* juste, assurément, *LR, CN // Vers 79 :* la malice *remplace* l'artifice *biffé C // Vers 80 :* l'artifice *remplace* la malice *biffé C ;* ment. – *C // Vers 83 :* Afin que, *LR, CN ;* prodige, *LR, CN // Vers 84 :* Ceci *surcharge* Cela *C // Vers 85 :* Et c'est la nuit. La *C ; une virgule biffée après* bleue *D ;* étoiles ; *1891 // Vers 86 :* s'étend, *C, LR, CN // Vers 87 :* et, *LR, CN, 1891 ;* voiles *C // Vers 88 :* d'aller s'agitant, *CP (coquille) ;* s'agitant ; *LR, CN // Vers 89 :* courent *C, LR, CN, 1891 ;* pierre *C ;* pierre ; *1891 // Vers 92 :* éclair. *1891 // Vers 94 :* défini, *C, LR, CN, 1891 // Vers 96 :* réuni ; *C, LR, CN // Vers 97 :* cela comme *1891 // Vers 98 :* Verbe *C, D, LR, CN ;* désir virginal *C ;* virginal, *LR, CN // Vers 100 :* gardera *surcharge* sauvera *C ;* mal ! *LR //*

Date : Brux[elles] juillet 1873 *C ;* Br. juillet 1873. *biffé D.*

La grâce (p. 211)

- *Cellulairement*, Musée des lettres et manuscrits : *C*
- Ms. autographe, Doucet (les 40 premiers vers) : *D*
- *La Libre Revue*, 1er-15 janvier 1884 : *LR*

Titre : La Grâce, légende *ce dernier mot ajouté dans un deuxième temps C // Épigraphe :* Procul recedant somnia / Et noctium phantasmata / Hostemque nostrum comprime, / Ne polluantur corpora. (Complies du dimanche.) *ajoutée dans l'interligne C // Dédicace : absente dans C, D, LR // Vers 2 :* terre *C // Vers 3 :* parle d'un *C // Vers 5 :* – « Dame Reine… – Encor toi, satan ! – Madame Reine… *C, 1891 (majuscule à* Satan*) ;* « Dame Reine... » – « Encor toi, Satan ! » – « Madame Reine. » *D // Vers 7 :* malin *C // Vers 9 :* époux : toujours *C ;* fête. *C ;* fête ! *LR // Vers 10 :* parler, *C ;* tête !) *C ;* tête) *D ;* tête.) *LR, 1891 // Vers 11 :* dû : *C, LR // Vers 13 :* amour, *LR ;* dame, *C // Vers 14 :* Qui, belle et jeune, *C, LR ; un blanc suit ce vers LR // Vers 17 :* maître, *C, LR, 1891 // Vers 18 :* tuèrent, *C ;* sommeil, *C ;* traître ! *C ; un blanc suit ce vers LR // Vers 19 :* accompli *LR // Vers 20 :* et, *LR // Vers 22 :* Diable, *LR // Vers 23 :* apportât, *C, LR ;* prison, *C, LR // Vers 24 :* par trahison *C // Vers 25 :* Par ainsi *remplace* Afin que *biffé C ;* remords devant *LR ;* reste *C, LR // Vers 26 :* met *remplace* mit *biffé C // Vers 27 :* accroît, *LR, 1891 // Vers 29 :* conquête, *C, LR // Vers 32 : un blanc suit ce vers LR // Vers 34 :* suprême *C // Vers 35 :* damné, *D // Vers 36 :* mortel), *LR // Vers 38 :* vivants, *C, LR // Vers 39 :* épouvanté ! *C ; un blanc suit ce vers LR // Vers 42 :* horrible, *LR // Vers 43 :* Diabolique, *LR // Vers 45 : un blanc suit ce vers LR // Vers 46 :* douleur ! *C ;* guide *C // Vers 47 : un blanc suit ce vers LR // Vers 49 :* Saints ! *C ;* saints ! *LR ; un blanc suit ce vers LR // Vers 50 :*

Henry ! *C ;* Henry, *LR // Vers 51 :* sa volonté, *RL ;* enfer, *1891 // Vers 54 :* Viens vers toi pour *C (*Viens *remplace* Hélas ! *biffé), LR ;* dire, *LR ;* morte, *LR // Vers 58 :* Ah ! *C, LR ;* enfer ? *C ;* Enfer ? *LR ;* enfer. *1891 // Vers 59 :* but. *C // Vers 60 :* enfer *C, 1891 ;* Enfer, *LR ;* elles, *C, LR // Vers 61 :* amour, de son essence, *C, LR // Vers 62 :* Hélas ! *LR, 1891 ;* Hélas ! moi, *C ;* cruelle *C, LR // Vers 63 :* seule *non souligné C ;* damnation, mais *C // Vers 64 :* deux ; *C, LR // Vers 66 :* souffrance, *LR // Vers 68 :* Viens ! *C ;* Viens, afin que l'Enfer, vaincu, *LR ;* enfer jaloux, *1891 // Vers 70 :* Amour *C, LR ;* Supplice *C, LR // Vers 71 : un blanc suit ce vers LR // Vers 78 :* adultère, *C, LR // Vers 80 :* Henry ! *LR // Vers 82 :* Va ! *C // Vers 83 :* délicieusement, *C, LR // Vers 85 :* caresses… *C ;* caresses !... *LR // Vers 86 :* Or, *C, LR ;* absoute, *LR // Vers 89 :* Qui m'abuse, et *C ; un blanc suit ce vers LR // Vers 93 :* solitaire, *C, LR // Vers 94 :* Pour l'enfer avec moi ! *C ;* Pour l'Enfer avec moi ! *LR // Vers 95 :* lents : *C, LR, 1891 // Vers 96 :* taisent, somnolents ; *C, LR // Vers 98 :* faiblesse ; *LR ;* faiblesse. *1891 // Vers 99 :* énervants ; *LR // Vers 100 :* sœurs, et des enfants ; *LR // Vers 101 :* allégresse ; *LR // Vers 102 :* cesse *remplace* laisse *biffé C // Vers 103 :* au-delà ! *C // Vers 104 :* offre ! *C // Vers 105 :* joie, *C, LR // Vers 106 :* diable *C // Vers 108 :* anges *LR ;* séjour, *C, LR // Vers 110 :* La *surcharge* Et *C // Vers 112 :* penche et *1891 // Vers 113 :* La Tête, qui – merveille ! – *C // Vers 117 :* clair pareil *C ;* aurore, *LR // Vers 119 :* cors, *C ;* forêt ; *LR // Vers 120 :* éclairs *remplace* regards *biffé C // Vers 121 :* flamme, *C // Vers 122 :* affreux qui *C, LR ;* bouche, *LR // Vers 123 :* transfigure, rouge, *C // Vers 125 :* baiser, s'apprêtent, *C, LR // Vers 126 :* – Et la Comtesse, *C ;* Et la comtesse, *LR ;* amoureuses, *LR // Vers 127 :* Tête *C ;* terrible, *LR ;* une *remplace* des deux *biffé C // Vers 129 :* péché *surcharge* baiser *C ;* péché spectral *LR // Vers 132 :* Soudain, *LR ;* rêvant, *C // Vers 134 :* Tête *C // Vers 135 :* et, *1891 ;* longtemps. *C, LR ;*

un blanc suit ce vers C, LR // Vers 136 : mon Dieu ! pitié ! mes *C // Vers 137 :* bénévolence : *C ;* bénévolence. *LR // Vers 138 :* ô lance *C // Vers 140 :* exil, *LR // Vers 141 :* mauvais *surcharge un autre mot C ;* guette. *C // Vers 142 :* jette *C // Vers 145 :* douce lueur *C ;* vibre, *LR // Vers 146 :* libre, *LR // Vers 147 : deux lignes de points suivent ce vers LR // Vers 148 :* Tête *C // Vers 149 :* sautèle, *C // Vers 150 :* Telles, *LR ;* Assomptions, *LR ;* anges *C // Date :* – Brux[elles]. – Août 1873. – *C.*

L'impénitence finale (p. 221)

- [Ms. allographe (copie de Rimbaud) : voir texte en appendice, p. 255-256.]
- *Cellulairement*, Musée des lettres et manuscrits : *C*
- *Lutèce*, 7-14 septembre 1884 : *LU*

Titre : L'Impénitence finale, chronique parisienne *ces deux mots ajoutés dans un deuxième temps C // Épigraphe :* Elle / Dort : / Quelle / Mort ! (J. de Rességuier) *ajouté dans l'interligne C // Dédicace : absente dans C, LU // Vers 1 :* belle : *C ;* belle. *LU // Vers 4 :* soleil : mais, *C ;* mais, *LU // Vers 6 :* personne *C, LU // Vers 7 :* croit *LU // Vers 9 :* – et *C ;* il *surcharge* elle *C // Vers 10 :* brûlés des feux *C ;* zèles, *LU // Vers 12 :* ce pauvre *C // Vers 14 :* au Jockey *remplace* à Paris *biffé C // Vers 16 :* Le pauvre diable était *C // Vers 18 :* Gontran… *C ;* – c'est vieux comme la rue – *LU // Vers 19 :* soir *surcharge* jour *C // Vers 23 :* – La petite *C // Vers 24 :* roman du pauvre, *C // Vers 27 :* oui ! *C ;* Oui, *1891 // Vers 35 :* passe. *LU // Vers 36 :* Un autre, *C, LU // Vers 38 :* Quenouille *LU // Vers 41 :* encore, *C // Vers 43 :* mains, *C // Vers 45 : un blanc suit ce vers C // Vers 46 :* Sévère il *LU ; un blanc suit ce vers C // Vers 48 :* ondes, voilant *LU ;* lieu *C // Vers 50 :* Osine, *C // Vers 55 :* de pas *C // Vers 56 :* Respectueux de *C ;* pas *C // Vers 57 :* autour bruyait en *C ;* c'étaient, *LU ;* en décadences soyeuses, *1891 (vers faux) ;* soyeuses *C*

// Vers 58 : un blanc suit ce vers C, LU // Vers 60 : peureuse cependant. *LU // Vers 61 :* parla : *C, 1891 ;* fille, *LU, 1891 // Vers 63 :* heure ou *LU ;* vous ! » *C // Vers 64 :* Oui, certes il est doux *C ;* Oui certes il est doux *LU ;* doux *1891 // Vers 65 :* amant ! *C // Vers 66 :* Tel un jeune *C // Vers 67 :* mal, *LU // Vers 71 :* baisers, *C // Vers 72 :* été, *1891 ; un blanc suit ce vers LU // Vers 75 :* révéla ! *C // Vers 76 : un blanc suit ce vers C, LU // Vers 77 :* délibérée, *C, LU // Vers 79 :* avoué ! *C, LU // Vers 81 :* – débonnaire ou non – *C ;* – débonnaire *LU // Vers 83 :* hostile, *C // Vers 84 :* Ah ! *C, LU // Vers 85 :* aussi, cette fois, *C, LU ;* comme on rit, *LU ;* aime ! *C, LU // Vers 87 :* Ah ! *C ;* remords. *C // Vers 88 :* Lui, *C // Vers 89 :* Lui, on n'est qu'à Lui *C // Vers 93 : pas de blanc après ce vers LU // Vers 95 :* après *C // Vers 96 :* – Oh *LU ;* regrets ! – *C // Vers 99 : suivi d'une ligne de points C // Vers 100 :* matin elle *C // Vers 101 :* plaisance *surcharge un autre mot C // Vers 102 :* présence *C, LU // Vers 103 :* léger et s'inclinaient *C ;* léger et *LU ;* s'inclinaient *1891 // Vers 104 :* feuillages verts tendrement lui *LU // Vers 106 :* volant *surcharge* volait *C ;* passage *C // Vers 107 :* Pépiaient à loisir *C // Vers 109 :* Lui, *C ;* errait distraite *C, LU // Vers 114 :* regard fixe. *C // Vers 116 : sur une seule ligne C ;* Soudain, *C // Vers 117 :* Se fit : on *C // Vers 118 :* Lui, *C // Vers 119 : sur une seule ligne C ;* – Elle *C ;* déchirer ! *C // Vers 122 : sur une seule ligne C ;* – « Sœur *C // Vers 123 : sur une seule ligne C // Vers 124 : sur une seule ligne C ;* – « Elle *LU // Vers 125 :* calme, mais *C // Vers 126 :* Ah ! *C // Vers 128 :* toujours et *C // Vers 129 : sur une seule ligne C // Vers 130 :* poings, et fou *C // Vers 133 :* cher *remplace* pauvre *biffé C // Vers 134 : à la ligne après* pardonna. *C ;* La sœur reprit pâle : *LU, 1891 // Vers 135 :* Jésus *C // Vers 136 :* nue, *LU // Vers 138 :* fauche *C // Vers 139 :* Écartait *C ; un blanc après ce vers C // Vers 140 :* prêtre saluant *C ;* yeux *C // Vers 141 :* Entre. Elle dort. *sur une ligne C ;*

violettes ; *LU // Vers 142 :* tremblent, *LU // Vers 144 :* enfants ! *C // Vers 145 :* prêtre, *LU // Vers 146 :* peu. La *C ;* s'éveille. *C // Vers 147 :* parler… *C ;* s'endort, *C // Vers 148 : sur une seule ligne C // Vers 149 :* mains et *C // Date :* Brux[elles]. Août 1873. *C.*

Don Juan pipé (p. 231)

- [Ms. allographe (copie de Rimbaud) : voir texte en appendice, p. 261.]
- *Cellulairement*, Musée des lettres et manuscrits : *C*
- Ms. autographe, Doucet (à partir du vers 61) : *D*
- *Lutèce*, 30 novembre – 7 décembre 1884 : *LU*

Titre : Don Juan pipé, mystère *ce dernier mot ajouté dans un deuxième temps C // Épigraphe :* Thou wear a lion's hide : doft it for shame / And hang a calf's skin on those recreant limbs ! Shakspeare, King John *C // Dédicace : absente dans C, LU // Vers 2 :* immonde. *C ;* immonde *1891 // Vers 3 :* Nu-pieds, sans la barbe faite et pouilleux ! *C // Vers 8 :* cher, *C // Vers 10 :* parler en termes canoniques. *C // Vers 13 :* neige. *C // Vers 14 :* châtiment, *C ;* allège *remplace deux autres mots successivement biffés C // Vers 20 : un blanc après ce vers C // Vers 21 :* Il pense : Dieu *C // Vers 23 :* geôlier *surcharge* bourreau *C // Vers 24 :* las *surcharge* là *C ;* tôt et *C // Vers 25 :* jadis, *C // Vers 26 :* bourreau *remplace* geôlier *biffé C ;* moleste, *C // Vers 27 :* enfer *C // Vers 28 :* tombant comme *1891 // Vers 29 :* primitive… *C // Vers 30 :* arrive ! *C // Vers 31 :* Or lui, don Juan n'est pas vieux et *C // Vers 34 :* amassée. *C // Vers 35 :* damné, *C ;* bien *C // Vers 37 :* baptême *C // Vers 38 :* Mais il brûlait d'un désir plus suprême *C // Vers 39 :* Et s'étant *C // Vers 40 : un blanc après ce vers C // Vers 41 :* À ce dessein pour *C // Vers 43 :* Jésus. *C // Vers 44 :* marcha dessus *C // Vers 45 :* bataille… *C // Vers 46 :* taille *1891 // Vers 47 :* – C'est *C // Vers 48 :* Dieu, *C ;* remords, *C ;* remords *1891 // Vers 50 :* Sans qu'un moment *C ;* audace, *C // Vers 51 :* Son Fils et Ses *C // Vers 54 :* même *C // Vers 56 :* Prêchant en chaire *remplace* Faux hérétique *biffé C // Vers 60 :* et grossi s'enfuyait. *C // Vers 61 :* patience *D // Vers 63 :* pourtant *C // Vers 65 :* Femmes aimez *C ;* vôtres, *C // Vers 66 :* autres. *D // Vers 75 :* mieux ! *C // Vers 76 :* prends ! *C ;* vieux ! » *C // Vers 77 : virgule biffée après* prévarique *D // Vers 81 :* Chair *C // Vers 82 :* enfants *remplace* enfant *C // Vers 83 :* ici-bas : *C // Vers 86 :* Maître, *C // Vers 87 :* croix *C // Vers 92 :* voila *C // Vers 93 :* îles, *C // Vers 98 :* son foudre *C, D // Vers 99 :* Juan lui *C // Vers 100 :* mortel – mais *C // Vers 103 :* haillons *C // Vers 104 :* rayons *C // Vers 107 :* Juan reconnaissez *C // Vers 108 :* redressés *suit un* d *biffé D // Vers 109 :* mort. *C ;* fête, *1891 // Vers 112 :* damnés ! » *C, D // Vers 113 :* – Il dit. *C // Vers 114 :* L'appel altier et *C // Vers 116 :* écoutés. *C, D // Vers 117 :* victoire *C // Vers 118 :* racontant *remplace* répétant *biffé D // Vers 123 :* aussi, *C // Vers 124 :* Et dans son sein *C // Vers 126 :* glace ! ô *C // Vers 128 :* Tout bruit se tait *C // Vers 130 :* ridicules ! » *C ; pas de blanc après ce vers 1891 // Vers 131 :* ricanait. *C // Vers 134 :* faut-il afin *1891 ;* souvienne *C // Vers 136 :* Ainsi *surcharge un autre mot C // Vers 138 :* prend, *C // Date :* Brux[elles]. Août 1873. *C.*

Amoureuse du diable (p. 241)

- Lettre à Lepelletier du 8 septembre 1874, Doucet : *L*
- *Cellulairement*, Musée des lettres et manuscrits : *C*
- *La Nouvelle Rive gauche*, 23-30 mars 1883 : *RG*
- Coupure corrigée de *La Nouvelle Rive gauche,* Doucet : *D*

Titre : Amoureuse du diable, chronique parisienne *ces deux mots ajoutés dans un deuxième temps C // Épigraphe :* Je suis celui qu'on aime et qu'on ne connaît pas. A. de Vigny, Éloa *ajouté dans l'interligne C // Dédicace :* pour Lepelletier *ajouté dans un deuxième temps*

L ; absente dans C, RG ; ajoutée dans un deuxième temps D // Vers 2 : un blanc après dit *L ;* Chère il *C // Vers 3 :* Riche et seul tout *L, C ;* après-demain *C // Vers 5 :* enfer *L, C // Vers 7 :* moi, *C // Vers 8 :* Mr Felice *L // Vers 10 :* grandeur *RG // Vers 12 :* Belle, riche, *L // Vers 16 :* cela ! *L // Vers 17 :* chose, *L ;* chose. *C // Vers 19 :* ses blonds cheveux *L ;* ses cheveux blonds *C // Vers 20 :* Assise et *L ; pas de blanc après ce vers L, C // Vers 21 :* – Ce *L, C ;* aventure : *L ;* aventure *1891 // Vers 27 :* Aussi, *C, RG ;* Monde *L ;* monde, *C ;* défi, *L // Vers 28 :* bronché *remplace* frémi *biffé C ;* ire atroce *L, C // Vers 29 : un blanc suit ce vers L, C // Vers 30 :* Elle ! que lui faisait ! *C ;* pensée : *L // Vers 31 :* Lui ! Rien que lui ! *L ;* longtemps *surcharge* deux mois *L // Vers 34 :* place) *L, C // Vers 35 :* mignon, *L, C, RG // Vers 39 :* Ça, *L // Vers 40 :* – Ô *L // Vers 43 :* parlerons comme *L // Vers 44 :* faudra. *L ;* faudra. – *C // Vers 45 :* manière *L // Vers 47 :* respectée. Et *L, C // Vers 51 :* (une *L, C // Vers 52 :* coutume) *L, C // Vers 54 :* demander par *L, C // Vers 56 :* sort. – *L ;* – Un *L // Vers 58 :* nature *L // Vers 59 :* yeux *L, C // Vers 63 :* s'avançait *C // Vers 65 :* Du velours, des parfums, trop de linge et *L, C ;* bagues : *C // Vers 66 :* – D'antécédents, *L ;* D'antécédents il *RG ;* vagues, *C // Vers 67 :* dire pas *L, RG ;* quelque soir *L ;* soir, *1891 // Vers 68 :* Un hiver, *L ;* En hiver, *C // Vers 69 :* D'où sortait *L ;* monsieur fort *C ;* bien, du reste, *RG ;* reste, *L // Vers 70 :* genre, *L // Vers 76 :* cette esclave *L ;* fille *remplace* chose *biffé C ;* aujourd'hui, *RG // Vers 77 :* Ah ! ça ! *L ;* Ah, ça ! *C // Vers 78 :* dames *remplace* femmes *biffé L ;* commerce *C // Vers 79 :* aussi ! *C ; un blanc suit ce vers RG // Vers 83 :* peu *C // Vers 84 :* martyrisait en *L, C ;* jeu *L, C // Vers 85 :* principes impossibles ! *L // Vers 87 :* Doux *L ;* mais tenez *1891 // Vers 89 :* pincée *L, C // Vers 90 :* pensée, *C // Vers 91 :* quelquefois ! *L, C // Vers 93 :* licher *L, C ;* chattes *C // Vers 94 :* pattes, *L, C // Vers 96 :* plaisamment. *C // Vers 97 :* un moment, *C // Vers*

98 : Dites *surcharge un autre mot L ;* dieu *L ;* bondieu *C // Vers 99 :* vers quoi *L, C // Vers 101 :* simple ? *C // Vers 103 :* un mari *C // Vers 104 :* chéri ?... *L, C // Vers 105 :* Ah ! *surcharge* Donc, *L ;* Ah ! si je bois, *C ;* boire ! *L, C // Vers 106 :* soûl ! *C // Vers 107 :* vie et *L // Vers 108 :* sait, *L, C // Vers 109 :* plein*[s]* de candeur, *L // Vers 111 :* ici... *L ;* ici ! *C // Vers 112 :* espèce de Paradis réussi, *L ;* « Autre Vie » *C // Vers 113 :* rapplique *L // Vers 114 :* encore ! *C // Vers 116 :* hideux parce *L, C // Vers 117 :* extase ! *C ;* extase. *RG // Vers 118 :* Ô *surcharge* oh *C ;* Voyons ! L'amour *C ;* Amour *L // Vers 119 :* mot. Avouez. Un *L ;* mot. Avouez... un *C // Vers 120 :* ce qu'il peut, *C // Vers 121 :* joie, *C // Vers 123 :* tempérament ! *C // Vers 124 :* perd, – et *L // Vers 125 :* Vrai ! *L // Vers 127 :* du cœur, *L ;* esprit, de *C // Vers 128 :* qu'on peut nommer intelligent, *C // Vers 129 :* Aillent....... !!!! » – *L ;* Aillent ! » *C // Vers 130 :* blague *C //* Vers *131 :* Elle, *L, C, RG // Vers 133 : une ligne de points après* Hélas ! *L ;* le lendemain se passent. *1891 (vers faux) // Vers 134 : un blanc après* dit : *L // Vers 137 :* dis ! » *C ;* dis. » – *RG // Vers 138 :* peu mais *C // Vers 141 :* puce ? » *L, C ;* Elle sait que c'est vrai, mais frémit *L, C // Vers 142 :* Puis dit : « Va ! je sais tout ! » – *L ;* « Va, je sais TOUT ! » *C ;* grotesque, *C // Vers 143 :* Vous jouez là, sans trop d'atouts, avec le feu » – *L ;* FEU ! » *C // Vers 144 :* je suis spécial *L ;* JE suis spécial à ce jeu ! » *C // Vers 146 :* différent. *L, C ;* destinée ! *L // Vers 147 :* Moi je pars. » *L, C ;* aujourd'hui *L, C // Vers 148 :* – Il *L ;* disparu *C // Vers 150 :* Elle prend *L ;* tire *remplace* prends *biffé C ; vers sur une seule ligne L, C // Vers 152 :* dire en *L // Vers 153 :* « À toi ! *L ;* recense... *C ; une ligne de points suit ce vers L // Vers 154 :* Elle ne savait pas que l'enfer, c'est l'Absence. *L ;* – Elle ne savait pas que l'Enfer, c'est l'absence ! *C // Date :* Mons, Août 1874. *C.*

Dossier

Qu'il ne l'est, ce pastiche infâme d'une lyre
Dûment appréciée entre tous gens de goût,
Par des coquilles trop navrantes — Et c'est tout.

Mons — 1874, Janvier, [redacted] Février, Mars et passim

L'Art poëtique

"Mark it, Cesario, it is old and plain:
"The spinsters and the knitters in the sun
"And the free maids that weave their thread with bones
"Do use to chaunt it; it is silly sooth
"And dallies with the innocence of love
"Like the old age." — Shakspeare —
(twelfth-night)

Jadis et naguère

De la musique avant toute chose!
Et pour cela* préfère l'Impair
Plus vague et plus soluble dans l'air,
Sans rien en lui qui pèse et qui pose.

Il faut aussi que tu n'ailles point
Choisir tes mots sans quelque méprise:
Rien de plus cher que la chanson grise
Où l'Indécis au Précis se joint.

C'est

RÉCEPTION DE L'ŒUVRE

1. Karl Mohr, « Boileau – Verlaine », *La Nouvelle Rive gauche*, 1er-8 décembre 1882[1].

Paris moderne a publié récemment une curieuse poésie de M. Paul Verlaine, intitulée « Art poétique ». Le titre est effrayant, – mais il n'y a que trente-six vers.

Cette pièce a ceci de très intéressant, qu'elle indique avec assez de précision où en sont les novateurs à outrance, ce qu'ils pensent faire de l'art et quelle est leur audace :

Si l'on n'y veille, elle ira jusqu'où ?

La doctrine poétique de M. Verlaine se résume en ces deux mots : Musique et Nuance :

Pas la Couleur, rien que la Nuance !

Puis voici les préceptes secondaires : choisir de préférence l'Impair ; joindre l'Indécis au Précis ; fuir la Pointe, l'Esprit, le Rire et l'Éloquence ; assagir la Rime.

Et tout le reste est littérature.

Trouvez-vous que cela manque de clarté ? c'est que *rien n'est plus cher* à M. Verlaine que

1. Karl Mohr est le pseudonyme de Charles Morice (voir p. 82, n. 2).

La chanson grise,

et qu'il ne va point

Choisir ses mots sans quelque méprise.

C'est le précepte et l'exemple tout à la fois.

Mais en prose qu'est-ce que cela veut dire ?

Que signifie cette haine de l'Éloquence et du Rire ? qu'est-ce que ce musicien qui attaque la rime ? comme si la rime n'était pas dans les vers la grande harmonie ! On a souvent essayé de s'en passer, toujours il a fallu lui revenir ; mais on ne s'était pas encore avisé de rimer contre la rime :

Ô qui dira les torts de la Rime ?
Quel enfant sourd ou quel nègre fou
Nous a forgé ce bijou d'un sou
Qui sonne faux et creux sous la lime ?

Le fond du système, c'est l'obscurité voulue : *Des beaux yeux derrière des voiles.*

Il déplaît à M. Verlaine d'être intelligible au commun peuple.

Cela n'est pas très neuf. Sans remonter à Lycophron, il y a eu sous François Ier un poète d'infiniment de talent, nommé Maurice Scève, qui écrivit, dans un style absolument dédaigneux de toute clarté, un poème composé de 458 dizains[1]. Le livre est mort avec l'auteur.

Balzac, dans une de ses nouvelles, raconte l'histoire d'un peintre qui, perdu dans d'abstruses méditations sur la philosophie de son art, fit un tableau dont lui seul

1. Maurice Scève, poète lyonnais (première moitié du XVIe s.), auteur de *Délie* (1544), *canzoniere* constitué de 449 dizains hermétiques. Lycophron de Chalcis, poète grec (IIIe s. av. J.-C.), auteur de l'*Alexandra*.

distinguait le sujet : le vulgaire, et même les gens du métier n'y voyaient qu'une masse confuse de couleurs empâtées. Dans un coin de la toile, un pied se détachait, un pied de femme parfait, un chef-d'œuvre[1].

C'est à peu près le cas de M. Verlaine. Cet art qu'il rêve, *soluble dans l'air, gris, indécis et précis*, il ne l'a que trop réalisé, et lui seul peut comprendre ce qu'il a voulu faire. J'espère donc qu'il n'aura pas de disciples et que cette poésie n'est pas celle de l'avenir. Une seule chose lui reste, malgré lui peut-être : c'est l'harmonie. Écoutez plutôt :

C'est des beaux yeux derrière des voiles,
C'est le grand jour tremblant de midi :
C'est, par un ciel d'automne attiédi,
Le bleu fouillis des claires étoiles !

Mais il ne faut pas lui demander davantage, et nous devons nous féliciter de ne pas l'entendre, puisqu'il ne veut être entendu.

2. Paul Verlaine, « À Karl Mohr », *La Nouvelle Rive gauche*, 15-22 décembre 1882.

Monsieur Karl Mohr,

Je lis à l'instant l'article que vous me consacrez sous le titre Boileau-Verlaine dans votre avant-dernier numéro.

Je vous remercie de la dernière partie de l'avant-dernier paragraphe, et de la citation qui l'appuie, – cela, bien cordialement.

Mais permettez-moi, tout en vous félicitant de si bien défendre les vrais droits de la vraie Poésie française, clarté, bonne rime et souci de l'Harmonie, de défendre

1. *Le Chef-d'œuvre inconnu*, 1832.

à mon tour, en fort peu de mots, l'apparent paradoxe sous lequel j'ai prétendu réagir un peu contre l'abus quelquefois dérisoire de la Rime trop riche.

D'abord, vous observerez que le poème en question est *bien* rimé. Je m'honore trop d'avoir été le plus humble de ces Parnassiens tant discutés aujourd'hui pour jamais renier la nécessité de la Rime dans le Vers français, où elle supplée de son mieux au défaut du Nombre grec, latin, allemand et même anglais.

Mais puisque vous m'affublez de la perruque, très décorative du reste, de cet excellent versificateur, Boileau, « *je dis que je veux* » n'être pas opprimé par les à-peu-près et les calembours, exquis dans les *Odes funambulesques*, mais dont mon cher maître Théodore de Banville[1] se prive volontiers dans ses merveilleuses œuvres purement lyriques.

Tous les exemples sont là d'ailleurs, partant des plus hauts cieux poétiques. Je ne veux me prévaloir que de Baudelaire qui préféra toujours la Rime rare à la Rime riche.

Puis, pourquoi pas la Nuance et la Musique ?

Pourquoi le Rire en poésie puisqu'on peut rire en prose et dans la vie ?

Pourquoi l'Éloquence dont la place serait à la Chambre ?

Pourquoi la Pointe, puisqu'elle est dans tous les journaux du matin ?

J'aime ces trois manifestations de l'âme, de l'esprit et du cœur, parbleu ! Je les admets, même en vers. Nul plus sincère admirateur que moi de Musset dans *Mardoche*, d'Hugo dans les *Châtiments* et d'Heine dans *Atta-Troll*[2]. Mais, laissez-moi rêver si ça me plaît, pleurer quand j'en ai envie, chanter lorsque l'idée m'en prend.

Nous sommes d'accord au fond, car je résume ainsi

---

1. Voir p. 105, n. 1. **2.** Alfred de Musset, « Mardoche », dans les *Contes d'Espagne et d'Italie* (1829) ; Victor Hugo, *Les Châtiments* (1853) ; Heinrich Heine, *Atta-Troll* (1843, traduction française 1856).

le débat : rimes irréprochables, français correct, et surtout de bons vers, n'importe à quelle sauce.

Excusez-moi auprès de vos lecteurs, si vous deviez insérer cette rectification tout intime, de l'improviste d'icelle, – et veuillez agréer, Monsieur Karl Mohr, avec mes meilleures sympathies, le salut d'un vétéran (un peu taquiné) à votre vaillante escouade.

Bien à vous

Paul Verlaine.

3. L.-G. Mostrailles, « *Jadis et naguère* », *Lutèce*, 14-21 décembre 1884[1].

Parmi le flot montant des romans à la Montépin[2], ou pires dans le genre Ohnet[3] – lequel Ohnet se dispose à recevoir la croix de la Légion d'honneur, en même temps que M. Halévy[4], ce qui n'est pas pour rehausser l'éclat de cette « institution » si dépréciée par l'aveugle « galvaudage » qu'en font les divers ministres de la République assez illogiques, dans le cas présent comme dans tous les cas en général, pour récompenser (de quoi ?) des ennemis déclarés et acharnés de leur gouvernement – parmi l'épicerie éditoriale, il se trouve encore des libraires assez hardis pour remonter le courant de platitude et de bêtise qui entraîne le public ; assez

1. L.-G. Mostrailles est le pseudonyme collectif de Léo Trézenik et de Georges Rall, rédacteur en chef et secrétaire de rédaction de *La Nouvelle Rive gauche*, puis de *Lutèce* (voir p. 96, n. 2, et p. 98, n. 2).
2. Xavier de Montépin (1823-1902), journaliste, feuilletoniste et romancier populaire (*La Porteuse de pain*, 1884-1885).
3. Georges Ohnet (1848-1918), auteur de romans bourgeois et sentimentaux (*Serge Panine*, 1881 ; *Le Maître de forges*, 1883 ; *La Comtesse Sarah*, 1883).
4. Ludovic Halévy (1834-1908), dramaturge et vaudevilliste, auteur de livrets d'opérettes en collaboration avec Henri Meilhac (*La Belle Hélène*, 1864, et *La Vie parisienne*, 1866, pour Offenbach ; *Carmen*, 1875, pour Bizet), romancier (*L'Abbé Constantin*, 1882).

soucieux de l'Art pour mettre au jour d'admirables volumes de vers. Au premier rang de ces braves, de ces méritants, il faut placer Léon Vanier qui vient, dans une typographie luxueuse, d'un goût parfait, de publier *Jadis et naguère*, poésies de Paul Verlaine.

Il y a une grande variété dans ce volume, dont la première partie, *Jadis*, se subdivise d'ailleurs en : Sonnets et autres vers, Vers jeunes, À la manière de plusieurs, et où l'on trouve même une comédie : *Les Uns et les Autres*, comme l'Odéon n'en jouera sans doute jamais, malheureusement pour nous.

Un grand nombre des pièces de ce recueil ont été publiées dans *Lutèce*[1], comme : « À la louange de Laure et de Pétrarque », « Kaléidoscope », « À Horatio », « Luxures », « Vendanges », « L'impénitence finale », « Amoureuse du diable », « Don Juan pipé », et bien d'autres. Les citations seraient donc superflues, puisque tous nos lecteurs ont pu apprécier depuis longtemps le merveilleux et exquis poète qu'est Paul Verlaine. Notons cependant ces quatre strophes qui précèdent et définissent bien, avec leur couleur un peu voilée et d'une nuance si délicate, la dernière partie du volume : *Naguère*.

Ce sont choses crépusculaires,
Des visions de fin de nuit.
Ô Vérité, tu les éclaires
Seulement d'une aube qui luit

Si pâle dans l'ombre abhorrée
Qu'on doute encore par instants
Si c'est la lune qui les crée
Sous l'horreur des rameaux flottants,

---

1. Verlaine publia dans *La Nouvelle Rive gauche* et dans *Lutèce* 38 poèmes, 14 textes en prose et les notices sur Corbière, Rimbaud, Mallarmé et Marceline Desbordes-Valmore (première partie) destinées aux *Poètes maudits*. Pour le détail des poèmes de *Jadis et naguère* parus dans ces deux journaux, voir liste p. 43-44.

Ou si ces fantômes moroses
Vont tout à l'heure prendre corps
Et se mêler au chœur des choses
Dans les harmonieux décors

Du soleil et de la nature ;
Doux à l'homme et proclamant Dieu
Pour l'extase de l'hymne pure
Jusqu'à la douceur du ciel bleu.

Nous avons fait connaître souvent notre opinion sur Verlaine et ses fines poésies[1]. De plus longs commentaires seraient déplacés ici où nous avons – et des premiers, nous le disons avec quelque orgueil – accueilli, défendu et prôné comme il le méritait le poète[2], alors bien délaissé, des *Fêtes galantes*, des *Romances sans paroles*, de *La Bonne Chanson*, des *Poèmes saturniens* et de *Sagesse*, qui est demeuré notre fidèle collaborateur.

4. Stéphane Mallarmé, lettre à Verlaine du 19 décembre 1884[3].

Mon cher Verlaine,

Lu, relu et su : le livre [*Jadis et naguère*] est refermé dans mon esprit, inoubliable. Presque toujours un chef-d'œuvre, et troublant comme une œuvre aussi de démon. Qui se serait imaginé il y a quelques années qu'il y avait

1. Voir Jean Mario [Léo Trézenik], « Paul Verlaine », *La Nouvelle Rive gauche*, 9-16 février 1883, reproduit dans *Verlaine*, Presses de l'Université de Paris-Sorbonne, coll. « Mémoire de la critique », 1997, p. 71-74. 2. *Lutèce* défendit Verlaine contre Léon Bloy (11-18 mai 1884) et contre Catulle Mendès (2-9 novembre 1884), releva son importance dans *À rebours* (18-25 mai 1884) et dans « La poésie contemporaine » de Paul Bourget (12-19 octobre 1885). 3. Mallarmé, *Correspondance*, éd. H. Mondor et L. J. Austin, Gallimard, t. 2, 1965, p. 276-277.

cela encore dans le vers français ! Je vois : au lieu de faire dans sa plénitude vibrer la corde de toute la force du doigt, vous la caressez avec l'ongle (fourchu même pour la griffer doublement) avec une allègre furie ; et semblant à peine toucher, vous l'effleurez à mort !

Mais c'est l'air ingénu dont vous vous parez, pour accomplir ce délicieux sacrilège ; et, devant le mariage savant de vos dissonances, dire : ce n'est que cela après tout !

Votre justesse d'ouïe, la mentale et l'autre, me confond. Vous pouvez vous vanter d'avoir fait connaître à nos rythmes une destinée extraordinaire ; et, l'étonnant homme sensitif que vous êtes mis à part, il ne sera jamais possible de parler du Vers sans en venir à Verlaine. Au fond, en effet, rien ne ressemble moins à un caprice que votre art agile et certain de guitariste : cela existe ; et s'impose comme la trouvaille poétique récente.

Adieu mon cher ami : je suis heureux de vous savoir à l'air et jouis que quelqu'un respire, surtout quand c'est vous. Au moment où après de longues peines je me croyais un peu libre, une aggravation d'esclavage m'incombe au collège et c'est pour excuser mon retard à vous répondre que je vous dis que j'y vais le matin avant le jour et en reviens à la nuit. Tout d'un coup, comme cela.

Pourtant je ne lâche pas plus le travail qu'un chien son os et ne finirai pas sans avoir hurlé quelque tristesse à la lune et donné de côté et d'autre un coup de dents, ou deux, dont le vide si ce n'est pas quelqu'un que j'attrape (mais c'est tout un) se souviendra. Merci, vous, de ce *volume* dont nous avons bien causé à la maison entre bonshommes qui vous aiment.

5. Philippe Gille, *Le Figaro*, 31 décembre 1884[1].

Chez Léon Vanier, *Jadis et naguères* [*sic*], l'œuvre d'un véritable poète, M. Paul Verlaine, l'auteur des *Poèmes saturniens* et des *Poètes maudits*.

6. Jules Laforgue, lettre à Charles Henry du 1er janvier 1885[2].

J'ai reçu aussi par mon libraire le livre de Verlaine [*Jadis et naguère*]. Je trouve absolument nulles toutes les pièces longues, sans musique ni art, de *Naguère*. Mais j'adore « Kaléidoscope », « Vers pour être calomnié », « Pantoum négligé » et « Madrigal ». – Mais que de camelote à part ça – du Coppée – de vieux vers oubliés des *Poèmes saturniens* (descriptifs).

7. [Anonyme], « Chronique du mois », *La Revue indépendante*, janvier 1885.

Notons encore [...] l'exposition des Artistes indépendants, au Pavillon de la ville de Paris, où parmi bien des enfantillages et des niaiseries, sont pendus trois dessins de M. Odilon Redon, rêves spectraux et poesques qui donnent le vertige ; – et, dominant tous ces incidents du mois et, selon quelques-uns dont nous sommes, les

1. Philippe Gille (1831-1901), journaliste chargé de la rubrique bibliographique du *Figaro* depuis 1869, auteur de très nombreux livrets d'opérettes sur les musiques de Bizet, d'Offenbach, de Delibes, de Massenet... 2. *Œuvres complètes*, Lausanne, L'Âge d'homme, t. 2, 1995, p. 725. Laforgue avait en revanche apprécié le Verlaine de *Sagesse* : « Quel vrai poète – C'est bien celui dont je me rapproche le plus. Négligence absolue de la forme, plaintes d'enfant » (Agenda à la date du 24 juin 1883, *Œuvres complètes*, éd. citée, t. 1, 1986, p. 886).

événements de l'année, la publication de *Jadis et naguère*, de M. Paul Verlaine[1].

8. G.[abriel] S.[arrazin], [compte rendu de *Jadis et naguère*], *La Revue contemporaine*, janvier 1885[2].

M. Paul Verlaine est à coup sûr un curieux artiste. Cependant, quelque artistique que soit l'adorable et musicale suavité de celles des poésies de son présent volume intitulées « Circonspection », « Vendanges », « Vers pour être calomnié », « Art poétique », « Conseil falot », et malgré l'impeccable plastique – avivée de clairon, de flûte, et de cor – d'« Allégorie » et de l'« Angelus du matin », peut-être l'œuvre entière de M. Verlaine relèverait-elle plus de la psychologie que de l'esthétique. Nous aurons l'occasion de développer à loisir cette dernière assertion, et pour le moment, nous nous contenterons de recommander à ceux qui se croient obligés d'aimer qu'on dépasse les limites permises de l'énervement et de la déliquescence de la pensée certaines pièces à cet égard très réussies, dans *Jadis et naguère*, et de vrais modèles du genre : « Sonnet boiteux », « À Albert Mérat », « Langueur », « Madrigal », etc.

Évidemment, notre Idéal Poétique diffère en général assez de celui de M. P. Verlaine : mais après tout, sa conception peut avoir ses mérites et il est bon de tâcher d'être impartial.

---

1. Malgré cette belle déclaration, *La Revue indépendante* n'a pas rendu compte de *Jadis et naguère*. 2. Gabriel Sarrazin (1853-193 ?), critique littéraire, collaborateur de *La Revue indépendante, La Jeune France, La Nouvelle Revue*, spécialiste de littérature anglaise (*Poètes modernes de l'Angleterre*, 1885 et 1890 ; *La Renaissance de la poésie anglaise*, 1889).

9. [Anonyme,] « Bulletin bibliographique », *La Jeune France*, janvier 1885.

Librairie Léon Vanier. – Paul Verlaine, – en qui plusieurs, parmi les poètes de la génération montante, saluent leur maître, – vient de publier *Jadis et naguère*, un livre en vers dédié à la haine de tout bourgeois, à l'amour de tout artiste. Combien nous regrettons de ne pouvoir donner ici sur cette œuvre autre chose que des notes ! – Comme le titre l'indique, l'auteur n'y prétend à aucune unité, sans fil qui couse les pages, et telle est la façon d'être de ce livre en morceaux, qu'on dirait plusieurs livres. Il ne paraît même pas à son heure, datant logiquement d'avant *Sagesse*, dont il est par *Naguère* une sorte de prologue, de même qu'il conclut par *Jadis* les *Romances sans paroles*, les *Fêtes galantes* et les *Poèmes saturniens*. Aussi, tout auprès de merveilleux sonnets où la luxure s'exalte en de flambantes fêtes, où rien de spirituel ne demeure, vous lirez des poèmes doucement attiédis et doucement éclairés par l'aube pressentie de la Grâce, comme tout auprès de vers de haine, – les haines éphémères des poètes ! – politique, ces vers d'une languide, d'une fluide tendresse, la « Princesse Bérénice » :

Sa tête fine dans sa main toute petite,
Elle écoute le chant des cascades lointaines,
Et dans la plainte langoureuse des fontaines,
Perçoit comme un écho béni du nom de Tite.

Elle a fermé ses yeux divins de clématite
Pour bien leur peindre, au cœur des batailles hautaines,
Son doux héros, le mieux aimant des capitaines,
Et, Juive, elle se sent au pouvoir d'Aphrodite.

Alors un grand souci la prend d'être amoureuse,
Car dans Rome une loi bannit, barbare, affreuse,
Du trône impérial toute femme étrangère.

Et sous le noir chagrin dont sanglote son âme,
Entre les bras de sa servante la plus chère,
La reine, hélas ! défaille et tendrement se pâme.

« Crimen amoris », « Un pouacre », « Langueur », « Luxures », « Art poétique », « Kaléidoscope », et cette délicieuse comédie : *Les Uns et les Autres*... N'est-ce pas d'ailleurs à toutes les pages qu'il faudrait signaler ces prodiges – dont Verlaine est coutumier – *de la sensation rendue avec une délicatesse unique en sa subtilité* ?

10. Lettre de Théodore de Banville à Verlaine du 9 juillet 1885[1].

Mon cher poète,

J'ai été infiniment touché de votre attention, et je vous remercie cordialement de m'avoir envoyé un exemplaire nouveau[2] de *Jadis et naguère*. Le jour même où je l'ai reçu, je l'ai lu dans mon lit que je ne puis guère quitter ; et si je ne vous ai pas écrit tout de suite, c'est que je suis très malade et qu'il m'est difficile d'écrire, même une lettre. Eh bien, mon impression est bien ce que je croyais me rappeler. *Les Uns et les Autres* est une comédie excellente, très bien construite, où l'originale délicatesse de votre style, très précis dans la fantaisie s'affirme avec une distinction rare ; charmants et tristes comme la vie, vos acteurs shakespeariens jouent avec la meilleure grâce dans un délicieux décor Watteau. Le retour à la fin de la compagnie groupée et du chant de Mezzetin est une trouvaille, et cela encore c'est la vie où, quand il s'est passé beaucoup de choses, il ne s'est rien passé du tout. Parmi les autres poèmes beaucoup

1. Ch. Donos, *Verlaine intime*, p. 118-119. 2. Verlaine avait envoyé une première fois son livre à Banville en décembre 1884.

m'étaient familiers, je les ai retrouvés avec grand plaisir. Parfois peut-être vous côtoyez de si près le rivage de la poésie que vous risquez de tomber dans la musique ! Il est possible que vous ayez raison.

Croyez, je vous prie, à mes meilleurs sentiments.

11. Jules Lemaitre, extrait de « M. Paul Verlaine et les poètes "symbolistes" et "décadents" », *Revue bleue*, 7 janvier 1888[1].

Aimez donc la raison : que toujours vos écrits
Empruntent d'elle seule et leur lustre et leur prix[2].

Si quelqu'un s'est peu soucié de ce vieux précepte, c'est M. Paul Verlaine. On pourrait presque dire qu'il est le seul poète qui n'ait jamais exprimé que des sentiments et des sensations et qui les ait traduits uniquement pour lui ; ce qui le dispense d'en montrer le lien, car lui le connaît. Ce poète ne s'est jamais demandé s'il serait compris, et jamais il n'a rien voulu prouver. Et c'est pourquoi, *Sagesse* à part, il est à peu près impossible de résumer ses recueils, d'en donner la pensée abrégée. On ne peut les caractériser que par l'état d'âme dont ils sont le plus souvent la traduction : demi-ivresse, hallucination qui déforme les objets et les fait ressembler à un rêve incohérent ; malaise de l'âme qui, dans l'effroi de ce mystère, a des plaintes d'enfant ; puis langueur, douceur mystique, apaisement dans la conception catholique de l'univers acceptée en toute naïveté…

Vous trouverez dans *Jadis et naguère* de vagues

---

1. Jules Lemaitre (1853-1914) fut un des premiers critiques « officiels » à parler de Verlaine, mais son article de la *Revue bleue* lui attira des reproches de la part des écrivains symbolistes (Gustave Kahn, George Bonnamour, Ernest Raynaud). 2. Boileau, « L'art poétique », I.

contes sur le diable. Le poète appelle cela des « choses crépusculaires ». C'est dans Ecbatane. Des Satans sont en fête. Mais un d'eux est triste ; il propose aux autres de supprimer l'enfer, de se sacrifier à l'amour universel, et alors les démons mettent le feu à la ville, et il n'en reste rien ; mais

On n'avait pas / agréé le sacrifice.
Quelqu'un de fort / et de juste assurément
Sans peine avait / su démêler la malice
Et l'artifice / en un orgueil qui se ment (?)[1]

Une comtesse a tué son mari. De complicité avec son amant. Elle est en prison, repentie, et elle tient la tête de l'époux dans ses mains. Cette tête lui parle : « J'étais en état de péché mortel quand tu m'as tué. Mais je t'aime toujours. Damne-toi pour que nous ne soyons plus séparés. » La comtesse croit que c'est le diable qui la tente. Elle crie : « Mon Dieu ! Mon Dieu, pitié ! » Et elle meurt, et son âme monte au ciel. – Une femme est amoureuse d'un homme qui est le diable. Il l'a ruinée et la maltraite. Elle l'aime toujours. Elle lui dit : « Je sais qui tu es. Je veux être damnée pour être toujours avec toi. » Mais il la raille et s'en va. Alors elle se tue. Ici, une idée fort belle :

Elle ne savait pas que l'enfer, c'est l'absence[2].

Les autres contes sont à l'avenant. On croit comprendre ; puis le sens échappe. C'est qu'il n'y a rien à comprendre – sinon que le diable est toujours méchant quoi qu'il fasse, et qu'il ne faut pas l'écouter, et qu'il ne faut pas l'aimer, encore que cela soit bien tentant. Si les récits sont vagues, que dirons-nous des simples notations

---

1. « Crimen amoris », p. 207, v. 77-80. 2. « Amoureuse du diable », p. 249, v. 154.

d'impressions ? Car c'est à cela que se réduit de plus en plus la poésie de M. Paul Verlaine. Lisez *Kaléidoscope* :

> *Dans une rue, au cœur d'une ville de rêve,*
> Ce sera comme quand on a déjà vécu ;
> *Un instant à la fois très vague et très aigu.*
> *Ô ce soleil parmi la brume qui se lève !*
>
> *Ô ce cri sur la mer, cette voix dans les bois*
> Ce sera comme quand on ignore les causes :
> *Un lent réveil après bien des métempsycoses ;*
> Les choses seront plus les mêmes qu'autrefois
>
> *Dans cette rue, au cœur de la ville magique*
> *Où des orgues moudront des gigues dans les soirs,*
> *Où des cafés auront des chats sur les dressoirs,*
> *Et que traverseront des bandes de musique.*
>
> *Ce sera si joli qu'on en croira mourir*[1]...

Vraiment, ce sont là des séries de mots comme on en forme en rêve... Vous avez dû remarquer ? Quelquefois, en dormant, on compose et l'on récite des vers que l'on comprend, et que l'on trouve admirables. Quand, d'aventure, on se les rappelle encore au réveil, plus rien..., l'idée s'est évanouie. C'est que, dans le sommeil, on attachait à ces mots des significations particulières qu'on ne retrouve plus ; on les unissait par des rapports qu'on ne ressaisit pas davantage. Et, si l'on s'y applique trop longtemps, on en peut souffrir jusqu'à l'angoisse la plus douloureuse...

Mais, en y réfléchissant, je crois que si l'on relit *Kaléidoscope*, on verra que l'obscurité est dans les choses plus que dans les mots ou dans leur assemblage. Le poète veut rendre ici un phénomène mental très bizarre et très pénible, celui qui consiste à reconnaître ce qu'on

1. « Kaléidoscope », p. 63. Le texte donné par Jules Lemaitre diffère quelque peu de l'original.

n'a jamais vu. Cela vous est-il arrivé quelquefois ? On croit se souvenir ; on veut poursuivre et préciser une réminiscence très confuse, mais dont on est sûr pourtant que c'est bien une réminiscence ; et elle fuit et se dissout à mesure, et cela devient atroce. C'est à ces moments-là, qu'on se sent devenir fou. Comment expliquer cela ? Oh ! Que nous nous connaissons mal ! C'est que notre vie intellectuelle est en grande partie inconsciente. Continuellement les objets font sur notre cerveau des impressions dont nous ne nous apercevons pas et qui s'y emmagasinent sans que nous en soyons avertis. À certains moments, sous un choc extérieur, ces impressions ignorées de nous se réveillent à demi : nous en prenons subitement conscience, avec plus ou moins de netteté, mais toujours sans être informés d'où elles nous sont venues, sans pouvoir les éclaircir ni les ramener à leur cause. Et c'est de cette ignorance et de cette impuissance que nous nous inquiétons. Ce demi-jour soudainement ouvert sur tout ce que nous portons en nous d'inconnu nous fait peur. Nous souffrons de sentir que ce qui se passe en nous à cette heure ne dépend pas de nous, et que nous ne pouvons point, comme à l'ordinaire, nous faire illusion là-dessus.

Il y a quelque chose de profondément involontaire et déraisonnable dans la poésie de M. Paul Verlaine. Il n'exprime presque jamais des moments de conscience pleine ni de raison entière. C'est à cause de cela souvent que sa chanson n'est claire (si elle l'est) que pour lui-même.

De même, ses rythmes, parfois, ne sont saisissables que pour lui seul. Je ne parle pas des rimes féminines entrelacées, des allitérations, des assonances dans l'intérieur du vers dont nul n'a usé plus fréquemment ni plus heureusement que lui. Mais il emploie volontiers des vers de neuf, de onze et de treize syllabes. Ces vers impairs, formés de deux groupes de syllabes qui soutiennent entre eux des rapports de nombre nécessairement un peu compliqués (3 et 6 ou 4 et 5 ; 4 et 7 ou 5 et 6 ; 5 et 8), ont leur cadence propre, qui peut plaire à l'oreille tout en l'inquiétant. Boiteux, ils plaisent justement parce qu'on les sent boiteux et parce qu'ils rappellent, en la rompant, la cadence égale de l'alexandrin. Mais, pour que ce plaisir dure et même pour qu'il soit perceptible, il faut que ces vers boitent toujours de la même façon. Or, au moment où nous allions nous habituer à un certain mode de claudication, M. Verlaine en change tout à coup, sans prévenir. Et alors nous n'y sommes plus. Sans doute, il peut dire : De même que le souvenir de l'alexandrin vous faisait sentir la cadence rompue de mes vers, ainsi le souvenir de celle-ci me fait sentir la nouvelle cadence irrégulière que j'y ai substituée. Soit ; – mais notre oreille ne saurait s'accommoder si rapidement à des rythmes si particuliers et qui changent à chaque instant. Ce caprice dans l'irrégularité même équivaut pour nous à l'absence de rythme. Voici des vers de treize syllabes :

Londres fume et cri / e. Oh ! quelle ville de la Bible !
Le gaz flambe et na / ge et les enseignes sont vermeilles.
Et les maisons / dans leur ratatinement terrible
Épouvan / tent comme un sénat /de petites vieilles[1].

Les deux premiers vers sont coupés après la cinquième syllabe, le vers suivant est coupé après la quatrième ; le dernier, après la troisième ou la huitième. – Et voici des vers de onze syllabes :

Dans un palais /soie et or, dans Ecbatane,
De beaux démons, / des satans adolescents,
Au son d'une musi / que mahométane
Font liti / ère aux sept péchés / de leurs cinq sens[2].

---

1. « Sonnet boiteux », p. 73, v. 5-8. 2. « Crimen amoris », p. 203, v. 1-4. Le critique a mal coupé le dernier vers (douze syllabes) : il faut lire litiè / re.

Les deux premiers vers semblent coupés après la quatrième syllabe ; soit. Mais le suivant est coupé (fort légèrement) après la sixième, et l'autre après la troisième ou la septième. […]

Ainsi, dans la plus grande partie de l'œuvre poétique de M. Verlaine, les rapports de nombre entre les hémistiches varient trop souvent pour nos faibles oreilles. Maintenant, si le poète chante pour être entendu de lui seul, c'est bon, n'en parlons plus. Laissons-le à ses plaisirs solitaires et allons-nous-en.

12. Jules Tellier, extrait de *Nos poètes*, Dupret, coll. « Les écrivains d'aujourd'hui », 1888[1].

Le caractère essentiel de la seconde manière de M. Verlaine, c'est la sensualité aiguë, la perversité : mais une perversité nullement voulue, concertée ni acquise, toute sincère, et si l'on pouvait dire, naïve… Aux perversités du fond, répondent mille étrangetés dans la forme. Elles ne sont point mises là dans le dessein d'étonner, ni au hasard non plus. Le poète obéit à un instinct merveilleux. Une sorte de divination particulière lui fait trouver à tout instant quelque forme insolite qui rendra mieux que toute autre ce qu'il a senti. Ces étrangetés, je n'en essaierai point une étude méthodique. J'en note quelques-unes, un peu au hasard. – Comme le poète est agité toujours, il préfère aux vers de nombre pair, plus solides et plus calmes, ceux de nombre impair, dont l'allure a je ne sais quoi de dévié et de troublé. Il aime surtout le vers de onze syllabes et celui de treize, qui ne sont point rythmiques en eux-mêmes, qui n'existent,

1. Jules Tellier (1863-1889), poète (*Les Brumes,* 1883). Il rencontra Verlaine en 1886 et se lia d'amitié avec lui. Verlaine fut très affecté par sa disparition (voir « À Jules Tellier » et « Au même », *Dédicaces*, 1890).

si je puis dire, que par allusion à l'alexandrin. Le vers de onze syllabes est un alexandrin incomplet, inquiet, tressautant. Il est admirablement propre à exprimer les inquiétudes sensuelles :

C'est la fête aux sept péchés. Ô qu'elle est belle !
Tous les désirs rayonnaient en feux brutaux.
Les appétits, pages prompts que l'on harcèle,
Promenaient des vins roses dans des cristaux...

Et la bonté qui s'en allait de ces choses
Était puissante et charmante tellement
Que la campagne autour se fleurit de roses
Et que la nuit paraissait en diamant[1].

Le vers de treize syllabes est un alexandrin allongé, abandonné, et, si l'on osait dire, vautré. Il exprimera merveilleusement l'espèce d'abandon où l'on se plaît après les excès des sens :

Ah ! vraiment, c'est triste ! ah ! vraiment, ça finit trop mal !
Il n'est pas permis d'être à ce point infortuné :
Ah ! vraiment c'est trop la mort du naïf animal
Qui voit tout son sang couler sous son regard fané[2].

– Comme le poète a des instants d'infinie langueur, il lui arrivera de faire rimer les mots avec eux-mêmes ; et cette négligence calculée aura je ne sais quel charme de nonchalance et d'épuisement. – Comme il passe rapidement et par sauts d'un sentiment à un autre, il fera volontiers alterner dans ses pièces un quatrain de rimes toutes masculines avec un quatrain de rimes toutes féminines. – Comme sa pensée est extrêmement mobile, il supprimera toute liaison entre ses phrases ; et, comme toujours quelque secousse subite le traverse, il les

1. « Crimen amoris », p. 203, v. 5-8 et 13-16. 2. « Sonnet boiteux », p. 73, v. 1-4.

coupera d'exclamations imprévues. – Enfin, il introduira dans la versification française un procédé nouveau pour elle, ou à peu près : l'assonance. Il aura des assonances mystérieuses, qui achèveront la pensée comme en un rêve :

Voici que la nuit vraie arrive :
Cependant, jamais fatigué
D'être inattentif et naïf,
François-les-bas-bleus s'en égaie[1]...

Il en aura d'exaspérées, où palpitera toute la folie du désir :

Dans un palais, soie et or, dans Ecbatane,
De beaux démons, des satans adolescents,
Aux sons d'une musique mahométane
Font litière aux sept péchés de leurs cinq sens[2].

J'oserai dire qu'il est, avec Ronsard et Hugo, le plus grand inventeur que nous ayons eu dans le rythme et la langue. Seulement, les inventions de Hugo et de Ronsard étaient bonnes pour tous ; et les siennes ne sont bonnes que pour lui. Elles ne sauraient servir qu'à exprimer des états très spéciaux, des frissonnements de tout l'être, des alanguissements absolus. Merveilleuses entre ses mains, elles sont inutiles à tout autre. Ç'a été la folie de toute une école que de les vouloir employer.

1. « Ariettes oubliées », VI, *Romances sans paroles.* 2. « Crimen amoris », p. 203, v. 1-4. Le texte donné par Jules Tellier diffère quelque peu de l'original.

13. Édouard Rod, extrait de « Paul Verlaine et les décadents », *La Bibliothèque universelle et revue suisse*, novembre 1888[1].

Quoiqu'il ne soit point un théoricien, tant s'en faut, – son étude sur ceux qu'il nomme les *Poètes maudits* ne le montre que trop – il a cependant expliqué et développé ce que j'appellerai ses idées esthétiques dans un petit « Art poétique » en quelques strophes, qu'il a dédié à M. Charles Morice[2], aussi un des jeunes hommes que la critique a confondus sous l'étiquette de « décadents, » mais qui est autre chose, une haute et supérieure intelligence, et qui vient de s'affirmer dans une brillante discussion publique avec M. Anatole France[3].

De la musique avant toute chose,

voilà le premier précepte de M. Verlaine. Cela n'a l'air de rien, et cela va plus loin qu'on ne le pense. Les Parnassiens, en effet, dans leur tentative de reconstitution de la langue poétique, ont visé avant tout la couleur et la plastique ; leurs meilleurs vers sont solides et brillants, d'une harmonie incontestable, mais souvent monotone, qui repose sur un arrangement symétrique de syllabes qui ne varie guère. Leur vers préféré, celui qu'ils emploient le plus volontiers et manient le mieux, demeure le vers classique, l'alexandrin régulier qui avance sagement ses douze pieds l'un après l'autre, avec une halte après le sixième. Ils pratiquent seulement un

1. Édouard Rod (1857-1910), critique et romancier suisse, d'abord naturaliste (*Palmyre Veulard*, 1881), puis psychologiste (*La Course à la mort*, 1885 ; *Névrosée*, 1888 ; *Le Sens de la vie*, 1889), professeur de littérature comparée à la faculté des lettres de l'Université de Genève. Verlaine apprécia peu cet article (voir « À Édouard Rod », dans *Invectives*, 1896). 2. Voir p. 82, n. 2 et p. 83. 3. Voir *Demain. Questions d'esthétique*, Perrin, 1888.

peu plus souvent que leurs prédécesseurs le vers de dix syllabes coupé en deux moitiés égales, et, quand ils marient entre eux des vers de quantités différentes, c'est presque toujours encore d'après des arrangements symétriques. L'idée ne leur est jamais venue de chercher des effets nouveaux ou différents, soit dans l'accentuation des syllabes, soit même dans les vers de neuf ou de onze, qu'interdisent les traités de versification. Eh bien, le premier précepte de M. Verlaine a pour résultat de conduire précisément à la recherche de ces effets, négligés jusqu'à présent. Beaucoup de ses meilleurs vers semblent reposer, comme les vers allemands, sur la place de l'accent tonique plutôt que sur la rime, et, comme les vers impairs se prêtent presque seuls à un calcul harmonique de dactyles et de spondées, il leur donnera la préférence.

... Préfère l'impair,
Plus vague et plus soluble dans l'air,
Sans rien en lui qui pèse ou qui pose.

Et non seulement les vers de neuf et de onze ne l'effraient pas, mais ils deviendront ses coupes de prédilection, qu'il maniera avec une maestria merveilleuse.

Mais ce n'est pas tout, et voici une seconde conséquence, plus grave, du précepte en apparence si anodin de M. Verlaine : si la poésie se rapproche de la musique, elle n'aura plus besoin de la précision rigoureuse du sens : son but, ce n'est plus d'énoncer des vérités, de dessiner des tableaux, ou d'aligner des images, mais d'évoquer des sensations et des idées, qui peuvent rester indéterminées, pareilles à celles qu'évoque l'audition d'une composition musicale ; or, un certain vague dans l'expression est beaucoup plus apte qu'une trop grande exactitude à une telle évocation :

... Il faut aussi que tu n'ailles point
Choisir tes mots sans quelque méprise :

Rien de plus cher que la chanson grise
Où l'indécis au précis se joint...

Le même *flou* qu'elle admet et recommande dans le choix des termes, la poésie l'introduira autant que possible jusque dans la pensée : de préférence aux affirmations tranchantes, aux développements ingénieux ou brillants qui ont fait jusqu'à présent le fond de notre rhétorique, aux amplifications où le même thème revient sans cesse, repris et non modifié, elle recherchera les idées les moins concrètes, les moins absolues, et leurs délicates associations :

Car nous voulons la nuance encor,
Pas la couleur, rien que la nuance !
Oh ! la nuance seule fiance
Le rêve au rêve et la flûte au cor...

Voilà des vers délicieux qui expriment d'une façon exquise ce qu'ils veulent exprimer. Quand on a tout dit, comme c'est le cas pour nos littératures vieillies, quand on est las de répéter les lieux communs qui sont tombés dans la banalité, où placer son but, sinon dans la poursuite des finesses, – des subtilités peut-être : la chute de l'une à l'autre est facile, – de la pensée et du sentiment, sinon dans les fines dégradations qui fiancent « le rêve au rêve », dans les harmonies difficiles et savantes qui marient « la flûte au cor » ? Nous avons vu M. Leconte de Lisle chercher le nouveau, – ce fuyant idéal de tous les poètes, – dans la plastique de son art, et M. Sully Prudhomme le demander à la pénétrante analyse des anciens thèmes poétiques[1] ; pourquoi empêcher M. Verlaine, et d'autres avec lui, de le chercher ailleurs, dans

1. Charles Marie Leconte de Lisle (1818-1894) et Sully Prudhomme (1839-1907), poètes parnassiens.

un ordre de sensations resté jusqu'à présent presque inconnu à la poésie française ?…

Il va sans dire que les modifications qu'implique dans son essence même une telle conception de la poésie ont pour corollaires des modifications non moins importantes dans les détails de la rhétorique :

Fuis du plus loin la Pointe assassine,
L'Esprit cruel et le rire impur…
Prends l'Éloquence et tords-lui son cou…

La pointe, l'esprit, l'éloquence, cette substance et ces ornements obligés de la poétique classique, deviennent alors « ail de basse cuisine » ; et la rime, la clef de voûte de notre poésie jusqu'à ce jour, est à son tour mise en jugement. M. Verlaine a compris que c'est elle le grand coupable, elle qui rend le vers français impossible à manier, inévitablement compassé, inapte à exprimer toutes les nuances et à se prêter à toutes les situations :

Oh ! qui dira les torts de la Rime,
Quel enfant sourd ou quel nègre fou
Nous a forgé ce bijou d'un sou
Qui sonne creux et faux sous la lime ?

Aussi, au lieu de la rime riche mise à la mode par les romantiques et exigée par les Parnassiens, se contentera-t-il de la rime pauvre, ou même de simples assonances. Il n'hésitera pas, malgré tous les Quitard[1] du monde, à faire rimer ensemble des pluriels et des singuliers, et quelquefois ira avec succès jusqu'aux vers blancs… Alors, me demanderez-vous, la rime supprimée ou presque, la césure abandonnée, la quantité du vers

1. Pierre Marie Quitard (1792-1882), auteur d'un *Dictionnaire des rimes précédé d'un traité complet de versification* très diffusé (Garnier, 1868).

laissée au libre arbitre du poète, que restera-t-il ? Il restera un art très libre, mais d'autant plus difficile qu'étant moins convenu et moins réglé, il dépend plus exclusivement du talent du poète ; un art que ni les conseils, ni les exemples de M. Verlaine ne sont suffisants à créer, – notre poète étant trop particulier, trop exceptionnel, pour être chef d'école, – mais qu'on entrevoit pourtant déjà dans son œuvre ; une poésie qui, sortant des traditions suivies jusqu'à ce jour, pourrait se développer dans le même sens que celle des Trécentistes italiens[1], de quelques-uns des lyriques allemands, et de l'école anglaise qui a produit les Shelley, les Rossetti et les Morris[2].

1. Les poètes italiens du XIVe s., comme Pétrarque (voir « *À la louange de Laure et de Pétrarque* », p. 59). 2. Percy Shelley (1792-1822), Dante Gabriel Rossetti (1828-1882) et William Morris (1834-1896).

CHRONOLOGIE

1844. – *30 mars* : naissance de Paul-Marie Verlaine à Metz, ville de garnison de son père, alors capitaine au Génie.

1851. – Le capitaine Verlaine démissionne ; après divers séjours de garnison dans le Midi (Montpellier, Sète, Nîmes), installation de la famille Verlaine à Paris, aux Batignolles.

1853. – *17 avril* : naissance de Mathilde Mauté, future femme de Verlaine.

– *Octobre* : le jeune Paul est interne à l'Institution Landry, rue Chaptal. Il y restera jusqu'en 1862.

1854. – *20 octobre* : naissance d'Arthur Rimbaud.

1855. – *Octobre* : Verlaine entre au lycée Bonaparte (futur lycée Condorcet) tout en restant interne à l'Institution Landry.

1858. – *12 décembre* : premiers vers connus, « La mort », envoyés à Victor Hugo.

1862. – *16 août* : Verlaine est reçu bachelier ès lettres.

– *Octobre* : inscription à la faculté de droit, dont il fréquente peu les cours.

1863. – *Août* : premier poème publié, « Monsieur Prudhomme », sous le pseudonyme de Pablo, dans la *Revue du progrès moral, littéraire, scientifique et artistique* de Louis-Xavier de Ricard. Verlaine rencontre les futurs poètes parnassiens (Coppée, Heredia), mais aussi Banville, Villiers de l'Isle-Adam.

1864. – *Janvier* : Verlaine est employé à la compagnie d'assurances « L'Aigle et le Soleil réunis ». En mai, il renonce à poursuivre ses études et entre comme expéditionnaire à la mairie du IXe arrondissement. Il rencontre Mendès, Glatigny, Dierx, Mérat, Vallade.

1865. – *1er janvier* : Verlaine est « expéditionnaire de l'ordonnancement » à la préfecture de la Seine.

– *2 novembre* : premier article de critique, dans lequel Verlaine s'en prend à Barbey d'Aurevilly ; suivra, dans la même revue (*L'Art*), une longue et importante étude sur Baudelaire, ainsi que deux poèmes, « J'ai peur dans les bois » et « Nevermore ».

– *30 décembre* : mort du capitaine Verlaine.

1866. – *28 avril* : la 9e livraison du *Parnasse contemporain*, « recueil de vers nouveaux » publié par Alphonse Lemerre, libraire au passage Choiseul et futur éditeur de Verlaine et des Parnassiens, contient huit poèmes de Verlaine.

– *20 octobre* : achevé d'imprimer des *Poèmes saturniens*, premier recueil de Verlaine, publié à compte d'auteur chez Alphonse Lemerre.

1867. – Verlaine entame une collaboration à plusieurs revues et journaux (*L'Étendard, L'International*, *Le Hanneton*, *La Revue des lettres et des arts*) dans lesquels il publie des poèmes de genres et d'esthétiques très différents.

– *Octobre* : l'éditeur de Baudelaire, Auguste Poulet-Malassis, publie clandestinement à Bruxelles le second recueil de Verlaine, *Les Amies*, sous le pseudonyme de Pablo de Herlagnez.

1868. – *6 mai* : le tribunal de Lille ordonne la destruction des *Amies*.

1869. – *20 février* : achevé d'imprimer des *Fêtes galantes*.

– *Juin* : Verlaine rencontre Mathilde Mauté par l'intermédiaire du demi-frère de celle-ci, le musicien Charles de Sivry.

– *Juillet* : pris de boisson, il tente de tuer sa mère. De Fampoux (Pas-de-Calais), où il séjourne chez son oncle, il demande la main de Mathilde à Charles de Sivry.

– *Août-septembre* : Verlaine envoie des poèmes à Mathilde, alors en vacances en Normandie. Ils formeront l'embryon de *La Bonne Chanson*. En *octobre*, la demande en mariage est formalisée et les fiancés se fréquentent régulièrement.

1870. – *12 juin* : achevé d'imprimer de *La Bonne Chanson*. Le recueil ne sera mis en vente qu'en 1872.

– *19 juillet* : déclaration de guerre de la France à la Prusse.

– *11 août* : mariage de Paul et de Mathilde à Clignancourt.

– *4 septembre* : chute de l'Empire et proclamation de la République. Verlaine fait partie de la garde nationale pendant le siège de la capitale.

1871. – *18 janvier* : mort de Lucien Viotti (ancien condisciple de Charles de Sivry) que Verlaine avait rencontré en 1868 et de qui il s'était épris.

– *18 mars* : proclamation de la Commune de Paris. Verlaine, dont les sympathies vont vers les insurgés, est chef du bureau de la presse à l'Hôtel de Ville. Le *28 mai*, défaite de la Commune et rétablissement de l'« ordre ».

– *11 juillet :* Verlaine est révoqué. En *août*, le couple s'installe chez les Mauté.

– *Septembre* : Rimbaud entre en contact avec Verlaine et lui envoie des vers. Son arrivée à Paris et sa liaison avec Paul vont, entre autres, précipiter la fin du ménage Verlaine.

– *30 octobre* : naissance de Georges, fils unique de Paul et de Mathilde.

1872. – *Mai* : Verlaine écrit une partie des « Ariettes oubliées » (*Romances sans paroles*).

– *Juillet-août* : Verlaine et Rimbaud partent pour la Belgique ; Mathilde tente en vain de ramener son mari à Paris.

– *8 septembre* : les deux amis sont à Londres. Verlaine y restera jusqu'en avril 1873.

1873. – *Juillet* : Verlaine, qui avait regagné Londres avec Rimbaud en *mai*, quitte l'Angleterre pour Bruxelles ; il supplie Rimbaud de venir le rejoindre. Le *10 juillet*, ivre, il tire deux coups de revolver sur son ami, le blessant au poignet.

– *11 juillet – 24 octobre* : Verlaine est incarcéré à la prison des Petits-Carmes, à Bruxelles ; il envoie à Lepelletier quelques-uns des poèmes du futur *Cellulairement*.

– *8 août* : condamnation de Verlaine à deux ans de prison ferme par le tribunal correctionnel de Bruxelles, confirmée en appel le *27 août*.

– *25 octobre* : Verlaine est transféré à la maison d'arrêt de Mons.

1874. – *Mars* : parution des *Romances sans paroles*.

– *24 avril* : le tribunal de la Seine prononce la séparation de corps et de biens entre Verlaine et sa femme.

– *Mai-août* : crise religieuse ; Verlaine annonce sa conversion et demande la communion.

1875. – *16 janvier* : libération de Verlaine. En *février*, dernière rencontre avec Rimbaud en Allemagne. Verlaine est le dépositaire du manuscrit des *Illuminations*.

– *Mars* : départ pour l'Angleterre ; Verlaine enseigne à la *grammar school* de Stickney (Lincolnshire). Il rencontre Germain Nouveau à Londres.

– *Mai-octobre* : Verlaine envoie les poèmes de *Cellulairement* à Delahaye. Il entame *Sagesse*.

1876. – Verlaine enseigne à Stickney, Boston et Bournemouth. Il passe ses vacances en France, chez sa mère. En *juillet*, il revoit son fils pour la première fois depuis 1872.

1877. – *Avril* : Verlaine quitte l'Angleterre.

– *Octobre* : il obtient un poste de professeur à l'Institution Notre-Dame à Rethel (Ardennes) ; il s'éprend d'un de ses élèves, Lucien Létinois.

1878. – *Septembre* : retraite chez les Chartreux, à l'abbaye de Montreuil-sur-Mer.

1879. – *Septembre* : son contrat n'ayant pas été renouvelé, Verlaine quitte Rethel pour Londres avec Létinois.

1880. – *Mars* : Verlaine achète à Juniville (Ardennes) une ferme qu'il entend exploiter avec Lucien. L'affaire périclitera rapidement, et la propriété sera revendue à perte deux ans plus tard.

– *Décembre* : publication de *Sagesse* à compte d'auteur chez Palmé, à la Société générale de librairie catholique. Il est surveillant dans un collège à Reims, où Létinois fait son service militaire.

1882. – *Juillet* : Verlaine, qui a quitté les milieux littéraires parisiens depuis une dizaine d'années, tente de faire sa rentrée : il collabore à *Paris moderne*, revue dirigée par Jacques Madeleine et Georges Courteline, éditée par Léon Vanier. Il essaie de réintégrer son poste à l'Hôtel de Ville.

– *Novembre* : Verlaine et sa mère s'installent rue de la Roquette, à Paris. Le *10 novembre*, « Art poétique » paraît dans *Paris moderne* ; le poème suscite une polémique dans *La Nouvelle Rive gauche* (future *Lutèce*) qui contribue à attirer l'attention des nouvelles écoles sur Verlaine.

1883. – *7 avril* : mort de Lucien Létinois.

– *24 août* : début, dans *Lutèce*, de la publication des notices consacrées aux « Poètes maudits ».

– *Septembre* : Mme Verlaine, qui a acheté une ferme à Coulommes (Ardennes), s'y installe avec son fils.

1884. – *Mars* : *Les Poètes maudits* (Vanier). Ce volume, mais aussi une page élogieuse que consacre Huysmans à Verlaine dans *À rebours*, contribuent à établir peu à peu la notoriété du poète.

– *30 novembre* : parution de *Jadis et naguère* (Vanier).

1885. – *Mars* : vente à perte de la ferme de Coulommes. Verlaine est condamné à un mois de prison pour coups et menaces de mort contre sa mère.

– *Juin* : Verlaine et sa mère reviennent définitivement à Paris.

– *Novembre* : début de la publication d'une série de biographies littéraires dans la collection *Les Hommes d'aujourd'hui*.

1886. – *21 janvier* : mort de Mme Verlaine. Son fils, souffrant d'une ankylose au genou, ne peut assister aux funérailles.

– *Avril-mai* : Verlaine rencontre le dessinateur Frédéric-Auguste Cazals, de qui il s'éprend.

– *Juillet* : premier séjour de Verlaine à l'hôpital (Tenon).

– *Octobre* : *Louise Leclercq* (Vanier).

– *Novembre* : *Les Mémoires d'un veuf* (Vanier). Le 5, Verlaine entre à l'hôpital Broussais. Il y restera jusqu'au *13 mars* de l'année suivante.

1887. – Malade et sans ressources, Verlaine fait de nombreux séjours à l'hôpital (*19 avril – 16 mai* à Cochin ; *16 mai – 12 juillet* à Vincennes ; *12 juillet – 9 août* à Tenon ; *9 août – 9 septembre* à Vincennes ; *20 septembre – 20 mars* 1888 à Broussais). En *septembre*, rencontre avec Philomène Boudin, prostituée, qui devient sa maîtresse.

1888. – *7 janvier* : important article de Jules Lemaitre dans la *Revue bleue*. La critique officielle reconnaît peu à peu la place de Verlaine dans le mouvement littéraire contemporain.

– *Mars* : *Amour* (Vanier). Verlaine, sorti de l'hôpital, organise des « mercredis » littéraires fréquentés.

– *Août* : 2e édition augmentée des *Poètes maudits*, où figure une étude sur « Pauvre Lelian », c'est-à-dire sur Verlaine lui-même.

– *Novembre* : *Paul Verlaine,* par Charles Morice (première monographie consacrée à Verlaine). Le *17*, Verlaine entre à nouveau à Broussais, qu'il quittera le *19 février 1889*.

1889. – *Juin* : parution de *Parallèlement* (Vanier).

– *Août* : parution de la deuxième édition de *Sagesse. Du 8 au 18 août*, Verlaine est à Broussais ; *du 20 août au 14 septembre*, il est en cure à Aix-les-Bains ; *du 19 septembre au 19 février*, nouveau séjour à Broussais. Il entretient une relation avec Eugénie Krantz, ex-courtisane et amie de Philomène Boudin.

1890. – *Juin-novembre* : séjours à l'hôpital (*19 juin – 22 juillet* à Cochin ; *22 juillet – 11 septembre* à Vincennes ; *12 septembre – 23 novembre* à Broussais).

– *Décembre* : *Dédicaces* (Bibliothèque artistique et littéraire) ; *Femmes* (imprimé sous le manteau [Bruxelles, Kistemaekers]).

1891. – *9 janvier – 6 février* : séjour à l'hôpital Saint-Antoine.

– *19 mars* : réponse de Verlaine à l'enquête de Jules Huret sur l'évolution littéraire.

– *18 avril* : Verlaine préside le banquet de *La Plume*.

– *21 mai* : spectacle au bénéfice de Verlaine et de Gauguin au Théâtre d'Art : parmi les pièces représentées, *Les Uns et les Autres* de Verlaine, publiée dans *Jadis et naguère* en 1884.

– *Mai-juin* : parution de *Bonheur* (Vanier), *Les Uns et les Autres* (Vanier), *Choix de poésies* (Bibliothèque Charpentier).

– *Novembre* : *Mes hôpitaux* (Vanier). Verlaine est une nouvelle fois à Broussais (*du 31 octobre au 20 janvier 1892*). Le *10*, mort de Rimbaud à Marseille.

– *Décembre* : *Chansons pour elle* (Vanier).

1892. – *Mars* : *Liturgies intimes* (Bibliothèque du Saint-Graal). Verlaine remet le manuscrit de *Hombres* à son éditeur (publication clandestine posthume, 1904).

– *11 août – 7 octobre* : séjour à l'hôpital Broussais.

– *2-14 novembre* : tournée de conférences en Hollande (La Haye, Leyde, Amsterdam).

– *Décembre* : séjour à l'hôpital Broussais, *du 19 décembre au 17 janvier 1893*. À sa sortie de l'hôpital, Verlaine loge chez Eugénie.

1893. – *Février-mars* : tournée de conférences en Belgique (Charleroi, Bruxelles, Anvers, Liège, Gand).
– *Mai-juin* : *Élégies* (Vanier), *Odes en son honneur* (*id.*), *Mes prisons* (*id.*). Verlaine, dont l'état de santé empire, est hospitalisé à Broussais *du 14 juin au 3 novembre*. À sa sortie, il rejoint Philomène.
– *4 août* : Verlaine est officiellement candidat à l'Académie française (fauteuil de Taine).
– *8-9 novembre* : conférences à Nancy et à Lunéville.
– *Novembre-décembre* : tournée de conférences en Angleterre (Londres, Oxford, Manchester). Publication de *Quinze jours en Hollande* (Blok-Vanier). Il rejoint Eugénie.

1894. – *Mai* : Verlaine est hospitalisé à Saint-Louis *du 1er mai au 10 juillet*. Publication de *Dans les limbes* (Vanier).
– *Août* : Verlaine est élu Prince des poètes à la mort de Leconte de Lisle. Un comité de poètes et de personnalités s'engage à lui verser une pension mensuelle.
– *1er décembre* : le 1er, Verlaine entre à l'hôpital Bichat, qu'il quittera le *21 janvier 1895*. Publication d'*Épigrammes* (Bibliothèque artistique et littéraire) et nouvelle édition de *Dédicaces* (Vanier).

1895. – *Mai* : *Confessions* (Publications du *Fin de siècle*).
– *Septembre* : Verlaine s'installe en ménage avec Eugénie.

1896. – *8 janvier* : mort de Verlaine, rue Descartes. Les funérailles ont lieu le *10*, et le cortège funèbre est suivi par plusieurs milliers de personnes ; le poète est inhumé au cimetière des Batignolles.

BIBLIOGRAPHIE[1]

1. ÉDITIONS

A. Œuvres et œuvres complètes

Œuvres complètes, introduction d'Octave NADAL, études et notes de Jacques BOREL, texte établi par Henry DE BOUILLANE DE LACOSTE et Jacques BOREL, Club du meilleur livre, 2 vol., 1959 et 1960.

Œuvres poétiques complètes, texte établi et annoté par Yves-Gérard LE DANTEC, Gallimard, coll. « Bibliothèque de la Pléiade », 1938, 4e éd., 1954 ; édition revue, complétée et présentée par Jacques BOREL, Gallimard, coll. « Bibliothèque de la Pléiade », 1962 ; éd. augmentée, 1989.

Œuvres poétiques, textes établis avec chronologie, introductions, notes, choix de variantes et bibliographie par Jacques ROBICHEZ, Classiques Garnier, 1969 ; éd. revue, Dunod, coll. « Classiques Garnier », 1995.

Œuvres en prose complètes, éd. Jacques BOREL, Gallimard, coll. « Bibliothèque de la Pléiade », 1972.

Œuvres poétiques complètes, édition présentée et établie par Yves-Alain FAVRE, Laffont, coll. « Bouquins », 1992.

1. Le lieu d'édition n'est pas mentionné lorsqu'il s'agit de Paris.

B. *Jadis et naguère*

Jadis et naguère, édition revue sur les textes originaux et accompagnée de notes et de variantes [par Adolphe Van Bever], Crès, coll. « Les Maîtres du livre », 1921.

Jadis et naguère, Parallèlement, notes de Jacques Borel, Le Livre de Poche, coll. « Classiques », 1964.

La Bonne Chanson, Jadis et naguère, Parallèlement, édition présentée, établie et annotée par Louis Forestier, Gallimard, coll. « Poésie », 1979.

Jadis et naguère, Romances sans paroles, Parallèlement, préface et notes par Jacques-Henry Bornecque, Presses Pocket, 1982.

2. CORRESPONDANCE

Correspondance de Paul Verlaine, éd. Ad. Van Bever, Messein, 3 vol., 1922, 1923, 1929, et Genève, Reprint Slatkine, 1983.

Verlaine, Paul, *Lettres inédites à Charles Morice*, publiées et annotées par Georges Zayed, Genève-Paris, Droz-Minard, 1964 ; 2e éd. Nizet, 1969.

Verlaine, Paul, *Lettres inédites à divers correspondants*, publiées et annotées par Georges Zayed, Genève, Droz, 1976.

Verlaine, Paul, *Correspondance générale*, t. 1 : *1857-1885*, éd. Michael Pakenham, Fayard, 2005.

Zayed, Georges, *Lettres inédites de Verlaine à Cazals*, avec une introduction, des notes et de nombreux documents inédits, Genève, Droz, 1957.

3. ORIENTATION BIOGRAPHIQUE

BUISINE, Alain, *Verlaine : histoire d'un corps*, Tallandier, coll. « Figures de proue », 1995.

CAZALS, F.-A., et LE ROUGE, Gustave, *Les Derniers Jours de Paul Verlaine*, Mercure de France, 1923.

DELAHAYE, Ernest, *Verlaine*, Messein, 1923, et Genève, Reprint Slatkine, 1982.

EX-MADAME PAUL VERLAINE, *Mémoires de ma vie* (1935), préface [et notes] par Michael Pakenham, Seyssel, Champ Vallon, coll. « Dix-neuvième », 1992.

LEPELLETIER, Edmond, *Paul Verlaine : sa vie, son œuvre*, Mercure de France, 1907 (2e éd., 1923), et Genève, Reprint Slatkine, 1982.

PETITFILS Pierre, *Verlaine*, Julliard, coll. « Les Vivants », 1981.

RICHARDSON, Joanna, *Verlaine. A Biography*, New York, The Viking Press, 1971.

4. ICONOGRAPHIE

Album Verlaine, iconographie choisie et commentée par Pierre PETITFILS, Gallimard, coll. « Bibliothèque de la Pléiade », 1981.

Iconographie complémentaire de Paul Verlaine, réunie et annotée par Yvon BOUREAU et publiée par Maurice PERNETTE, Librairie Antiquariat, 1975.

Paul Verlaine : portraits (peintures, dessins, photographies), Librairies Giraud-Badin et Jean-Claude Vrain, [1994].

Verlaine : documents iconographiques, avec une introduction et des notes par François RUCHON, Genève, Cailler, coll. « Visages d'hommes célèbres », 1947.

5. INSTRUMENTS

TALVART, Hector, « Paul Verlaine », *La Fiche bibliographique française,* Henry Goulet, 1926.

TOURNOUX, Georges, *Bibliographie verlainienne*, Leipzig, Rowohlt, 1912.

VAN BEVER, Adolphe et MONDA, Maurice, *Bibliographie et iconographie de Paul Verlaine,* Messein, 1926, et Genève, Reprint Slatkine, 1991.

Verlaine, textes choisis et présentés par Olivier BIVORT, Presses de l'Université de Paris-Sorbonne, coll. « Mémoire de la critique », 1997.

6. ÉTUDES

ADAM, Antoine, *Le Vrai Verlaine,* Genève, Droz, 1936, et Genève, Reprint Slatkine, 1972.

ADAM, Antoine, *Verlaine*, Hatier-Boivin, coll. « Connaissance des lettres », 1953.

BERNADET, Arnaud, *L'Exil et l'Utopie. Politiques de Verlaine,* Saint-Étienne, Publications de l'Université de Saint-Étienne, coll. « Le XIXe siècle en représentation(s) », 2007.

BORNECQUE, Jacques-Henry, *Verlaine par lui-même*, Le Seuil, coll. « Écrivains de toujours », 1966.

CORNULIER, Benoît de, *Théorie du vers : Rimbaud, Verlaine, Mallarmé*, Le Seuil, coll. « Poétique », 1982.

CUÉNOT, Claude, *Le Style de Paul Verlaine,* CDU, 2 vol., 1963.

MARTINO, Pierre, *Verlaine,* Boivin, 1924 ; nouv. éd., 1951.

MOUROT, Jean, *Verlaine,* Nancy, Presses universitaires, 1988.

MURPHY, Steve, *Marges du premier Verlaine*, Champion, coll. « Romantisme et modernités », 2003.

NADAL, Octave, *Paul Verlaine,* Mercure de France, 1961.

RICHARD, Jean-Pierre, *Poésie et profondeur*, Le Seuil, 1955 [« Fadeur de Verlaine », 1953].

RICHARD, Noël, *À l'aube du symbolisme*, Nizet, 1961.

RICHER, Jean, *Paul Verlaine,* Seghers, coll. « Poètes d'aujourd'hui », 1953 ; nouv. éd., 1975.

STEPHAN, Philip, *Paul Verlaine and the Decadence (1882-1890)*, Manchester, Manchester University Press, 1974.

VIAL, André, *Verlaine et les siens. Heures retrouvées*, Nizet, 1975.

ZAYED, Georges, *La Formation littéraire de Verlaine,* Genève-Paris, Droz-Minard, 1962 ; 2e éd. Nizet, 1970.

ZIMMERMANN, Éléonore M., *Magies de Verlaine,* Corti, 1967, et Genève, Reprint Slatkine, 1981.

7. COLLECTIFS

Europe : Verlaine, nº 545-546, septembre-octobre 1974.

Cahiers de l'Association internationale des études françaises : Verlaine, nº 43, mai 1991.

L'École des lettres (second cycle) : Paul Verlaine, éd. Steve Murphy, nº 14, juillet 1996.

Dix-neuf/vingt : Verlaine, éd. Bertrand Marchal, nº 4, octobre 1997.

Verlaine 1896-1996, éd. Martine Bercot, Klincksieck, coll. « Actes et colloques », 1998.

Verlaine à la loupe, éd. Jean-Michel Gouvard et Steve Murphy, Champion, coll. « Varia », 2000.

Revue Verlaine, nº 1, 1993, à nº 10, 2006.

Revue des sciences humaines : Verlaine, éd. Yann Frémy, nº 285, 2e trimestre 2007.

Europe : Verlaine, éd. Steve Murphy, nº 936, avril 2007.

TABLE DES INCIPIT

TABLE DES ILLUSTRATIONS

Table

APPENDICE

Variantes

Dossier

Composition réalisée par PCA

Achevé d'imprimer en octobre 2009 en Espagne par
LITOGRAFIA ROSÉS S. A.
08850 Gava
Dépôt légal 1re publication : octobre 2009
LIBRAIRIE GÉNÉRALE FRANÇAISE
31, rue de Fleurus – 75278 Paris Cedex 06

30/8254/2